Un alto
pour passeport

Christophe Touchard

Un alto pour passeport

Une année autour du monde

FAVRE

Éditions Favre SA
Siège social et bureaux :
29, rue de Bourg – CH-1002 Lausanne
Tél. : (+41) 021 312 17 17
lausanne@editionsfavre.com
www.editionsfavre.com

Groupe Libella

Dépôt légal en Suisse en mars 2023.

Illustration de couverture : Antonio Vizcaino
Couverture : Laurane Quartenoud
Mise en pages : Lemuri-Concept

ISBN : 978-2-8289-2074-6

Les Éditions Favre bénéficient d'un soutien structurel de l'Office fédéral
de la culture pour les années 2021-2024.

SOMMAIRE

Afin de vous permettre de vivre une expérience musicale en parallèle de la lecture, je vous propose une sélection de pièces à écouter au fil des chapitres. Elles sont identifiées par l'icône ♪ et accessibles via le QR code ci-dessous ou à l'adresse https://www.viola-around.com/pieces-tdm/.

Par ailleurs, par souci de protection de la vie privée des personnes dont j'ai croisé la route sur ce tour du monde, l'ensemble des prénoms a été modifié. Avec leurs accords, seuls les noms des protagonistes des associations *El Sistema* ont été conservés.

Épisode 1 – De l'Europe à l'Asie : traversée de l'Europe.

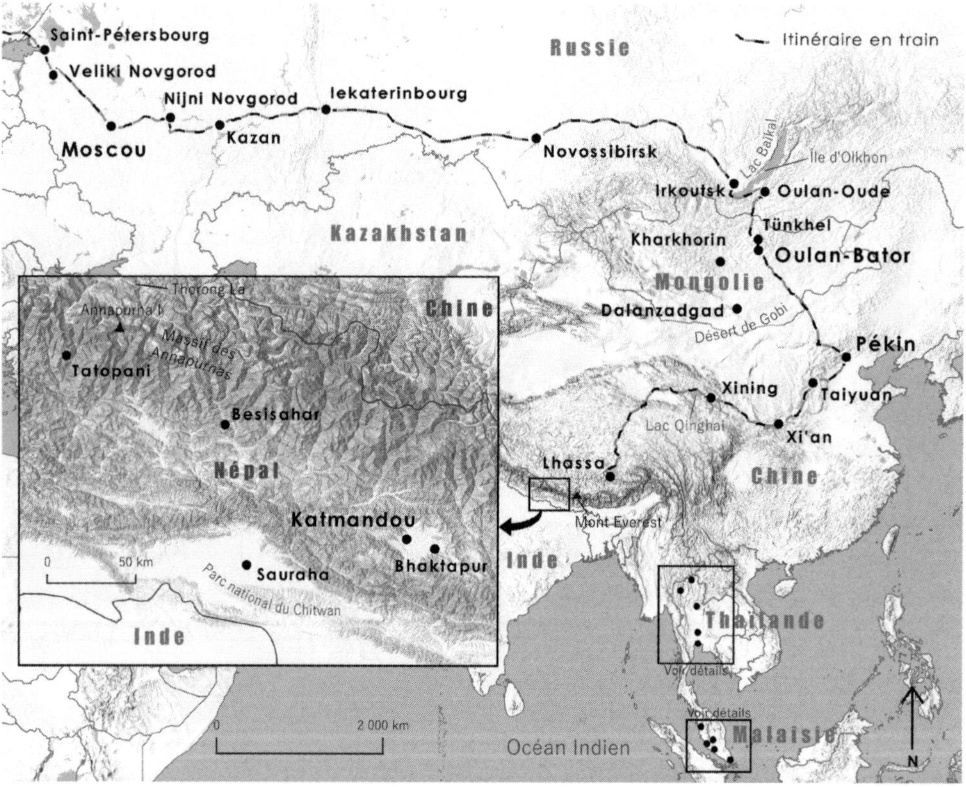

Épisode 1 – De l'Europe à l'Asie : vers l'Asie depuis la Finlande.

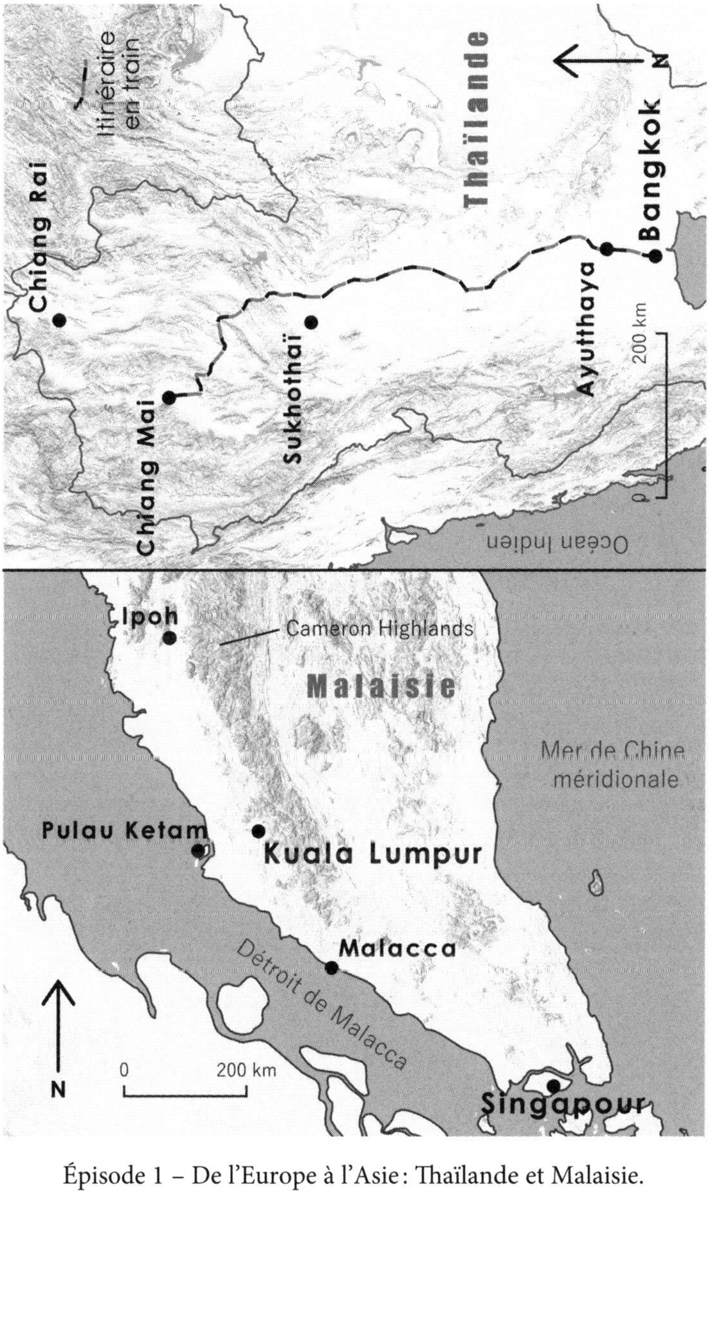

Épisode 1 – De l'Europe à l'Asie : Thaïlande et Malaisie.

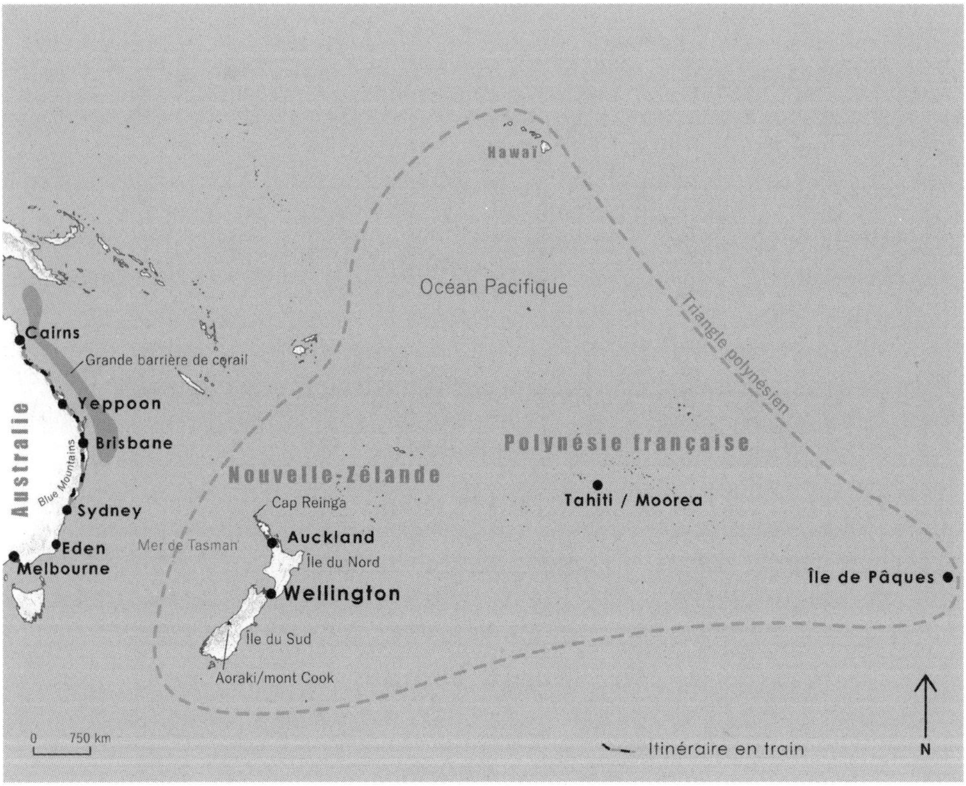

Épisode 2 – Escapades en Océanie.

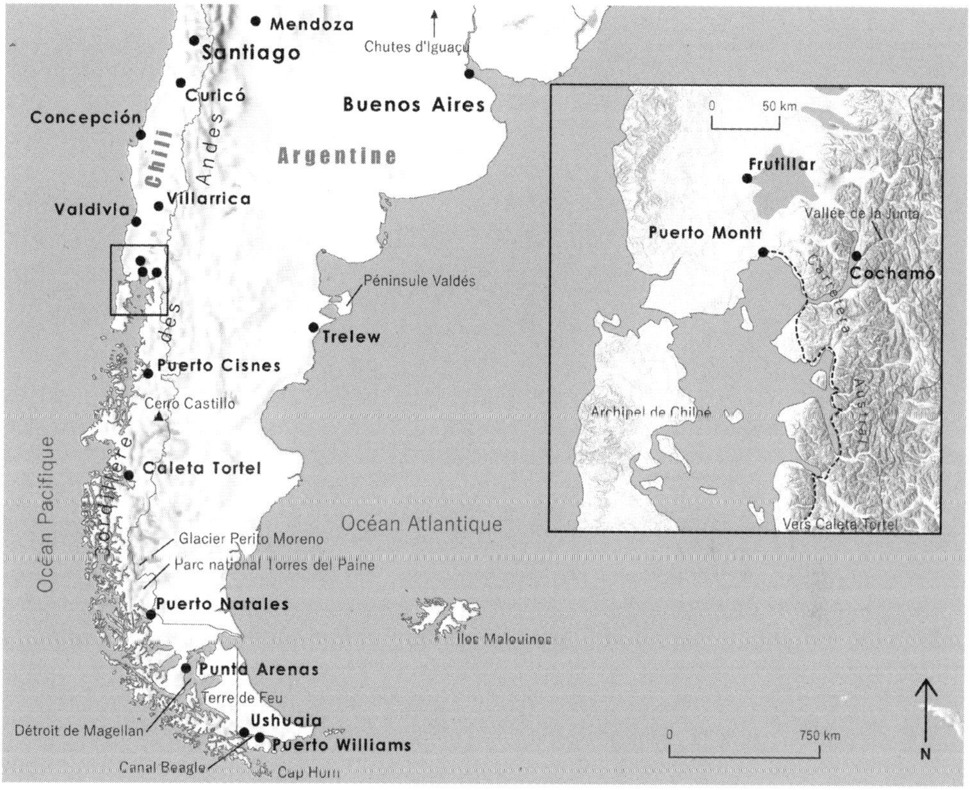

Épisode 3 – Escapades en Amérique du Sud.

Réalisation: Florian Steindorsson et Christophe Touchard

Ta'a
Tahitien
Séparer, apprendre

AVANT-PROPOS

Il y a de multiples façons de voyager et autant de raisons de prendre la route.

Je suis parti pour me confronter à mes doutes, me remettre d'une rupture et tenter de me retrouver.

Ce périple m'a non seulement reconstruit, mais il m'a permis de me réinventer. Je me suis redécouvert au travers de la musique. J'ai réalisé l'attachement que je portais à la nature.

De retour avec ce constat fort que l'ouverture sur le monde offre de se réconcilier avec soi-même et de grandir, j'ai décidé d'écrire le récit de cette aventure. Puisse ce livre vous faire avancer dans votre propre voyage. Car, en réalité, peu importe le nombre de kilomètres parcourus, seul le partage compte.

Épisode 1

DE L'EUROPE À L'ASIE

1

♪ Franz Liszt – *Romance oubliée*
Aaron Conitz et Angela Draghicescu, alto et piano, 2017

L'air est doux en ce milieu du mois de juin 2018. Je suis seul, assis sur un morceau de bois flotté, vestige d'un arbre centenaire des forêts de Sibérie qui m'entourent. Sous ce tronc, une magnifique plage de sable blanc se fait langoureusement caresser par l'eau paisible du lac Baïkal. Le soleil décline. Le ciel prend des couleurs orangées. Je viens d'atteindre mon premier rêve de ce voyage, après plus d'un mois sur les routes.

Pendant de longues minutes, je songe à Sophie. Je voudrais partager ce moment magique avec elle. Cela fait maintenant plus d'un an que nous sommes séparés, mais il faut l'avouer, je ne suis pas encore remis de cette rupture. Je ressens un vide que je dois apprivoiser.

Ce soir-là, une page finit pourtant par se tourner. Au son des vagues, je me saisis enfin de la plume de ma vie et entame une nouvelle histoire.

Paris Gare de l'Est, un mois et demi plus tôt.

La salle d'échange est vide. En ce début d'après-midi, seuls quelques voyageurs se dirigent d'un pas pressé vers les quais. Mon sac sur le dos, mon alto dans ma main droite, je les suis sans réfléchir, telle une machine. Comme la plupart d'entre eux, je ne suis qu'un passager qui prend la direction de l'Allemagne pour rendre visite à des amis ou pour un rendez-vous professionnel.

Pourtant, en ce 1er mai, je m'apprête à parcourir plus de 15 000 kilomètres en train pour rejoindre la capitale du Tibet. Je vais traverser l'Europe, la Russie, la Mongolie et la Chine sur le plus long chemin de fer du monde. Mon arrivée à Lhassa est prévue dans quelques mois.

Tout cela me semble n'être qu'un rêve, qu'une illusion. Je m'attends à sortir d'un profond sommeil d'un instant à l'autre.

Je sursaute. Le chef de gare vient de faire retentir son coup de sifflet.

Mais je ne me réveille pas. Je suis toujours dans ce wagon. Serais-je donc bien en train de réaliser ce voyage insensé? Serait-ce le signal de départ de ce tour du monde?

La machine se met en marche. Je suis emporté vers Francfort.

Assis dans le train, la pression des préparatifs retombe. Je m'effondre dans une infinie tristesse. Je me rappelle ce jour qui, au lendemain de mon trentième anniversaire, fit basculer ma vie. Je repense à la paralysie et aux interrogations sans réponses qui s'ensuivirent. Je me remémore ma séparation d'avec Sophie, un an plus tard. Je me demande pourquoi je me suis engagé dans ce projet vertigineux, pourquoi je me coupe de ma famille et de mes amis. J'ai envie de tout arrêter, de rentrer. Je pleure en silence.

Dans ce flot de pensées négatives, je ressasse les raisons qui m'ont poussé à me remettre en marche et entreprendre ce voyage. Je souhaite réaliser mes rêves sans limites, vivre une existence de solitaire, de nomade, de musicien. J'ai envie de découvrir ma planète au travers de mon regard et de rencontres. J'ai besoin de me forger mon opinion sur le monde auquel j'appartiens, sans filtre, sans l'avis déformé d'hommes politiques et de journalistes. J'ai soif d'échanges avec celles et ceux qui, par la musique, aident des enfants défavorisés. Je vibre à l'idée d'observer des paysages magnifiques, de goûter aux gastronomies locales. En somme, j'aspire à ressentir le monde, m'en imprégner et renouer avec la vie.

Je relève la tête. Je sors du train et pose le pied en Allemagne. Je suis triste, fatigué et paniqué, mais avec l'envie de me battre. Je sais que les semaines à venir vont être difficiles.

En ce début de voyage, je décide de franchir les frontières des pays européens à grande vitesse. Le monde m'appelle. Je ne souhaite pas m'éterniser en Europe. Je me donne une dizaine de jours pour rejoindre la Russie et ne prends le temps de m'arrêter que pour la visite d'associations *El Sistema*.

Le train devient mon repère, les gares ma deuxième maison. Francfort, Dresde, Berlin, Hambourg, Aarhus, Copenhague,

Lund, Göteborg, Stockholm, Helsinki. Les villes défilent. Parfois, je m'y attarde le temps d'une promenade, attendant une correspondance. Mais le cœur n'y est pas. Les capitales européennes m'évoquent mes précédents voyages avec Sophie.

Dans ces villes, des tempêtes se déchaînent dans ma tête. Je ne peux me résoudre à franchir les portes des musées. Je suis tétanisé à l'idée d'y retrouver mon propre passé. J'ai parfois envie de courir vers Sophie, de lui dire que je regrette ces dernières années, de lui demander de tout recommencer.

À Aarhus, stoppant ma folle traversée de l'Europe le temps d'un week-end de repos, épuisé de ces premiers jours de voyage, mes angoisses en profitent pour resurgir violemment. En vain, j'essaie de les chasser. J'use de mille subterfuges. Je pars me promener. Je m'occupe l'esprit par de la lecture. Je planifie la suite de mon périple. Mais rien n'y fait. Le soir tombe. Je panique. Un mal de crâne horrible m'envahit. Je m'effondre et écris ces quelques mots sur un carnet, dans une correspondance impossible avec Sophie.

« Chère Sophie,

J'espère que tu vas bien et que tu es heureuse d'une manière ou d'une autre. Pour ma part, je suis complètement perdu. J'ai l'impression que ma vie n'a pas de sens. J'ai cherché, cette dernière année, à appréhender ce qui m'était arrivé il y a deux ans. Si j'ai pu y mettre quelques mots, cela reste néanmoins toujours confus. J'ai compris que j'avais peur de la solitude. Quand je suis en groupe, je feins d'être heureux, mais ce n'est qu'une façade.

J'ai entrepris ce voyage pour être seul et lutter contre ce sentiment – qui n'est pas à confondre avec l'isolement, car j'ai conscience que j'ai une famille et des amis. Mais depuis mon départ, je crois que je n'ai jamais été aussi malheureux. Les larmes coulent en continu. Dès que le soir tombe, je panique. Je ne sais pas comment je vais tenir. »

Il est 20 heures lorsque j'écris ces lignes avant de m'endormir. Georges, un petit lapin en peluche qui s'est glissé dans mes bagages, veille sur moi. Pourtant, c'est un nouvel ami que je découvre ce soir-là. Il s'appelle Sommeil. Je le garderai avec moi tout au long du voyage.

Le lendemain, la vie me paraît beaucoup plus belle. Je comprends que la fatigue n'est pas une bonne alliée et qu'il faudra que je m'en prémunisse pour éviter de me laisser envahir par une mélancolie dévorante.

Le temps passe. Je définis de nouveaux repères. À l'aube du dixième jour, alors que je navigue au milieu des fjords suédois, les prémices du plaisir du voyage en solitaire se font ressentir.

Aucune ligne de chemin de fer ne relie la Suède à la Finlande. Ne souhaitant pas emprunter l'avion, je romps l'espace d'un instant avec le train et opte pour une traversée à bord d'un petit paquebot.

L'esprit routard s'immisce en moi. J'ai réservé la moins chère des cabines, une minuscule pièce noire, à fond de cale, sans hublot, à côté de la salle des machines. Dans les couloirs qui mènent à mon lit, des portes étanches parsèment l'itinéraire et permettent de confiner la cale en cas d'avarie. L'espace d'un instant, j'ai l'impression de prendre place dans le *Titanic* comme l'un de ces voyageurs de troisième classe sacrifiés dans le film de James Cameron. Cette pensée me décroche un sourire[1]. Je suis néanmoins plus libre que ces immigrants rêvant d'Amérique. Je peux me promener sans contrainte au cœur de cet immeuble flottant où salles de concert, machines à sous, restaurants et supermarchés divertissent la clientèle au cours de la quinzaine d'heures que dure la traversée. Mais ces activités ne m'intéressent pas.

Un ciel, aux dégradés de bleus qui glissent de l'azur vers le givré sur l'horizon, recouvre la Suède en cette mi-mai. Pas un nuage ne vient obstruer un soleil puissant qui caresse le paquebot de ses rayons. Je profite de ces conditions exceptionnelles pour m'installer à la proue et ressentir chaque minute de cette traversée. Devant moi, les fjords se dessinent à perte de vue. La côte est déchiquetée, recouverte d'une végétation verte et de quelques maisons aux coloris orangés. Pendant cinq heures, je me laisse bercer par les flots. La mer est calme. Un vent caresse mon visage. Je me sens vivre.

Les fjords sont déjà loin derrière moi lorsque le soleil se couche. Au milieu de la mer Baltique, il peint un tableau digne des plus grands artistes impressionnistes. Sa couleur rougeoyante se diffuse sur la mer jusqu'aux confins vierges.

---

1 Ce sacrifice est en réalité une invention des scénaristes du film.

Observant ce spectacle, je me rends compte que je me délecte enfin de ce temps fort. Le bonheur m'emplit et compense dix jours de peines.

Le regard perdu sur l'horizon, je comprends que ce périple ne sera qu'une série d'oscillations entre moments difficiles et exceptionnels. Je prends alors conscience qu'il faut que je saisisse ces instants de joie. L'esprit du voyage au long cours commence à se diffuser en moi.

2

♪ Maurice Ravel – *Boléro*
Katia et Marielle Labèque, piano, Jazz in Marciac, 2017

« Je te quitte. »

Jamais je n'avais pensé un jour prononcer ces mots. Pourtant, en cette fin avril de l'année 2017, un an après un sinistre lendemain qui suivit mon trentième anniversaire, je ressassais cette phrase telle une mélodie entêtante que l'on ne parvient pas à oublier. Je venais de l'articuler, certes avec grande difficulté, mais de l'exprimer quand même. Comment en étais-je arrivé là, après dix ans de vie commune ? Pourquoi, un an plus tôt, mon existence avait-elle basculé sous l'effet d'une simple question qui m'avait traversé la tête ? Comment n'avais-je pas réussi à redresser la barre, emporté jour après jour dans une spirale toujours plus sombre, conséquence malencontreuse de cette interrogation ? Les larmes inondaient mon visage.

Ce soir-là, je me sentis terriblement seul. Un vide s'était emparé de moi que la nature allait opportunément combler.

Peu de temps après ma rupture, je fis la connaissance de Justine. Nos regards s'étaient croisés autour d'un piano, alors que nous interprétions *Ma mère l'Oye* de Maurice Ravel, une œuvre à quatre mains. Sans même nous adresser la parole, assis côte à côte, nos doigts caressant les touches du clavier, nous nous sentîmes irrémédiablement attirés l'un vers l'autre, animés d'un désir fort et immédiat.

La musique est un langage envoûtant qui use d'instruments troublants pour transmettre des sentiments. Nous l'expérimentions de façon très intense.

Elle venait de se séparer de son compagnon. Nous tentâmes l'aventure.

Le mois et demi que nous passâmes ensemble fut ardent, mais explosif. Cet échange au piano avait été semblable à un coup de foudre. Mû par mon désir de combler mon sentiment de solitude, je me voyais déjà marié avec elle, père d'une jolie petite tête blonde. Il faut dire qu'avec Sophie, la question des enfants avait toujours été problématique.

Justine s'offrit comme une partenaire idéale de discussion. J'ouvrais un autre regard sur le monde. Je ressentais le besoin de parler, d'interroger, de recueillir des avis sur notre société : relations, impact des technologies, psychologie, progrès, environnement ou capitalisme. Tout me questionnait et me passionnait. Je lui exprimai mes réflexions. Nous passions nos soirées à débattre. Je naviguais dans une nouvelle existence.

Habitué à un long sommeil quotidien d'une dizaine d'heures, je dus dormir moins de six heures par nuit pendant ce mois, enivré par une excitation étrange. Mais nous nous étions égarés. Cette relation était un simple pansement qui masquait, pour un temps, nos interrogations personnelles profondes.

Même si Justine m'aida, je devais me rendre à l'évidence, elle était autant perdue que moi. Notre rencontre nous détruisait à petit feu. Ses visions sur la vie me faisaient peur. Ses rapports avec ses ex-compagnons étaient étranges. Elle se définissait comme libertine. À ces mots, je sentais mon corps et mon esprit se décomposer en un tas de petites miettes. J'étais au plus mal. Je cherchais une personne stable pour reconstruire une vie durable.

Les idées de mort, déjà présentes depuis bientôt un an, revenaient. J'en avais assez de penser, de m'interroger, de douter, de ne pas savoir où aller. Je voulais disparaître. L'au-delà m'apparaissait comme une libération évidente et paisible.

Au début de l'été 2017, elle mit fin à notre relation par téléphone. Je crois que j'étais encore aveuglé par mon besoin de combler ma solitude. Mais elle avait deviné, avant moi, que nous faisions fausse route.

Le soir de notre rupture, je me sentis exploser en vol. J'étais anéanti, le cœur douloureux. Je ne pus m'empêcher de repenser à ce que Sophie avait dû ressentir un peu plus d'un an auparavant, lorsque je lui avais écrit ce courriel pour lui avouer mes doutes. Je me persuadai que ce n'était qu'un juste retour de bâton. Que je devais vivre cette rupture avec Justine comme une pénitence bien méritée.

Le jour de cet appel déchirant, je me trouvais en famille. Je dus faire de considérables efforts pour ne pas montrer à quel point je souffrais. Mes parents étaient inquiets depuis plus d'un an. Je ne voulais pas les affoler davantage.

Heureusement, je devais partir pour le festival de jazz de Marciac. C'est Justine qui m'en avait parlé. Elle y était allée plusieurs fois. Nous avions prévu de nous y rendre tous les deux. Tant pis si nous n'étions plus ensemble. Tant pis si elle ne m'accompagnait pas. Il était temps que j'apprenne à vivre seul et que j'avance dans ma vie. C'est ainsi que je pris mon sac à dos et me mis en chemin sur les routes de France. Je venais de poser six semaines de congé. Je comptais en profiter.

Le festival de Marciac fut une révélation personnelle. Je redécouvris que la musique m'était vitale.

En assistant à un concert des sœurs Labèque interprétant une adaptation du *Boléro* de Ravel, il m'apparut que je devais partir voyager en musique. Étonnamment, l'énergie qu'elles déployaient et la communication qu'elles partageaient avec le public me donnaient envie de parcourir le monde avec un piano. Mais c'était logistiquement un projet un peu complexe à mener. Heureusement, vers l'âge de sept ans, j'avais choisi un autre instrument. Je joue de l'alto, un cousin du violon légèrement plus grave et imposant, mais facilement transportable.

Ce soir-là, je pris la décision de partir en tour du monde musical.

De retour à Paris, j'entamai les préparatifs. Alors que le projet commençait à prendre forme, il me manquait l'essentiel : la musique. J'avais prévu d'emporter mon alto, mais je ne savais pas exactement quoi en faire. J'avais bien l'idée de jouer dans la rue, de partager avec des musiciens locaux ou de m'en servir pour remercier les gens que je croiserais et qui m'aideraient. Mais il me manquait un liant, un objectif plus profond.

C'est alors que, par le plus grand hasard, je découvris qu'il existait une association *El Sistema* en France. J'avais déjà entendu parler d'*El Sistema*. Je savais que c'était un programme vénézuélien d'aide aux enfants défavorisés par la pratique de la musique qui avait été fondé en 1975 par José Antonio Abreu, un pianiste et économiste vénézuélien. Mais je n'avais pas connaissance de la présence d'une telle association en France. Elle était en plus située à quelques mètres de chez moi !

Une intuition me poussa à la contacter. La présidente, curieuse de mon projet de voyage en musique, me proposa un rendez-vous dans un café parisien. Au cours de notre discussion, elle me parla d'un réseau mondial *El Sistema* qui fédérait plus de trois cents associations ayant repris l'idée du maestro Abreu.

L'information fit le tour de mon cerveau en quelques millisecondes. Le dessein s'éclaircit. Pourquoi ne profiterais-je pas de ce tour du monde pour aller rencontrer quelques associations *El Sistema* et les mettre en lumière ? Mais oui, c'était cela ! J'allais réaliser des reportages vidéo sur ces initiatives pour les valoriser.

De retour à la maison, frénétiquement, je listai les programmes sur mon parcours.

Fin septembre, le projet était ficelé. En un mois, j'avais écrit les grandes lignes d'un tour de la planète qui, en plus de me faire découvrir le monde, allait m'amener à mettre en avant des associations d'aide aux enfants par la musique. J'étais enchanté ! Il ne me restait plus qu'à le réaliser.

3

Sur ma route vers la Russie, c'est à Dresde, dans cette ville située à l'extrême est de l'Allemagne, que je décide de m'arrêter pour ma première visite de l'un des programmes *El Sistema*. Je veux mettre à profit la dizaine de jours passés à travers l'Europe pour découvrir quatre associations.

La première nuit de voyage est singulière. Elle donne le coup d'envoi à une vie d'itinérance sans foyer pour repère.

En ce soir si particulier, mon alto me guide vers le plus parfait des endroits. J'ai rendez-vous avec Deborah et Luise, deux amies qui ont fondé *Musaik*.

Deborah, grande violoncelliste brune un peu timide, et Luise, petite violoniste blonde pleine d'énergie, toutes les deux âgées d'une trentaine d'années, m'accueillent avec sympathie. Chassant la tristesse qui me ronge depuis mon départ, elles me plongent dans leur univers fait de musique, de solidarité, d'actions pour un monde différent et d'amour presque maternel.

« J'ai effectué un stage avec Deborah au Pérou dans une association *El Sistema* », me raconte Luise, impatiente de me présenter leur travail. Deborah l'écoute parler, acquiesçant de temps à autre.

« Cette expérience m'a énormément marquée. Alors, quand je suis revenue à Dresde, ma ville natale, j'ai eu envie de faire la même chose.

« Depuis quelques années, l'Allemagne de l'Est accueille de plus en plus d'immigrants avec une quasi-inexistence de structures d'insertion. J'en ai parlé à Deborah. Je lui ai proposé de lancer une association *El Sistema*. Le concept lui a plu.

– Oui, j'ai tout de suite été emballée par l'idée de Luise ! enchaîne Deborah avec passion. Et je me suis mise à rechercher une salle de répétition.

« Par chance, nous avons rapidement trouvé un local disponible dans un centre commercial d'un quartier défavorisé. Le lieu est improbable, mais stratégique. Il permet aux parents d'y déposer leurs enfants tout en venant faire leurs courses. En plus, il donne une belle visibilité au programme. Quand les clients déambulent devant la vitrine de cet ancien magasin, ils peuvent voir ce qui se passe derrière les baies, les élèves, les instruments. »

Deborah regarde Luise qui acquiesce avec un grand sourire de satisfaction et reprend la parole.

« Aujourd'hui, après à peine plus d'un an d'existence, nous pouvons déjà enseigner le violon et le violoncelle à une quarantaine de jeunes immigrants, le tout gratuitement, et nous ne comptons pas nous arrêter là !

« La ville de Dresde nous soutient, des banques également. Avec ces sponsors, nous allons monter un programme plus ambitieux dans les années à venir. »

Loin du centre historique de Dresde à l'architecture baroque richement décorée, Deborah et Luise m'amènent assister à une répétition de *Musaik*. Nous empruntons un tramway qui nous dépose dans un quartier résidentiel parsemé d'immeubles, une banlieue bien entretenue, mais qui contraste avec le cœur de ville.

Dans le centre commercial, une vingtaine d'enfants attendent patiemment. Apercevant Deborah et Luise, ils s'animent. Ils ont hâte de commencer à jouer. Les violons et les violoncelles sont accordés. Les premières notes fusent sous les conseils et exercices de Deborah et Luise.

Cette rencontre avec ces enfants s'inscrit comme un moment fort de ce début de voyage. Âgés d'à peine dix ans, ils sont pleins d'énergie, de bienveillance, de motivation et assistent avec assiduité au cours. Lorsque je sors mon alto pour jouer quelques notes, la curiosité les anime un peu plus. Les sourires se dessinent sur les lèvres et me réchauffent le cœur. Nous ne parlons pas la même langue, mais nous nous appréhendons au travers du langage musical. J'oublie un instant mes interrogations, mes peines, mes difficultés depuis mon départ. Je comprends pourquoi je suis là. J'ai envie de les faire rire, de jouer avec eux quelques morceaux, de partager. Leur accueil me redonne confiance.

Je retrouverai cette envie d'apprendre et cette curiosité chez tous les enfants du monde. Loin des comportements d'adultes, elles me renverront vers une certaine insouciance que je recherche tant depuis quelques années.

Le lendemain, je fais escale à Aarhus, au Danemark, où je rencontre Pia, une violoniste qui travaille pour l'association *Sistema Højvangen*. La quarantaine, un sourire débordant sur les lèvres, pétillante, elle m'amène visiter le programme musical qui occupe ses longues journées.

« Notre association est une sorte d'orchestre à l'école, me raconte-t-elle avec entrain. Chaque enfant, de la maternelle au collège, reçoit des cours obligatoires de musique. Ils peuvent choisir entre le violon, le violoncelle, la contrebasse et même l'alto ! ajoute-t-elle en riant.

« Le financement est supporté par l'établissement scolaire. Cela permet à tous les élèves d'apprendre un instrument de musique, à coût réduit pour les parents. »

Pénétrant dans les bâtiments, la modernité des lieux et les équipements haut de gamme me donnent l'impression de déambuler dans une école au niveau social très élevé. Après le petit local de Deborah et Luise, le contraste est saisissant. Je m'étonne de la présence d'une association *El Sistema* dans une telle structure. Mais au Danemark, pays dont le PIB par habitant est un des plus hauts au monde, les quartiers défavorisés sont fortement soutenus par le gouvernement. Les finances publiques aident à lisser les inégalités.

La découverte du travail de Pia est un enchantement. Elle apprend aux tout-petits à interpréter quelques notes en s'amusant sur des mini-violons qui ressemblent presque à des jouets. Les plus grands, âgés d'une dizaine d'années, enchaînent des mélodies folkloriques danoises. Les instruments grincent, mais le bonheur est perceptible, indéniable.

Je crois que ce qui m'étonne le plus est le niveau d'épanouissement de ces écoliers. Malgré une légère indiscipline, caractéristique de la manière d'éduquer en Europe du Nord, les enfants font montre d'une maturité exceptionnelle. Le respect envers leurs enseignants ferait pâlir d'envie plus d'un professeur français. *El Sistema* fonctionne, j'en ai la preuve !

Poursuivant mon voyage vers l'est, je gagne, le jour de mon anniversaire, Göteborg où je retrouve Ron, le directeur musical d'*El Sistema Sweden*. Par la rencontre de cette personnalité unique, je reçois, en ce jour, un merveilleux cadeau.

Ron est vénézuélien. Il fait partie de ces enfants défavorisés qui ont grandi au cœur d'*El Sistema*. La quarantaine, le visage un peu rond, des petites lunettes sur les yeux, il m'accueille à la terrasse d'un café, le sourire aux lèvres.

« J'ai été élevé au son de la musique, me raconte-t-il. Grâce à *El Sistema*, j'ai appris le violon et la direction.

« En 2011, ma formation terminée, j'ai pu me rendre au Groenland transmettre mes connaissances et y fonder un ensemble pour les jeunes. Puis, c'est la Suède qui m'a contacté. À l'époque, Gustavo Dudamel, un autre enfant d'*El Sistema Venezuela*, dirigeait l'Orchestre Symphonique de Göteborg. Sous son impulsion, je suis venu les aider à monter ce programme. Aujourd'hui, je le supervise. Il fédère trente villes et des centaines d'enseignants. Chaque année, nous offrons la possibilité à plus de 9000 jeunes de jouer en orchestre.

« Nous avons aussi créé un festival géant, *Side-by-Side* qui a lieu tous les ans en juin. Nous accueillons, dans le stade de hockey sur glace de Göteborg, plus de 1000 enfants qui interprètent ensemble quelques œuvres avec les musiciens professionnels de l'orchestre symphonique de la ville. »

Je suis impressionné par le gigantisme de ce programme et par l'énergie dégagée par Ron. Comme pour m'éblouir un peu plus, ce dernier ajoute :

« L'inconvénient d'*El Sistema*, c'est qu'il ne s'adresse qu'aux jeunes de moins de dix-huit ans. Mais la Suède accueille également des adultes fuyant des pays en guerre tels que la Syrie, l'Afghanistan ou l'Érythrée. Alors j'ai décidé de fonder le *Dream Orchestra*, un orchestre dédié uniquement aux immigrants majeurs. Ce programme leur permet de recréer du lien dans des moments extrêmement difficiles de leur vie, et les aide à mieux s'intégrer. »

Dans l'après-midi, Ron m'amène assister à une répétition d'un orchestre d'enfants âgés de cinq ans qui pratiquent quelques notes au violon. Une dizaine de jeunes du *Dream Orchestra* se joignent à la séance du jour.

« J'aime faire jouer les adultes avec les plus petits. Cela permet d'apprendre les uns des autres. Nous ne faisons que des leçons en groupe, jamais de cours individuel comme en école de musique. C'est la pédagogie d'*El Sistema* » me détaille Ron.

La répétition se passe sous le signe de la bonne humeur. Les enfants jouent, chantent ou tapent dans leurs mains. Les exercices sont rythmés, le programme millimétré. Je sens que Ron maîtrise à merveille cet enseignement qui allie petits et grands, débutants et plus expérimentés.

Abasourdi par ces femmes et ces hommes et leur remarquable travail, je finis par laisser Ron en oubliant mes pensées, mes interrogations et commence doucement à m'enrichir de l'essence même du voyage : les rencontres.

De l'autre côté de la Baltique, Juha, un Finlandais d'une quarantaine d'années, un sourire communicatif sur les lèvres, les cheveux très courts, anime, lui aussi, un orchestre *El Sistema*.

Dans la ville de Vantaa, en périphérie d'Helsinki, il m'accueille au sein du collège où il a fondé l'association *Tempo Orkesteri*. Cette banlieue, principal quartier défavorisé du pays, regroupe de nombreuses familles issues de l'immigration. Pour autant, je ne ressens pas vraiment de difficultés économiques. L'école, moderne, abrite un auditorium qui rendrait jaloux plus d'un établissement scolaire français. Comme au Danemark, je me rends compte que la notion de

« défavorisé » n'est pas exactement la même dans ces pays au PIB par habitant très élevé.

« J'ai fondé *Tempo Orkesteri* en 2009, m'explique Juha. Nous voulions encourager les échanges entre les familles finlandaises et celles d'immigrés. Cela a tellement bien fonctionné que nous allons fêter nos dix ans ! » Son visage est radieux. Il poursuit :

« Aujourd'hui, avec quelques professeurs, nous enseignons la musique à tous les élèves volontaires dans deux établissements scolaires. Une centaine d'enfants participent au programme. Nous offrons un cours particulier par semaine de cinquante minutes et une répétition en orchestre.

« La très forte relation entre les professeurs des matières générales et ceux de musique permet de mieux suivre les jeunes. Il arrive ainsi que des enseignants d'anglais ou de mathématiques invitent vivement un de leurs élèves à s'inscrire à *Tempo Orkesteri*, car ils détectent un besoin d'ouverture sociale et d'intégration. Vantaa est une banlieue qui accueille beaucoup de famille d'immigrés. Le programme musical est une des manières d'aider les jeunes à mieux s'assimiler au système finlandais. »

Dans l'après-midi, j'assiste à une répétition de l'orchestre où la bonne ambiance est de mise. Les enfants ont l'air de s'amuser et Juha y est pour quelque chose. Il dirige l'ensemble avec énergie, sourire, plaisanteries, tout en imposant une belle rigueur sur la pratique instrumentale. Comme au Danemark, les jeunes sont un peu indisciplinés lorsque la musique s'arrête. Néanmoins, dès que Juha les entraîne, ils deviennent appliqués, sans oublier pour autant de s'amuser.

Quittant Juha, je repense aux quatre programmes que je viens de visiter en l'espace de seulement dix jours. Un point commun m'a particulièrement marqué : les sourires permanents des enseignants et des élèves. Malgré les difficultés que traversent nombre de ces enfants, la joie est perceptible.

Pendant plus de quarante ans, José Antonio Abreu s'est battu pour défendre l'idée que l'orchestre n'est autre qu'une société idéale. Ainsi, un enfant qui l'intègre tôt s'enrichit des valeurs de solidarité, d'harmonie et de compassion mutuelle, dont il peut ensuite faire bénéficier sa communauté.

Il s'en est allé vers un autre monde un mois avant mon départ, mais je crois qu'il avait raison. À voir ces sourires et cette joie, je me dis que ces enfants apportent et apporteront beaucoup à nos sociétés.

4

Helsinki est une ville sobre qui contraste avec la capitale suédoise, sa voisine. L'esprit luthérien s'est diffusé jusque dans l'architecture qui semble bien triste, comparée à celle colorée de Stockholm. En arrivant par bateau, deux édifices se détachent de cette vue d'ensemble, la cathédrale protestante, d'un blanc immaculé, presque sans corps, et l'église orthodoxe d'un rouge vif aux toits verts, qui donne à la cité un peu de gaieté et me transmet un avant-goût de Russie.

Épuisé par une traversée rapide de l'Europe et par des débuts psychologiquement difficiles, je m'autorise une pause à Helsinki. J'y retrouve Flore et Théo, un couple de Français installés en Finlande depuis cinq ans, et leur fille Claire, âgée d'un an et demi. En quelques jours, ils vont me donner l'impulsion nécessaire pour démarrer l'année à venir.

Théo me rejoint à la gare Centrale d'Helsinki. C'est un jeune homme aux cheveux foncés, élancé, très calme, qui travaille pour une start-up informatique. Avec Flore, une brune très souriante et dynamique, ils ont posé leurs valises en Finlande à la suite d'une année passée à voyager au Canada. Depuis, ils ne se verraient pas quitter cette nouvelle vie.

Quelques années après leur installation, Claire est née. Cette petite blondinette aux yeux bleus n'a pas pris un seul des gènes bruns de ses parents.

« Je crois qu'elle voulait mieux se fondre dans le paysage nordique que nous », me confiera un jour Théo avec beaucoup d'humour.

Claire, qui fréquente la crèche depuis quelques mois, alterne des mots de français et de finnois, au plus grand désespoir de ses parents.

« Nous avons dû nous mettre à apprendre le finnois, une des langues les plus complexes au monde, pour comprendre Claire. Nous qui pensions éviter cet effort », m'explique Flore, un peu désabusée.

Dans leur charmant appartement, comme dans toutes les habitations finlandaises, un sauna se niche au cœur de la salle de bains. Cette passion anime le pays. Il y en aurait plus de trois millions pour à peine six millions de Finlandais !

Fanny et Théo se sont mis à pratiquer cette religion nationale dès leur arrivée. Alors, en guise de baptême, ils m'invitent à entamer le week-end par un bain de chaleur que je quitte régulièrement pour reprendre un peu d'air frais sur le balcon. Je suis peu habitué à de telles températures. Dehors, la nuit ne tombe quasiment plus, le solstice d'été approche à grands pas.

Le sauna est un lieu propice à la discussion. Théo m'y parle de son pays d'adoption.

« Dans l'immeuble, nous avons une cave-bunker », me dit-il sur un ton un peu amusé.

Cette déclaration m'étonne au plus haut point. Je le questionne pour en savoir plus sur ce concept que le leader suédois de l'ameublement n'a pas encore à son catalogue.

« C'est une obligation légale. Ces caves-bunkers nous permettent de transformer les caves des immeubles en bunker en quelques minutes, avec une autonomie en nourriture et eau pour une semaine. Elles sont pensées principalement en cas d'attaque russe.

« Les Finlandais vivent de réelles tensions politiques avec leur voisin. Il est fréquent que Vladimir Poutine provoque la Finlande, et par conséquent l'Europe, en envoyant des sous-marins dans les eaux finlandaises ou en faisant franchir à quelques soldats la frontière. »

Je n'avais jamais entendu parler de ces tensions. Je prends conscience que, dans une France très autocentrée, nous nous préoccupons bien peu des confins de l'est de l'Europe.

En quelques jours, au contact de Flore, Théo et Claire, je découvre une vie paisible, proche de la nature, de la mer et des forêts. Malheureusement, elle cache une réalité assez triste.

Les Finlandais, principalement à cause du climat rude et du faible taux d'ensoleillement en hiver, forment une population peu heureuse. L'alcool coule comme un remède à la dépression. Malgré les efforts du gouvernement qui tente de freiner cette consommation avec une politique de fortes taxes, les pratiques restent ancrées dans les habitudes. Il existe même un terme finnois qui résume le concept de boire seul chez soi en sous-vêtement : le *kalsarikänni*.

Le taux de natalité est également très faible et a été divisé par deux en l'espace de cinquante ans. Il se stabilise aujourd'hui autour d'un enfant par femme. Alors, le gouvernement investit dans les aides à destination des jeunes parents. Crèches gratuites, longs congés paternité et maternité ou infrastructures dédiées aux tout petits sont autant de services financés par l'État. Cette politique semble porter ses fruits. Flore et Théo me font l'effet de deux parents épanouis. Ils paraissent avoir trouvé un bel équilibre entre leurs vies familiale et professionnelle.

Je m'interroge souvent sur mon futur. Flore et Théo m'inspirent. Je suis heureux de faire la connaissance d'un couple qui a traversé des questions existentielles, qui est parti voyager pour se ressourcer et qui a réussi à imaginer un quotidien qui lui correspond. Je me sens bien à leur contact.

Ces quelques jours passés en leur compagnie me rappellent pourquoi j'ai pris la route. Je veux échanger, rencontrer les femmes et les hommes de ce monde, partager leur existence, essayer de les comprendre pour m'enrichir et trouver la vie qui me conviendra.

Je sens qu'il est temps pour moi de réellement commencer ce tour de la planète. Je viens de passer quinze jours à m'échauffer en Europe. Je suis enfin prêt à faire le grand saut et partir à l'aventure. Russie, j'arrive !

5

♪ Nikolaï Rimski-Korsakov – *Shéhérazade*
Orchestre du théâtre Mariinsky – Valery Gergiev, 1998

Gare d'Helsinki. Une légère appréhension m'envahit. Je m'apprête à m'éloigner de mes racines, l'Europe, pour une année.

Sur le quai, un train électrique à grande vitesse m'attend. Il s'appelle *Allegro*. Son nom me fait sourire. La musique ne me quitte plus.

En trois heures, cette merveille de technologie doit m'acheminer jusqu'à Saint-Pétersbourg. Sans réfléchir, je m'y installe. Mais, à peine assis, une énorme boule au ventre me ronge. La peur de l'avenir et de ses incertitudes surgit.

Comme pour l'oublier, je regarde par la fenêtre et m'imprègne des dernières images de la gare. Enfin, les portes se ferment. L'express démarre. Je ne peux plus revenir en arrière, emporté inexorablement vers la Russie.

Au milieu de grandes forêts et de paysages plats et verdoyants, à plus de 200 kilomètres par heure, un douanier finlandais vérifie mes papiers. Sans un mot, avec un simple geste, vraisemblablement épuisé par son métier, il m'autorise à quitter l'Europe. Je sens la pression monter. J'approche de la frontière dont j'appréhende le passage souvent décrit comme chaotique.

Un jeune officier de l'armée se présente à mon siège. La trentaine, il porte un uniforme bien taillé aux multiples étoiles et médailles. Il ne parle pas anglais, mais mon passeport semble lui suffire. À cet instant, j'espère entrer sur le territoire russe simplement. Un détail va néanmoins complexifier la procédure et m'embarquer dans une légère folie administrative. Je voyage avec mon alto. J'ai donc besoin d'une attestation qui précise que je pénètre en Russie avec mon instrument afin de m'éviter de payer des frais de douane en sortie.

J'hésite un instant à évoquer le sujet. Je regarde l'officier. Je sens que tout va se compliquer. Je pèse mes mots dans une discussion avec moi-même. Finalement, je lâche l'interrogation en anglais, pointant du doigt ma boîte. Un peu perdu, surpris par cette demande inattendue qu'il ne comprend pas, il me fait signe de patienter et quitte le wagon avec mes papiers. Dix longues minutes s'écoulent. Une angoisse m'envahit. Vais-je rester bloqué en Europe pour avoir tenté de voyager avec mon alto en Russie ?

Après une attente qui me paraît interminable, trois douaniers pénètrent dans le wagon : un haut gradé couvert d'étoiles sur les épaulettes, une militaire parlant quelques mots d'anglais et mon officier. L'équipe n'est pas rodée à ce type de déclaration. Une appréhension perceptible les envahit. Ils doivent probablement redouter de commettre une maladresse administrative qui pourrait interrompre leur carrière. Attentivement, ils observent mon alto, prennent des photos avec leur téléphone portable, me demandent si j'ai une facture d'achat et m'interrogent sur les raisons de mon voyage avec un instrument de musique. Un long débat, entre eux, d'une quinzaine de minutes s'ensuit. Je ne fais pas le fier devant cette situation, mais intérieurement un fou rire s'empare de moi. Mes nerfs lâchent. J'ai l'impression de vivre un numéro comique et d'être pris au milieu d'un processus administratif infernal dont les Russes ont le secret.

Heureusement pour moi, le train approche de Saint-Pétersbourg. Les officiers doivent probablement repartir sur une autre mission. Ils accélèrent la procédure et me demandent, avec grande politesse, de remplir à la main une longue déclaration sur l'honneur. Sur un papier à en-tête, j'écris en anglais que je rentre sur le territoire avec mon instrument à des fins de loisir, sans objectif commercial. L'officière des douanes traduit immédiatement mon texte en russe et y appose plusieurs énormes coups de tampon rouges. Enfin, l'équipe me quitte avec respect, me remercie pour ma patience et me rappelle que je dois garder l'attestation jusqu'à ma sortie. Elle ne me servira jamais.

Ma découverte de Saint-Pétersbourg est pleine de contrastes. La ville est stupéfiante avec ses hôtels particuliers – dont le nombre inscrit au patrimoine mondial de l'UNESCO est à peine surpassé par Venise –, son architecture européenne, ses musées – dont le fameux Ermitage –, ses canaux, son métro grandiose dessiné pour être le palais du peuple, et ses infrastructures routières de qualité refaites à neuf pour impressionner les étrangers à l'occasion de la coupe du monde de football à venir. La cité a tout d'une riche capitale européenne. Mais elle est poussiéreuse. Les façades des immeubles sont délabrées. À l'inverse, ce peu d'entretien s'oppose au soin extrême porté à l'intérieur des habitations, comme souvent sur ce vaste territoire.

Fraîchement débarqué, je découvre le premier visage de la Russie où les maisons à la propreté exemplaire, et l'hygiène personnelle irréprochable tranchent avec les extérieurs négligés.

Dès les premiers jours, je goûte à l'hospitalité et l'amitié russes qui m'accompagneront pendant toute ma traversée de cet immense pays. Si au premier abord les Russes paraissent froids et antipathiques, ils ont en réalité le cœur sur la main et font preuve d'un réel désir de connaître les étrangers.

Je fais ainsi la rencontre de Galya, une petite brune tatare, enseignante d'anglais et d'Aleksei, un Pétersbourgeois élégant, professeur de sport dans une école primaire en banlieue de Saint-Pétersbourg. Ils ne vont plus me quitter pendant la semaine que je vais passer à Saint-Pétersbourg.

Galya, passionnée de culture et de gastronomie, me prend rapidement en charge. Dès qu'elle dispose d'un moment de libre dans son agenda, elle m'amène à la découverte de la cuisine russe. Entre salades, soupes de betterave, thé, pâtisseries, vin, et parfois quelques écarts vers des spécialités géorgiennes dont elle raffole, je passe une semaine à faire pâlir plus d'un Auvergnat.

Sa conversation est délicieuse. Elle a beaucoup voyagé et me parle avec amour de son pays et plus encore de sa région, le Tatarstan, dont elle se sent bien plus proche que de cette immense fédération russe aux mille couleurs. La description qu'elle me fait de sa république natale de confession principalement musulmane, de ses mosquées ou de sa gastronomie faite de crêpes et de pommes de terre me donne envie de m'y arrêter. N'ayant pas encore planifié ma traversée de la Russie, je me note de faire une longue pause dans cet État.

« Les Pétersbourgeois adorent la nourriture, me glisse-t-elle un jour. Mais depuis que l'Europe a instauré un embargo sur la Russie, nous avons un peu plus de mal à nous approvisionner. Alors nous contournons le blocus en allant faire nos courses directement en Finlande. J'y vais plusieurs fois par an pour faire le plein de chocolat. Nous importons aussi du fromage depuis la Suisse. Comme elle ne fait pas partie de l'Europe, il n'y a pas d'embargo », ajoute-t-elle avec un petit sourire.

Sur les marchés et dans les restaurants, cidres, bières, fromages et charcuterie ne semblent en effet pas connaître les frontières et alimentent les Russes malgré les pressions européennes.

Aleksei est plus posé. La gastronomie l'intéresse peu, mais il est passionné de politique. Nous aurons de longs échanges sur l'économie, la diplomatie russe ou Vladimir Poutine, le tout sans tabous.

Assez critique, il ne mâche pas ses mots sur certaines actions de son gouvernement.

« Le modèle socialiste s'effrite. Les soins sont encore gratuits, mais ils sont devenus tellement basiques qu'il faut aujourd'hui débourser de l'argent pour être traité correctement. Dans notre pays, l'espérance de vie d'un homme ne dépasse pas les soixante-cinq ans. »

Le rêve d'Aleksei est de partir voyager en dehors de la Russie. Ses revenus ne lui permettent pas pour l'heure de longs périples, alors, en attendant, il s'est mis à apprendre l'anglais. Il s'instruit seul, sans professeur, et parle la langue de Shakespeare d'une manière plutôt fluide. Galya lui donne de temps en temps l'opportunité de faire progresser son niveau. C'est ainsi qu'ils se sont rencontrés.

Lorsqu'Aleksei m'évoque son métier, je saute sur l'occasion pour lui demander s'il me serait possible d'aller présenter mon alto à ses élèves. Il n'y a pas d'association *El Sistema* en Russie. Je rêve pourtant d'aller à la rencontre des jeunes Russes.

« L'idée me plaît bien, me dit-il. Nous pourrions utiliser le gymnase de l'école comme salle de concert. Je demande la permission au directeur de l'établissement. »

Le lendemain, il revient avec la fameuse autorisation et m'invite à le retrouver à la gare Centrale de Saint-Pétersbourg quelques jours plus tard.

Au petit matin, je rejoins Aleksei sur un quai. Il fait gris, le temps est humide. Pressé de gagner son école, il me conduit vers un vieux train de banlieue. J'ai l'impression de revenir cinquante ans en arrière, en Union soviétique. Le wagon, aménagé avec de longues banquettes inconfortables au coloris kaki, respire une ambiance froide et militaire. Un contrôleur, vêtu d'un uniforme trop grand et usé, poinçonne les billets. Autour de nous, quelques voyageurs tristes et fatigués empruntent le train dans un silence le plus total.

En gare d'arrivée, nous changeons de moyen de transport et montons à bord d'un vieux bus qui dessert la campagne. Les maisons sont délabrées. Les quelques immeubles que nous croisons, au style soviétique des années 1970, sont mal entretenus.

L'établissement scolaire d'Aleksei est installé en bordure de ces habitations. Son état est vieillissant, mais il fonctionne.

En son cœur, un gymnase trône majestueusement. Moderne, il tranche avec le reste des bâtiments et semble annoncer aux élèves que le sport et la culture physique sont importants pour forger l'esprit et le corps d'un Russe.

Le temps de ma venue, cet espace presque sacré suspend ses activités. Des bancs sont disposés de manière à former des gradins et, dans un décor aux murs recouverts de barres de gymnastique, une salle de spectacle prend forme.

À 9 heures précises, j'entre en scène et commence une série d'interventions devant des enfants âgés de six à dix ans excités et curieux. Dans cette atmosphère effervescente, au son de Bach ou de mélodies folkloriques européennes, le temps s'arrête. Le silence se fait. Des dizaines d'oreilles écoutent attentivement, studieusement. L'ambiance ne se relâche qu'à l'instant où j'égraine les premières notes de musiques de dessins animés datant de l'ère soviétique. Aleksei m'avait prévenu lorsque nous préparions le concert.

« Tous les Russes, de sept à soixante-dix-sept ans, connaissent ces refrains par cœur. Je vais te sélectionner quelques œuvres. Le succès est garanti ! »

Au son de ces mélodies familières, les sourires se dessinent sur les lèvres, les regards s'illuminent. Sous l'impulsion d'Aleksei qui fredonne les paroles, les enfants et quelques professeurs curieux se mettent à chanter.

La joie me gagne. Cet instant me paraît presque irréel. Trois semaines auparavant, j'étais à Paris. En ce jour, je me trouve dans une école primaire d'une banlieue russe à jouer de l'alto. Pris dans un élan de spontanéité, je demande aux enfants si certains souhaitent essayer mon instrument.

Ces élèves n'ont, pour la plupart, jamais vu un violon de leur vie et encore moins un alto. Un brouhaha s'empare du gymnase. Des mains se lèvent. Tous les enfants, absolument tous, me sollicitent pour jouer quelques notes. Loin de l'esprit russe parfois froid et austère, ces jeunes expriment un désir non contenu.

En cette matinée, mon alto passe dans une centaine de mains. L'archet grince sur les cordes, mais les fous rires animent le gymnase. L'école vit. Elle ressemble à n'importe quel établissement scolaire du monde.

Observant ces jeunes Russes, je remarque pour la première fois de légers écarts de niveaux de vie. Alors que la plupart des enfants revêtent des habits en bon état et disposent, dans certains cas, d'un téléphone dernier cri, d'autres élèves ne semblent pas jouir des mêmes moyens. Avec leur tenue et leurs chaussures trouées et une hygiène corporelle limitée, ils font partie de cette classe sociale qui lutte pour sa survie.

Au cours de mon périple, j'aurai régulièrement l'occasion d'observer de tels écarts de richesses, parfois flagrants. La Russie vit à deux vitesses. Entre une minorité de la population aisée, et même extrêmement fortunée, et une majorité au niveau de vie humble, voire très faible, la fédération russe me semble scindée en deux. L'écart est particulièrement marqué entre les grandes villes – où des jeunes circulent au volant de voitures de luxe, accompagnés de superbes mannequins trop maquillées – et la campagne – où la plupart des habitants vivent modestement, presque tristement.

Néanmoins, en cette journée, la musique joue parfaitement son rôle et lisse les différences. Riches ou pauvres, les enfants sont égaux devant l'alto. Ils sont identiques aux jeunes humains du monde entier, pleins d'énergie, de curiosité et de positivisme et n'ont pas encore développé ces notions de classification sociale absurde des populations.

Avant de quitter Saint-Pétersbourg, je rends visite à un dernier lieu qui me fait rêver depuis de longs mois, le théâtre Mariinsky. Connu pour héberger les plus beaux ballets et opéras, j'y ai réservé une place pour un classique russe: *Shéhérazade.*

Pour Dostoïevski, l'âme russe prend ses racines dans le besoin spirituel le plus élémentaire du peuple russe, la nécessité de la souffrance. Je ne peux qu'acquiescer à cette définition qui évoque un champ de sentiments profonds et douloureux.

Dans cette salle mythique, au cours de cette soirée, une atmosphère particulière se dégage du lieu. Musiciens et danseurs communiquent des émotions si fortes que je sors du théâtre bouleversé, des larmes suaves au coin des yeux, avec cette sensation d'avoir perçu l'âme russe. Pour avoir assisté à plusieurs reprises aux ballets et opéras parisiens, jamais l'art ne m'avait transmis de tels sentiments. Les Russes ont un secret bien gardé qui se vit. Merci, Mariinsky, de me l'avoir montré.

6

Veliki Novgorod. Dans cette charmante cité russe au kremlin[2] de briques rouges des plus remarquables, à mi-chemin entre Saint-Pétersbourg et Moscou, Dmitri et sa famille m'accueillent pour quelques jours.

La quarantaine, cultivé, passionné d'histoire et employé modeste de mairie, Dmitri travaille dans le secteur de l'habitat. Il vit avec sa femme, Youlia, et sa fille Sonia, âgée de six ans, dans un petit appartement de banlieue construit dans les années 2000. Pourtant leur immeuble est semblable à tous ceux des années soviétiques. Les blocs de béton sont dénués de style, comme si les architectes avaient oublié qu'ils pouvaient imaginer d'autres formes de bâtiments. La structure, construite trop rapidement, avec de mauvais matériaux, ne tient déjà plus le temps. Les parties communes sont délabrées.

Sonia, comme nombre de ses camarades, reçoit une éducation très stricte. À peine sortie de l'école, elle enchaîne des cours de danse et de piano qui ne la passionnent guère. Elle préférerait jouer avec ses amies.

Dmitri est un père bienveillant, mais qui attend beaucoup, peut-être trop, de sa fille. Il souhaite l'inscrire à la pratique d'un second instrument. Saisissant l'opportunité de ma venue, il me demande de présenter mon alto à Sonia.

Voir Sonia sous une telle pression me peine. Installée à son piano, elle répète des gammes sous l'œil vigilant de sa mère.

Je m'assieds à côté d'elle. Sa tête un peu boudeuse semble me dire :

« Je ne déteste pas l'instrument, mais je n'aime pas ce que l'on m'enseigne. Je veux m'amuser. Je n'ai pas envie de jouer comme le ferait un adulte. »

J'entame quelques notes au piano et lui fais signe de me répondre en improvisant ce qui lui vient à l'esprit. L'amusement s'empare d'elle. Au bout de quelques minutes, un grand sourire se dessine sur son visage. Elle ne parle pas

2 Un kremlin est un ensemble de fortifications.

anglais, mais le contact s'établit facilement, par le jeu et la musique.

Lassée du piano, elle quitte subitement le tabouret et adresse quelques mots en russe à sa mère. Youlia me traduit :

« Elle veut te montrer ses jouets et s'amuser avec toi. »

J'accepte cette proposition avec joie. Peut-être est-ce son remerciement pour lui avoir enseigné que la musique peut être ludique ?

Dmitri est d'une conversation passionnante. Au fil des quelques jours que je passe avec sa famille, il me confie de précieuses clés de lecture sur son pays.

« La raison de vivre des Russes est de posséder un appartement dans un immeuble moderne, me déclare-t-il un soir. Notre gouvernement octroie des allocations aux foyers dès le troisième enfant. Celles-ci peuvent être utilisées pour financer les études supérieures ou acheter un logement. Bien sûr, les familles préfèrent dépenser cet argent pour acquérir un appartement. Alors elles ont des enfants simplement pour bénéficier d'aides. Mais à bien y réfléchir, ce sont les promoteurs immobiliers qui profitent de ces bourses, tout en permettant à la Russie de maintenir une politique de forte natalité.

« Après avoir acheté leur logement, les Russes rêvent de voitures. Sous le régime soviétique, seuls les membres du parti possédaient un véhicule. De nos jours, c'est un signe de réussite sociale. Tout le monde en veut ! Tu as vu comment est construit notre immeuble ? Sur le parvis, il n'y a aucun trottoir, seulement des places de parking. Nous habitons une île et la voiture est un bateau. Elle nous permet d'aller en ville. Je n'ai pas de véhicule. Je prends le bus ou le vélo, mais rien n'est fait pour les piétons ou les cyclistes », se lamente-t-il.

Il se lève et s'installe à la fenêtre.

« Regarde de l'autre côté de la rue, il y a des maisons traditionnelles en bois. Plus personne ne veut les habiter, car elles n'ont pas le confort de nos immeubles. Alors elles sont démolies. Mais notre passé s'en va. »

Si je comprends ce désir de modernité qui anime les Russes, je ne peux que rejoindre Dmitri. Je trouve dommage que ces *isbas* si mignonnes ne soient pas réhabilitées, plutôt que rasées pour laisser la place à des paquets de résidences sans style, vite et mal érigées.

Les artisans russes sont des artistes doués d'un véritable talent lorsqu'ils bâtissent des palais ou des églises. Certains édifices, entièrement reconstruits selon les plans d'origine après les massives destructions de la Seconde Guerre mondiale, ou celles datant de l'époque soviétique, ne donnent aucune chance à l'œil de percevoir leur caractère récent. Néanmoins, dès que les aménagements touchent à la vie courante – aux routes ou aux immeubles d'habitation par exemple –, les réalisations sont établies dans la précipitation, sans goût, à moindre coût, amenant les structures à s'abîmer rapidement. Les Russes en sont conscients, comme me le confiera Dmitri en riant :

« Le peuple russe a mis tellement d'énergie dans ses palais et églises qu'il n'a plus de force pour construire ses maisons. »

7

Dans l'immense capitale russe, j'ai rendez-vous avec Asya et Sergueï, deux jeunes colocataires qui m'ouvrent leurs portes pour mon séjour moscovite.

Mon arrivée à Moscou me donne l'impression de retour ner en Europe. Bien loin de ma précédente escale, la ville est extrêmement moderne. Infrastructures routières, transports en commun, zones piétonnes, vélos en libre-service, pistes cyclables ou magasins lui confèrent un statut équivalant à celui des capitales européennes telles que Berlin, Londres ou Paris. La vie y est assez similaire et se partage entre métro, travail et loisirs.

Ville entièrement détruite et reconstruite dans un style soviétique après la révolution de 1917, elle ne conserve de son passé que le Kremlin. La plupart des églises, rasées sous le régime soviétique, ont aujourd'hui été rebâties à l'identique, et témoignent du savoir-faire russe.

L'argent coule à flots dans cette ville qui ne dort jamais. Mais mon cœur ne s'accroche pas à cette cité, à cet îlot artificiel trop riche au milieu de l'océan qu'est la Russie.

Asya et Sergueï sont de jeunes actifs à l'esprit vif. Sergueï, la trentaine, souriant, les cheveux blonds et hirsutes, est très virulent et critique sur son pays, en particulier sur l'appareil politique. Mais il se réjouit du côté malin et rusé des Russes qui les poussent à contourner les décisions de l'exécutif.

« Le gouvernement nous espionne sur Internet ? Eh bien, des informaticiens russes développent une application pour échanger des messages de manière cryptée. Ce même gouvernement nous interdit de l'utiliser ? Nous l'employons quand même via des failles du système de contrôle ! » me dit-il, satisfait de ses réponses.

Sergueï s'énerve facilement à l'encontre de la bureaucratie. Alors qu'il m'emmène avec Asya visiter la faculté de Moscou où ils ont étudié, je me trouve bloqué à l'accueil. Mon passeport n'est pas écrit en cyrillique. Afin d'entrer, il me faudrait une traduction officielle de l'administration.

Sergueï s'emporte et adresse ces quelques mots à la pauvre réceptionniste :

« Mais c'est complètement débile, nous voulons accueillir dans nos universités des étrangers, mais nous ne sommes pas capables de nous adapter à leurs passeports ! »

Il quitte les lieux, énervé, maugréant un peu plus à l'encontre de cette bureaucratie qu'il déteste.

Le seul endroit qui fait encore peur à Sergueï – tout comme à Asya et à de nombreux Russes – est le siège du célèbre FSB, descendant direct du KGB. Lorsque nous passons devant l'imposant bâtiment de ce service de renseignement, Sergueï s'éteint et me confie :

« Tu sais Christophe, il ne faut pas plaisanter avec le FSB. Aujourd'hui, je peux m'exprimer librement sur la politique, l'administration, la gestion du pays, mais le FSB, on n'en parle pas. »

Asya est beaucoup plus calme que Sergueï. Grande blonde élégante, la trentaine également, elle est préoccupée par les sujets environnementaux et le futur de sa génération. Elle me confie, alors que nous prenons un thé dans un ancien café soviétique resté en l'état, qu'elle a peur en l'avenir.

« La Russie ne se soucie pas de la gestion des déchets et en particulier du recyclage. Nous les jeunes, nous voudrions changer les choses. Mais nous avons peu de moyens d'expression et encore moins de possibilités de faire bouger les lignes. L'administration du pays est entièrement verrouillée par une génération plus âgée qui se tient bien loin de ces sujets.

« La question des salaires m'angoisse également. En tant que professeure, je gagne environ 1000 euros par mois. C'est un revenu correct. Mais il reste assez faible pour me permettre de vivre convenablement à Moscou. Le quotidien y est très cher. Si je partais enseigner en dehors de Moscou, ma paie serait de deux cents euros. Même si la vie y est plus abordable, je ne pourrais jamais vivre avec ce salaire. Alors je reste au cœur de la capitale. »

Ses mots me peinent. Dans sa voix, je ressens une réelle désillusion sur la Russie qu'elle aime tant.

« Tu sais, les Russes adorent leur pays. Mais quand tu es jeune, tu n'as qu'une envie, le quitter avec l'espoir de pouvoir mener à bien tes idéaux. J'aimerais vivre dans un État qui prend soin de l'environnement, où mes idées comptent. »

Cet après-midi est triste. Je perçois dans les phrases d'Asya le désespoir d'une jeunesse qui voudrait changer le monde, mais qui est pieds et poings liés. Je tente de la rassurer du mieux que je peux, lui rappelant que dans quelques années sa génération sera aux commandes du pays. Elle pourra alors transformer ses idéaux en actions.

J'espère sincèrement que des gens tels qu'Asya ou Sergueï prendront part, d'une manière ou d'une autre, à la vie politique de leur nation. Comme de nombreux jeunes, ils sont pleins d'idées et d'énergie dont le monde a besoin si nous voulons le transmettre à nos enfants.

8

J'ai toujours aimé les voyages en train. Je me rappelle parfaitement mon premier trajet à bord d'un autorail sur les voies ferrées de Vendée, je devais avoir une dizaine d'années. En grandissant, cette passion fut entretenue par les reportages télévisés. Je me voyais volontiers prendre la place du présentateur et parcourir le monde pour découvrir les chemins de fer les plus reculés de la planète. Pourtant, à Marciac, lorsque je me décidai à partir sur les routes, c'est d'abord au bateau que je pensai. J'avais passé mon enfance à voguer sur des dériveurs. L'habitable me paraissait être un choix évident. Mais j'avais un doute : allais-je apprécier la vie à bord, isolé, entouré de mers ?

Pour résoudre cette question, je décidai, après le festival, de poursuivre ma route et d'effectuer un stage de navigation côtière au départ de Toulon. Je montai à bord d'un voilier avec un skipper et quatre jeunes âgés de vingt à trente ans. La semaine fut excellente, mais je devais me rendre à l'évidence, j'appréhendais d'être seul au milieu de l'océan, sans apercevoir de terre à l'horizon. La conclusion fut immédiate. Le bateau ne serait pas mon moyen de transport.

Après Toulon, enivré par l'esprit du voyage, je ne souhaitais plus m'arrêter. Je repris naturellement le train pour Nice, Monaco, Gênes, La Spezia et enfin Pise où j'eus la dernière révélation de ce voyage initiatique. Je rêvais de dormir chez l'habitant, d'être accueilli par un couchsurfeur[3].

À quelques kilomètres de Pise, Giuliana, une Italienne vétérinaire d'une trentaine d'années, petite aux cheveux noirs coupés au carré, me proposa de m'héberger. Elle logeait un couple franco-espagnol, mais disposait de suffisamment d'espace pour un voyageur supplémentaire. Elle aimait recevoir, d'autant plus qu'elle venait de se séparer de son compagnon et ressentait le besoin d'être entourée.

Avec un grand plaisir, j'acceptai son invitation. Nous parlâmes en espagnol, langue commune qui nous liait. Chacun cuisina une spécialité. Ma première soirée couchsurfing fut exquise.

Je me sentais bien chez Giuliana et lui demandai de prolonger mon séjour. Elle accepta. La fin de semaine venait de commencer. Giuliana disposait d'un peu de temps et se

3 CouchSurfing est un site Internet d'entraide qui met en relation des voyageurs cherchant un lieu pour dormir et des hôtes acceptant de les accueillir sur un canapé, un matelas gonflable ou un petit espace, gratuitement. L'hôte trouve sa contrepartie dans le plaisir de s'ouvrir à d'autres cultures, de discuter, d'échanger. Le voyageur s'engage également moralement à accueillir un jour des voyageurs chez lui, s'il le peut.

transforma en guide. Elle m'amena déjeuner chez ses parents, puis assister à un petit festival de jazz avant de me conduire à une fête de village avec ses amis. Le week-end fut empli de charme. Nous parlâmes énormément. Je découvris un autre plaisir lié aux périples, celui d'échanger avec sincérité sur sa vie. Entre couchsurfeurs, et plus largement voyageurs, les rencontres ne durent que quelques jours, parfois quelques heures, avant que chacun ne reprenne sa route. Alors on ouvre son cœur. Les globe-trotters présentent des similarités : ils sont sur les chemins pour une raison, souvent personnelle et profonde, un traumatisme, des interrogations. Partager avec eux est d'une grande richesse pour se découvrir.

Giuliana traversait un moment compliqué de son histoire, une séparation douloureuse, nous avions de nombreux points communs. Naturellement, nos conversations furent intimes.

Mes vacances touchaient à leur fin. Je laissai Giuliana pour m'envoler vers Paris. En six semaines, ma vie avait pris un nouveau tournant. J'étais décidé à partir en tour du monde avec mon alto, à séjourner chez l'habitant et bien sûr, à faire ce voyage autant que possible sur les chemins de fer. En effet, sans que je m'en aperçoive, le train s'était imposé comme le moyen de transport évident lors de ces semaines. J'avais gagné Pise depuis Paris au cours d'un long périple ferroviaire qui jamais ne m'avait ennuyé. Mes rêves d'enfants resurgissaient. Il était temps que je les réalise.

9

Achevé en 1916, le Transsibérien dessert neuf cent quatre-vingt-dix gares et relie Moscou à Vladivostok sur un parcours de plus de 9000 kilomètres. Des dizaines de rames circulent quotidiennement sur ces voies. Mais seuls un à deux trains par jour traversent l'intégralité du chemin de fer. Ces express ne s'arrêtent que dans les stations principales et parviennent au terminus en une semaine. Si l'on ne souhaite pas parcourir la ligne d'une seule traite, il est possible d'opter pour une infinité de combinaisons en montant à bord de trains plus

« courte distance » qui relient les villes intermédiaires, sur des durées moyennes de trajets d'environ vingt-quatre à trente-six heures.

Désirant m'arrêter en chemin pour ressentir cette immense fédération, je choisis cette solution. Je décide par ailleurs de tenter l'aventure en troisième classe, à la fois pour des questions budgétaires, mais également parce que j'aime la vie à bord de ces wagons.

Les trains russes sont, dans la majorité des cas, pourvus intégralement de couchettes. Les trajets sont tellement longs, avec une vitesse moyenne de 70 kilomètres par heure, que les voyageurs finissent toujours par y dormir au moins une nuit.

En troisième classe, les wagons comprennent soixante lits installés dans des petits compartiments non fermés ou dans le couloir. Il y règne une ambiance familiale dans laquelle je prends rapidement mes habitudes, copiant celles des Russes : enlever mes chaussures, me mettre à mon aise, rencontrer mes voisins, préparer ma nourriture déshydratée ou du thé avec de l'eau chaude disponible dans un samovar, manger, partager des fruits, lire, jouer de l'alto pour les enfants, discuter en russe avec un logiciel de traduction automatique – magie de la technologie ! – et enfin dormir à l'extinction des feux avec une discipline toute russe où chacun se couche et ne fait plus de bruit dès que le chef de bord éteint les lumières. Chaque soir, je me délecte de ce silence et de ce savoir-vivre, bercé par le cliquetis des roues sur les rails.

Cette routine offre au temps de passer plus vite, dans un train qui file à travers d'immenses forêts de bouleaux d'une monotonie extrême. Je me sens tout petit dans ce paysage ennuyeux, mais gigantesque. Derrière ma vitre, quotidiennement, je laisse libre cours à la rêverie pendant plusieurs heures, les yeux rivés sur des milliers de troncs à l'écorce blanche.

Souvent les Russes s'étonnent de me voir dans ce wagon et plus encore lorsque je leur raconte que je voyage sur le Transsibérien pour le plaisir. Ils me regardent ahuris et me répondent :

« Nous prenons le train depuis notre naissance. Nous n'en pouvons plus de nous déplacer ainsi ! C'est long et ennuyeux. Bien sûr, c'est moins risqué que la voiture, car les routes ne sont pas en très bon état par ici, mais si nous pouvions emprunter l'avion, nous ne nous en priverions pas ! »

Ma traversée sur le Transsibérien se résume avant tout à une expérience humaine plus qu'à une aventure. J'y rencontre des Russes de tous âges, de toutes catégories socioprofessionnelles, avec ces caractéristiques communes de gentillesse, de solidarité et de respect de l'autre. Pas une seule fois je ne verrai circuler une bouteille de vodka. Les Russes ne sont pas des alcooliques. Même si ce cliché perdure, et que les seniors ont encore un fort penchant pour cette boisson, j'espère le faire tomber par ces mots. Les jeunes préfèrent prendre une bière entre amis plutôt que de descendre des litres de vodka. Le sage Dmitri m'avait prévenu :

« La consommation de vodka a été incitée par Staline pour soulager le peuple des difficultés qu'il traversait, encourager les soldats et surtout générer des revenus pour l'État. Les Soviétiques ont contrôlé l'URSS grâce à cette boisson, mais aujourd'hui c'est terminé. »

Nijni Novgorod, Kazan, Iekaterinbourg, Novossibirsk. Les principales villes du pays défilent à bord de ce train. Elles sont propices à des haltes reposantes qui me permettent de m'immerger dans la culture de cette immense fédération.

Nijni Novgorod. Ville industrielle militaire, elle fut interdite aux étrangers jusqu'en 1991 et semble s'être figée dans son passé soviétique. Triste, grise, elle renaît petit à petit grâce à son kremlin entièrement restauré, aux murs lumineux peints en blanc, et à sa superbe vue sur la Volga. Ce mythique fleuve, source d'inspiration des écrivains et voyageurs, m'emporte l'espace d'un après-midi dans une rêverie sans fin.

Kazan. Célèbre pour avoir accueilli Lénine lors de ses études universitaires – d'où il se fit exclure –, le doux nom de la capitale du Tatarstan évoque à lui seul un peuple turc perdu dans les steppes de l'Asie centrale. Galya m'avait déjà vanté les attraits de cette riche ville que je découvre les yeux ébahis.

Le Tatarstan illustre merveilleusement bien la fédération de Russie où chaque sujet[4] dispose d'une relative autonomie

4 La Russie est une fédération formée de quatre-vingt-cinq régions nommées « sujets de la fédération de Russie ».

et souvent de sa propre culture, voire de sa langue. Dans cette région pétrolifère prospère, le plus grand État du monde me montre un nouveau visage, bien loin de la Russie occidentale. Cinquante pour cent de la population y est d'origine turco-mongole, l'autre moitié de racine russe occidentale. On y parle une langue proche du turc, le tatar. Les églises orthodoxes côtoient les mosquées. La religion majoritaire est l'Islam.

Les Tatars ont également un lien spirituel avec les Français. Ils portent fréquemment des prénoms issus du français comme Marat ou Luiza. Ces derniers, importés par les Soviétiques en référence à des personnalités révolutionnaires ou historiques, sont restés populaires dans cette République[5].

À Kazan, je rencontre Oksana, une Russe d'origine kazakh, la trentaine, les cheveux décolorés en roux, bonne vivante. Elle travaille pour une agence de marketing. Il y a quelques années, elle a contractualisé un mariage blanc pour obtenir la citoyenneté russe.

« Je suis passionnée de voyages, m'explique-t-elle. J'avais besoin d'un passeport qui me permette d'aller et venir plus librement. Grâce à ma nouvelle nationalité, je peux mener mes projets plus facilement aujourd'hui. »

Oksana aime sortir avec ses amis. Elle m'amène découvrir la culture underground locale. Dans des salles, ou en plein air, je suis bercé par de la musique rock et des pièces de théâtre aux sons mélodieux de poèmes en tatar. Quand l'estomac se fait entendre, elle n'oublie pas de m'initier aux joies de la gastronomie régionale. Soupes, galettes, miel, pommes de terre, tout est fort bon dans cette république. Je m'y délecte avec plaisir et gourmandise.

Iekaterinbourg. Dans cette ville symbole qui encadre la période soviétique, connue pour avoir été le théâtre du massacre de la famille impériale en 1918, puis pour avoir vu les débuts politiques de Boris Eltsine – premier président de la fédération de Russie –, j'ai rendez-vous avec Alexandra et

---

5 Marat est tiré du nom de famille de Jean-Paul Marat et Luiza du prénom de Louise Michel. Voir à ce propos l'article de Francis Conte sur les prénoms soviétiques. Francis Conte. « Traditions russes et prénoms bolcheviks ». In : *Revue des études slaves*, tome 66, fascicule 2, 1994. pp. 347-358.

Andréï, un jeune couple de trentenaires. Ils ont en commun avec Asya et Sergueï ce regard très critique sur leur pays qu'ils adorent, mais qu'ils rêvent de quitter. Alexandra travaille en import-export avec des sociétés chinoises. Elle envisage de partir avec Andréï en Chine où les salaires sont plus attractifs. Ils mettront en œuvre leur projet pendant mon tour du monde et habitent aujourd'hui à Chengdu.

« Nous voulons également nous en aller parce que nous souhaitons vivre dans un pays plus ouvert, dirigé de manière plus souple », ajoute Alexandra.

Mon séjour en Chine me montrera que la Russie est un État ô combien moins autoritaire, dans lequel la liberté d'expression, même si limitée, existe encore, et le contrôle sur la population est peu présent. J'espère néanmoins qu'ils y sont heureux.

Avec Alexandra, Andréï et son frère, autour de bières, d'une guitare, d'un alto et de chansons russes, nous parlons de leur enfance dans les années 1990, à la chute de l'Union soviétique.

« À cette époque, tout un modèle politique, social et économique s'est écroulé. Nos parents, comme la majorité de la population, se sont retrouvés au chômage. La débrouille est devenue la norme. Cette période a été propice aux mafias qui se sont développées à grande vitesse. Avec Alexandra, nous avons passé une enfance traumatisante faite de cambriolages, de violences dans les rues ou de racket à l'école. Dans les appartements, chacun a commencé à se protéger avec des portes blindées », me raconte Andréï.

Au cœur des immeubles, je retrouve les vestiges de ces barricades. Les barrières métalliques, aujourd'hui non utilisées, installées sur chaque palier et sur chaque entrée, donnent aux habitations un esprit de bunker.

« En 2000, Vladimir Poutine a pris la présidence de la fédération de Russie, continue Alexandra. Il a alors commencé un combat acharné pour dissoudre les mafias, faire disparaître l'insécurité et offrir un travail à chaque citoyen. En quelques années, le pays est redevenu sûr et l'emploi est réapparu. C'est pour cela que nous l'apprécions d'une certaine façon, comme de nombreux Russes. Il a redonné une place à chacun. »

Aujourd'hui, Alexandra et Andréï, tout comme Asya, Sergueï ou Aleksei, rêvent de changement politique, d'une nouvelle figure à la tête de la fédération, d'une souplesse dans le fonctionnement des institutions et de l'émergence d'idées novatrices.

Avant de les quitter, je profite de l'opéra d'Iekaterinbourg pour aller voir *Paquita*. Pour ce second ballet, je m'extasie encore une fois devant le professionnalisme des musiciens et des danseurs. La salle est intimiste. Le temps de cette soirée, l'énergie et l'émotion qui se dégagent de la scène, située à seulement quelques mètres de moi, m'emportent. Ô Russie, encore une fois ton âme m'envoûte.

Novossibirsk. La plus soviétique des villes que je visiterai doit sa naissance et sa prospérité au Transsibérien. Cette cité industrielle et de négoce entre la Chine et l'Europe reste à l'image de ces autres agglomérations de l'époque stalinienne, triste, grise, sans réel intérêt. S'il est rare que des touristes s'y arrêtent, je décide néanmoins d'y faire une halte pour son opéra, le plus imposant du pays. À cette date, il s'y joue une œuvre mythique, le *Lac des Cygnes* dans sa version originale, sur une musique de l'un des plus célèbres compositeurs russes, Piotr Ilitch Tchaïkovski.

L'entrée dans l'opéra m'impressionne. Avec ses pièces ovales et sa moquette, j'ai la sensation de pénétrer dans la Maison-Blanche. La salle de spectacle, à la forme singulière, ressemble plus à un amphithéâtre universitaire en demi-cercle qu'à un espace de concert.

Confortablement installé sur un siège au velours rouge, les lumières s'éteignent et le silence se fait. J'assiste, pendant deux heures et demie, à un ballet dans le plus pur style russe. Je flotte au milieu des notes et des pas de danse. Le chef d'orchestre, un homme d'âge mûr, suit un conducteur[6] dont il a dû hériter de son maître. Lui-même avait dû le recevoir des mains de Tchaïkovski en personne. Le papier est jauni et usé, les pages cornées. Cette partition, qui a dû réjouir les oreilles de plusieurs générations de Russes, m'enchantera ce soir-là.

6 Un conducteur est une partition, destinée au chef d'orchestre, qui regroupe toutes les parties instrumentales de l'orchestre.

10

En septembre 2017, à mon retour de Pise, je décidai de mettre en œuvre cette idée de tour du monde qui venait de germer.

Tout d'abord, il me fallait fixer une date de départ. J'avais en tête de m'élancer sous trois à quatre mois. Je pris donc rendez-vous avec mon supérieur. Malheureusement, même si le projet l'emballait, janvier arrivait un peu rapidement pour lui permettre de réorganiser les équipes. Il me proposa de différer mon envol au 1er mai. Cela ne m'enchantait guère, néanmoins j'allai vite réaliser que ces quelques mois supplémentaires me seraient nécessaires pour préparer mon voyage.

Cette étape validée, je me lançai dans l'écriture d'un *business plan*[7], comme je l'aurais fait en start-up. J'avais cofondé deux entreprises et l'expérience acquise m'inspira pour démarrer ce projet. Il me fallait définir un itinéraire. Je fis la liste de tous les lieux que je voulais absolument découvrir et des aventures que je souhaitais vivre. Je posai les noms suivants, en désordre, dans un tableau : Île de Pâques, Terre de Feu, Tibet, Opéra de Arame, Transsibérien, Uyuni, Machu Picchu, Mongolie, Népal, canal de Panama, lac Baïkal, chutes d'Iguaçu, Nouvelle-Zélande.

Enfin, je décidai de relier ces points d'intérêt par le chemin le plus logique afin de limiter les déplacements en avion et d'optimiser ceux en train. C'est ainsi que je construisis un tracé qui allait m'amener de Paris jusqu'au Tibet par les chemins de fer, puis me faire parcourir l'Amérique du Sud en bateau et en bus, avec des escales en Australie et en Nouvelle-Zélande. J'établis également un budget précis par pays et chiffrai les coûts de transport.

Les sept mois qui me séparaient du grand départ furent mis à profit pour préparer la logistique du voyage, ainsi que pour peaufiner mon entreprise.

---

7 Il s'agit d'un document qui présente les projets de développement d'une entreprise.

Mon *business plan* prêt – un document de plus de quarante pages comprenant un descriptif du projet, les réalisations concrètes que je comptais mener, un planning, l'investissement financier et les retombées attendues –, j'avais maintenant en tête d'aller démarcher quelques sponsors qui pourraient m'aider de dons matériels, de subventions ou tout simplement de quelques conseils. Je pris mon bâton de pèlerin et allai frapper à toutes les portes qui me venaient à l'esprit. Après quelques mois de travail acharné, j'obtins le soutien de plusieurs bienfaiteurs sous forme de réduction de prime d'assurance voyage, du don d'une boîte d'alto ultralégère ou de mécénat.

Comme je n'avais pas envie de m'arrêter là et que je devais me produire en concert avec des amis autour d'un quatuor pour piano et cordes de Mozart, je leur proposai d'enregistrer un album. Mon idée était de le mettre en vente pour financer le tour du monde. Le projet les enthousiasma.

J'occupai le début de l'année 2018 à monter le programme du disque et trouver un studio, les ingénieurs du son ainsi que l'artiste capable de réaliser la jaquette. Par un heureux hasard, la fille de feu l'ancien propriétaire de mon alto m'offrit de créer en *pro bono* la pochette. Conceptrice et photographe professionnelle, elle était enchantée par le projet. Pour ma part, j'étais agréablement étonné des soutiens qui se multipliaient envers ce voyage musical.

L'album fut mis en vente sur une plateforme de financement participatif au mois de mars. Il me permit de récolter de précieuses aides, principalement familiales et amicales. Si celui-ci ne fut pas disque d'or, le projet avait fonctionné. Je m'étais également enrichi d'une nouvelle expérience, la réalisation d'une production phonographique, une entreprise, il faut l'avouer, quelque peu déraisonnable.

Le mois d'avril débuta. Le compte à rebours était en place. Je venais de lancer un site Internet, mon sac était prêt, il ne me restait plus qu'à sous-louer mon appartement, mettre mes affaires dans ma cave, embrasser ma famille et m'en aller.

Le week-end précédant mon départ, je décidai d'inviter tous mes amis à une folle soirée. Cette fête, improvisée à la dernière minute, fut délicieuse et nous amena d'un bar à un autre en passant par le Duc des Lombards, un club de jazz parisien où je rêvais d'assister à un concert depuis des années. J'étais aux anges, entouré de ces proches que j'estime.

Le 1er mai 2018 sonna. Je remis les clés de mon appartement à un étudiant qui lançait sa start-up. Certes, il n'avait pas de salaire et n'était probablement pas le sous-locataire idéal, mais je crois qu'au fond c'était ma manière d'aider un jeune entrepreneur.

Je pris mon alto par la main et mis mon sac sur le dos avec un objectif: atteindre le lac Baïkal. Au cours de ces longs mois de préparatifs, ce projet de tour du monde m'apparaissait parfois comme une folle entreprise au-dessus de mes capacités. Alors, pour me rassurer, je me disais que gagner le Baïkal puis rentrer en France serait déjà un exploit personnel, un dépassement dans ces moments troublés dont je pourrais tirer quelques satisfactions.

11

Début juin, le train me dépose au petit matin dans la gare d'Irkoutsk. Mon cœur bat plus vite. Je suis à deux pas d'aller découvrir le lac Baïkal, le premier rêve de ce voyage, le plus grand lac d'eau douce de la planète, long de 600 kilomètres.

Contrairement à l'écrivain-voyageur Sylvain Tesson qui juge Irkoutsk sans intérêt[8], j'appréhende la ville bien différemment. Je la trouve belle avec ses nombreuses maisons traditionnelles russes en bois aux multiples couleurs. Dans cette agglomération située bien trop loin de Moscou, ces *isbas* ont été préservées de la destruction soviétique.

Sous le tsarisme, Irkoutsk fut le lieu d'expatriation des dissidents politiques. Ces derniers, pour la plupart des intellectuels pétersbourgeois, décidèrent de recréer un cadre de vie

8 Sylain Tesson. *Dans les forêts de Sibérie*, Gallimard, 2011.

qui leur rappellerait leur cité natale. Ils contribuèrent activement à la construction d'Irkoutsk en y insufflant l'architecture et la culture pétersbourgeoise qui donnent aujourd'hui tout son charme à la ville.

Quittant Irkoutsk en bus et ferry pour me rendre au milieu du lac, sur l'île d'Olkhon, le paysage change rapidement. Je laisse la monotonie des forêts de bouleaux derrière moi pour découvrir un tout autre écosystème constitué d'étendues boisées peu denses, de steppes, de plages de sable blanc vierges, de falaises et de pins qui m'évoquent les calanques du sud de la France.

Le lac, avec sa couleur bleutée, se fond dans l'horizon et se marie au ciel pur. L'eau est si transparente que mon regard pénètre à des dizaines de mètres de profondeur. Son immensité lui donne l'allure d'une mer que l'on peut boire à volonté.

Marchant sur la grève, je me rends compte que j'ai atteint l'un de mes premiers objectifs de ce voyage, rejoindre le lac Baïkal en train depuis Paris. Alors que le soleil décline doucement sur l'horizon, la mélancolie m'envahit.

Ce soir-là, sur une plage vierge, assis sur un vieux tronc d'arbre, je verse mes derniers pleurs, en proie à une solitude débordante.

Regagnant ma cabane, je m'endors dans un profond sommeil. Un terrible mal de crâne frappe mes tempes. Enfin, au petit matin, je me réveille enivré d'une énergie nouvelle, d'un désir intense de continuer ce périple et de profiter, seul, de chaque instant. Sans réellement comprendre ce changement, je l'accepte. Cette énergie m'animera toute l'année.

Il m'aura fallu plus d'un mois sur les routes pour me détacher de mon ancienne vie, de mes habitudes et finalement accepter ce voyage. Pensant aux dernières années passées à tenter de me réinventer sans y parvenir, je comprends que ce mois ne représente qu'un mince trait sur le calendrier de mon existence. Un mince trait, mais un immense pas vers mon futur.

Ouvrant les yeux sur cette nouvelle vie, je me délecte de chaque instant sur Olkhon. À pied, parfois à bord d'un vieux fourgon russe inconfortable mais solide[9], je parcours l'île. En forêt, j'observe des rivières encore gelées, dernières traces de l'hiver sibérien. Au détour d'un arbre, je sursaute à l'idée de croiser un ours.

Mes soirées défilent sur les plages de sable blanc à rêver devant le lac, seulement dérangé par des centaines de mouches. L'été approche et les insectes se réveillent.

Quand je suis trop sale, je goûte au plaisir du *bania*, le sauna traditionnel russe au feu de bois, unique moyen de se laver sur l'île. L'eau du lac, qui frôle les 2°C en cette saison, ne m'incite guère à la baignade.

Un soir, alors que j'admire le Baïkal, je fais la rencontre de Mstislav, un jongleur itinérant, sorte de troubadour des temps modernes. Il s'apprête à poser sa tente pour la nuit. La trentaine, très grand et souriant, le crâne légèrement dégarni, il porte un vieux pull en laine troué. Sa conversation est plaisante, pleine d'humour. Me montrant son réchaud, il me dit en riant :

« Tu sais que les Coréens sont très malins. Ils nous achètent du gaz, le mettent dans des petites bouteilles en acier et nous le revendent pour dix fois son prix. »

Observant des quilles de jonglage qui dépassent de son sac, une idée me traverse la tête.

« Ça te dirait d'improviser un duo sur cette plage ?

– Mais oui, avec grand plaisir !

J'arrive ! Je file à ma cabane, je récupère mon alto et je reviens. »

Dans ce lieu vierge, alors que le soleil décline silencieusement sur le lac, Mstislav se lance dans un numéro de cirque et adapte son rythme à ma musique. La scène me paraît irréaliste. Je joue de l'alto avec un jongleur au bord du lac Baïkal ! L'euphorie m'enveloppe de ses tendres bras et m'adoucit. Serais-je en train de renaître ?

---

9 Un UAZ-452, pour les amoureux des fourgons qui voudraient l'essayer.

12

Un mois vient de s'écouler en Russie. Les semaines sont passées trop vite. Mon visa expire dans quelques jours. Il est temps pour moi de quitter ce pays si je ne veux pas me risquer à expérimenter les méandres de la bureaucratie.

Le Transsibérien me fait longer le lac Baïkal par le sud d'où je gagne la ville d'Oulan-Oude. En quelques heures, les changements de climat, de paysage et de culture sont spectaculaires. Habitué aux immenses forêts de bouleaux humides et à un esprit russe profondément européen, je découvre les prémices des steppes et de la Mongolie. Le nom d'Oulan-Oude, si proche de celui de la capitale mongole, aurait dû me mettre la puce à l'oreille. Le lac Baïkal agit comme une barrière naturelle qui coupe la Russie en deux.

Oulan-Oude est une ville de taille moyenne construite au cœur d'une immense steppe, à flanc de collines dépourvues d'arbres. L'herbe est rase et déjà légèrement jaunie en ce mois de juin. Des milliers de maisons, de petits immeubles et de cabanes en bois constituent la majorité des habitations de cette ville qui semble bien pauvre à côté de ses sœurs russes. Seul le cœur de cette cité, avec son opéra, quelques édifices de style soviétique et une gigantesque tête de Lénine – la plus grosse au monde –, rappelle qu'Oulan-Oude est rattachée à la fédération de Russie.

Dans cette ville de transition, je laisse le Transsibérien pour monter à bord du Transmongol, un train sans troisième classe, à mon grand désespoir. Je dois m'habituer au luxe, dans un compartiment de quatre couchettes que je partage avec un Tchèque ferrovipathe et un jeune guide russe qui accompagne un groupe de Nord-Américains. La haute saison commence doucement. Le trajet en train, plus onéreux que celui en bus, incite peu les locaux à l'emprunter, réduisant le Transmongol à un chemin de fer un peu trop touristique à mon goût.

Le départ est annoncé. Deux énormes locomotives Diesel[10] crachent une fumée noire et propulsent ce colossal bloc

10 Le chemin de fer du Transmongol n'est pas électrifié contrairement à celui du Transsibérien.

d'acier. En quelques minutes, Oulan-Oude n'est plus qu'un point flou sur l'horizon. Je me retrouve entouré de steppes à l'herbe rase et de petites rivières. Au loin, j'aperçois parfois quelques chevaux et chameaux qui broutent paisiblement.

La nuit est tombée lorsque le train s'arrête à la frontière russo-mongole. Des militaires et des officiers des douanes montent à bord et nous confinent dans nos cabines. Nous avons ordre de ne pas bouger, y compris pour aller aux toilettes.

« Le train est fréquemment utilisé comme moyen de transport pour tous types de trafics. Alors les contrôles peuvent être longs et durer des heures », nous annonce le jeune guide russe, habitué à voyager sur cette ligne.

Deux officiers des douanes et un soldat entrent dans notre compartiment. Le militaire, tel un Jedi, bondit de valise en valise, ouvre les trappes, rampe sous les couchettes et se jette dans les faux plafonds à la recherche de drogue, d'armes ou de diamants de contrebande. Pendant ce temps, les douaniers nous auscultent patiemment.

Une loupe de bijoutier à la main, une officière à la carrure imposante, presque menaçante, observe mon passeport en détail pour y détecter la moindre contrefaçon. Sans un mot, elle poursuit son contrôle en me dévisageant puis plonge son regard perçant dans le mien, comme pour signifier que c'est elle qui maîtrise la situation. En parallèle, un autre agent m'interroge pour connaître les raisons de ma présence à bord. Enfin, probablement satisfaite, la responsable sort du compartiment avec mon passeport. Elle fait signe à ses collègues de faire de même et lâche en anglais, sur un ton sec : « *Good luck!* », « Bonne chance ! ».

Ces mots font le tour de ma tête. Que signifient-ils ? Les problèmes vont-ils commencer ?

Devant ma mine inquiète, le guide russe traduit la pensée de l'officière.

« Elle voulait simplement te dire "bon voyage", mais elle s'est un peu embrouillée dans son anglais », m'annonce-t-il, un sourire en coin.

Je m'esclaffe. Le contrôle était stressant. Le rire me libère et m'apaise.

Mon passeport sera tamponné sur le quai et me sera rendu par les douanes mongoles qui me souhaitent, avec grande politesse, la bienvenue dans leur pays.

Dans le train qui m'emporte, allongé sur une couchette dure au matelas épais de quelques centimètres, je me remémore cette traversée de la Russie et les images d'un peuple accueillant, respectueux, profondément attaché à son identité et à sa culture, mû par cette âme russe si caractéristique, mais qui rêve de changement.

Fermant les yeux, je repense à ces instants qui ont marqué le début de ma renaissance. Les rencontres inspirantes avec les jeunes Russes, l'aventure humaine à bord du Transsibérien et les charmes du lac Baïkal auront été mon baptême de voyageur. À la sortie du pays, je me sens prêt à entamer ce grand tour du monde, à vivre seul cette aventure et à profiter, plus que jamais, de chaque journée de ce périple.

13

♪ Natsagiin Jantsannorov – *Manduhai Tsetsen Hatan*
Ensemble national de *morin khuur* de Mongolie, 1987

Au petit matin, alors que le train roule doucement vers la capitale mongole, j'ouvre les yeux sur un paysage de steppes et aperçois mes premières yourtes. J'ai l'impression d'être dans un songe, sans réellement comprendre que je vis un rêve. Le soleil se lève à l'horizon, sur un ciel pur, exempt de tout nuage. L'air qui pénètre par les fenêtres du wagon est sec et tempéré.

Je débarque sur le quai de la gare d'Oulan-Bator dans une douce transition. Très liée à l'URSS, la Mongolie s'est imprégnée de nombreux codes culturels qui me rappellent son voisin. L'alphabet cyrillique ne me quitte pas. En 1941, la Mongolie fit le choix de l'adopter au détriment de l'écriture mongole traditionnelle, dans une volonté de se rapprocher de l'URSS et de s'éloigner de la Chine. L'esprit architectural russe s'est également immiscé au cœur de la ville. De nombreuses habitations en bois, inspirées des *isbas*, côtoient yourtes et gratte-ciel modernes en totale anarchie, dans cette cité à la croissance exponentielle depuis la chute du régime soviétique. Installée dans une plaine sèche au milieu de montagnes verdoyantes, Oulan-Bator m'évoque *Les Villes tentaculaires* d'Émile Verhaeren. Elle s'étend de manière désordonnée, entre des dizaines de collines, comme les appendices d'un poulpe, et remplace peu à peu la nature.

Les écarts de richesses sont saisissants. Le quartier d'affaires regorge de centres commerciaux et de *fast-food* étasuniens. Les faubourgs, sans eau courante ni électricité, accueillent un grand nombre de nomades venus s'installer avec leurs yourtes dans l'espoir d'une vie plus facile qu'à la campagne.

Dans cette plaine aride, des artères droites, goudronnées, sans arbres, permettent à des milliers de voitures hybrides japonaises de se frayer un chemin aux bruits des klaxons, pare-chocs contre pare-chocs.

Regardant ce ballet qui donne à cette cité extrêmement polluée[11] un petit air japonais, je me réjouis de cette prise de conscience environnementale. Mais Oulan-Bator est bien loin de ressembler à une ville modèle où l'écologie serait de mise. L'industrie nipponne y déverse simplement, chaque année, des milliers de voitures d'occasion, trop anciennes pour circuler sur les routes du Pays du Soleil levant. Volant à droite, elles ne correspondent pas aux normes mongoles. Pourtant, sans que personne ne s'en plaigne, dans cette déchetterie vivante, elles effectuent leur dernière vie. Dans l'un des plus pauvres États de la planète, le prix de l'essence incite les Mongols à investir dans ces voitures qui consomment un peu moins de carburant. Une raison purement économique, bien loin d'une quelconque préoccupation environnementale.

Au milieu de ce chaos, je pars à la découverte des temples et monastères bouddhistes de la ville. Je les appréhende avec timidité. J'ai peur de commettre un impair. Un peu honteux de mon ignorance, je demande aux pratiquants les règles que je dois respecter. Ils sont peu nombreux à parler anglais, mais leur gentillesse les pousse à me mimer les bons gestes à accomplir.

Les temples, avec leurs toits de tuiles vernissées si caractéristiques de l'Asie, leurs piliers de bois et leurs murs colorés,

11 Oulan-Bator est fréquemment classée parmi les villes les plus polluées au monde.

accueillent en leur centre des moines récitant des textes religieux. Les fidèles venus se retirer, dans un mouvement giratoire, contournent par la gauche les bonzes. Sur leur chemin, ils prient ou déposent des offrandes devant autels et statues. L'ambiance est chaleureuse, animée. Les odeurs d'encens parfument les monastères. Les discussions vont bon train sur les parvis.

Jusqu'au début du vingtième siècle, Oulan-Bator ne comprend que quelques édifices fixes, principalement des temples, ainsi que le palais impérial. Autour de ce dernier, les Mongols installent leurs yourtes pour passer l'hiver, avant de repartir dans les steppes élever moutons, chameaux ou chevaux.

Sous le régime soviétique, l'URSS impose un mode de vie sédentaire afin de mieux contrôler la population. Elle construit les premières habitations définitives. En parallèle, de nombreux monastères sont détruits. De nos jours, seuls quelques bâtiments historiques subsistent.

Un peu en retrait du centre-ville, l'ancien palais impérial fait partie de ces édifices préservés. Il détonne, au milieu d'immeubles modernes, avec sa dizaine de pavillons en bois et briques recouverts de toits de tuiles vernissées aux formes arrondies qui rappellent l'architecture des palais impériaux chinois.

Loin de l'agitation de la ville, je me retrouve, l'instant d'une parenthèse, être l'unique visiteur à arpenter ce lieu. Parcourant le site, je me délecte avec un immense plaisir de cette pause hors du temps, si calme. Fermant les yeux, le rêve me gagne. J'imagine la vie des descendants de Gengis Khan dans cette petite Cité interdite aujourd'hui endormie.

14

Gengis Khan. Ce nom guerrier évoque à lui seul la puissance de l'Empire mongol, le plus vaste empire de tous les temps. Conquérant sanguinaire pour certains, figure légendaire pour d'autres, le premier souverain des peuples mongols établit, vers 1220, son camp de base sur le site de Karakorum, à quelques centaines de kilomètres à l'ouest de l'actuelle Oulan-Bator. À sa mort, en 1227, son fils transforme ce camp en capitale de l'Empire mongol, avant que son petit-fils, le nom moins fameux Kubilai Khan, transfère le pouvoir central à Khanbalik, aujourd'hui Pékin. En s'y installant, il prend, en parallèle de son rôle de souverain des Mongols, le titre d'empereur de Chine et fonde la dynastie Yuan. Il accueillera sur son vaste territoire l'un des plus célèbres voyageurs du treizième siècle, Marco Polo.

Entre guerres et soumissions réciproques, les histoires mongoles et chinoises sont intimement liées. Elles animent, encore aujourd'hui, des tensions entre ces deux pays voisins aux rivalités permanentes. J'entendrai fréquemment les Mongols porter un regard très critique envers les Chinois, allant parfois jusqu'au dégoût.

Néanmoins, de nos jours, pour des raisons principalement économiques, les Mongols tolèrent la présence de Chinois sur leur territoire.

L'histoire de Gengis Khan me fait vibrer. L'idée d'aller marcher sur ses pas s'installe en moi. Pour cette première étape en dehors de la capitale, je décide de me rendre sur son camp de base, sur les ruines de la cité de Karakorum.

Un ancien bus coréen, décoré de petits rideaux et de franges colorés, surchargé de victuailles et de passagers, m'emporte en dehors de la ville pour quelques heures de voyage. La route est droite. Elle coupe à travers des steppes infinies, jaunies par le soleil de juin, en aucun cas délimitées par des barrières ou des barbelés. La terre appartient à tous les nomades. Parfois, j'aperçois une rivière. Cette source vitale pour les chèvres, moutons, chameaux, chevaux, femmes et hommes, brise la monotonie du trajet.

Un arrêt à mi-chemin, au milieu des steppes, sur un parking fantomatique d'un restaurant tout aussi étrange, offre l'occasion aux voyageurs de grignoter quelques mets et de se dégourdir les jambes. Cette pause est également propice pour un saut aux toilettes. Ces dernières prennent la forme d'un lieu dépouillé et propre, infini, constitué simplement par la nature. Nulle attente à l'entrée, il y a une place pour chacun.

Le bus me dépose à Kharkhorin, une petite localité de 8000 âmes, située à deux pas de l'ancienne Karakorum. J'y ai rendez-vous avec Sarantsatsral, une Mongole très souriante, aux longs cheveux noirs et au visage joliment coloré par le soleil. Elle met à disposition des touristes et Mongols de passage quelques lits au sein de yourtes installées sur un terrain sec, où des brins d'herbe tentent, tant bien que mal, de pousser entre deux pierres.

Avant que je n'arrive chez elle, Sarantsatsral m'avait précisé que son établissement possédait une douche et des toilettes. Cette remarque m'avait étonné. Encore novice, je ne savais pas que dans ces steppes arides, les Mongols se nettoient peu, l'eau est trop précieuse.

« On ne se lave que trois fois dans notre vie, à notre naissance, pour notre mariage, et à notre mort », me confiera un vieux monsieur, les jambes arquées pour avoir trop monté à dos de cheval.

Pour les besoins primaires, les familles creusent à même la terre un trou, à quelques mètres des yourtes, sur lequel elles disposent deux planches. Elles permettent de s'accroupir. Dans ces moments de solitude, un ballet de mouches et une odeur pestilentielle accompagnent la méditation.

Sarantsatsral me conduit à ma yourte. C'est la première fois de ma vie que je dors dans cet habitat traditionnel, dans un *ger* comme l'appellent les Mongols. Je le découvre avec excitation.

Le cœur d'une yourte est constitué de deux piliers centraux en bois peint. Ils supportent un arceau raccordé à des sortes de baleines de parapluie sur lesquelles repose le toit. Ce dernier peut être ouvert pour y faire pénétrer de la lumière ou pour évacuer les fumées du poêle. Les murs, maintenus par des croisillons en bois, sont isolés avec un feutre de laine très épais. Il protège la yourte des fortes chaleurs de l'été ou de la rudesse de l'hiver.

Le mobilier est souvent simple, constitué de quelques commodes, d'un réfrigérateur solaire alimenté par des batteries de voitures – qui font office de siège pour les repas – et de nombreuses couvertures installées à même le sol afin de former un couchage. Dans les yourtes les plus riches, généralement réservées aux invités, elles sont remplacées par quatre à cinq lits à une place.

Pour pénétrer dans un *ger*, le visiteur entre par une petite porte en bois, peinte en orange et décorée de motifs aux couleurs blanches, bleues et vertes. Il doit veiller à franchir le seuil par le pied droit, sans le heurter.

L'intimité y est réduite à son minimum pour les familles qui y vivent avec grands-parents et enfants. Il est donc rare de se prélasser au sein d'une yourte. Dès que le climat le permet, les Mongols œuvrent en extérieur et ne s'y retrouvent que pour le repos, la cuisine et les repas.

Sarantsatsral a tout d'une grande maîtresse de maison. À côté des yourtes des invités, elle a assemblé deux *ger* qui forment une petite salle de restaurant. Dans un cabanon à l'entrée de son terrain, elle a également fait bâtir des toilettes et des douches qu'elle met à disposition des convives et des villageois. Dans ce lieu aménagé avec goût, je découvre la gastronomie locale, une des plus mauvaises de mon voyage.

La Mongolie, territoire au climat sec, produit peu de fruits et légumes. Les viandes de vache, de cheval, de chèvre ou de mouton constituent les principales ressources alimentaires. Au mois de juin, la saison ovine bat son plein. Partout dans le pays, les Mongols se régalent, ou plutôt avalent, dans des concerts de sons de bouche, matin, midi et soir, des soupes de pâtes ou de riz dans lesquelles flottent des morceaux de chair, de graisse ou de cartilage de moutons.

Dès qu'un Mongol est servi, il mange son plat. Son mets terminé, il quitte la yourte. Le repas n'est pas un moment de partage tel qu'il peut l'être en Europe. Chacun est pressé d'avaler sa soupe pour se nourrir plutôt que de s'extasier devant de nouvelles saveurs et de déguster à petites bouchées.

M'alimentant pour la millième fois de ces soupes, je comprends cet empressement. Le plaisir de la Mongolie réside dans ses paysages. Manger n'est qu'un besoin essentiel, qu'une pause forcée que l'on souhaite la plus courte possible, avant de reprendre son observation de la nature.

À quelques centaines de mètres des yourtes de Sarantsatsral, je pars sur les pas de Gengis Khan, vers Karakorum. Alors que je marche à travers les steppes sous un soleil de plomb, croisant parfois des restes de cadavres d'animaux, je suis accompagné par des milliers de sauterelles qui s'envolent à mon approche dans un concert cacophonique de stridulations. Cheminant face à un fort vent, elles sont emportées par celui-ci et, au lieu de se sauver, sont renvoyées contre mon corps. Chaque fois qu'un insecte me percute, je m'énerve un peu plus, râlant contre ces sauterelles qui ne sauraient pas fuir un prédateur.

Je m'imagine des ruines constituées de milliers de blocs de pierre. J'ai en tête les images des cités romaines d'Europe ou des pyramides d'Égypte. Pourtant, arrivé sur site, je ne vois que des steppes à perte de vue. Un panneau indicateur est l'unique symbole qui me signale que je suis au bon endroit. La déception se substitue à l'excitation. Il ne reste rien de Karakorum, la capitale s'est envolée. Seule la légende de Gengis Khan continue de vivre.

Le soir, de retour chez Sarantsatsral, alors que je m'interroge sur ma prochaine destination, regrettant de ne pas avoir de permis moto qui m'aurait offert d'arpenter les steppes dans une totale liberté, Sarantsatsral m'annonce qu'elle doit se rendre à Oulan-Bator en voiture. Sur sa route, elle propose de me déposer dans une famille d'éleveurs de chameaux. Ils vivent dans le mini-Gobi, un petit désert. J'accepte avec plaisir son offre.

Le mini-Gobi est un endroit surprenant, formé de dunes qui surplombent et envahissent sur quelques kilomètres carrés les steppes. Les amis de Sarantsatsral y résident avec une dizaine d'autres familles qui pratiquent l'élevage de chèvres, de chevaux et de chameaux. Leurs bêtes paissent en liberté. En nomade, ils s'assurent simplement que le troupeau ne manque de rien et ne s'éloigne pas trop du campement. Au besoin, ils le rassemblent à dos de cheval ou de motocyclette. Pour compléter leurs revenus d'élevage, ces familles disposent d'une yourte réservée à l'accueil de quelques touristes.

Unique voyageur du moment, je jouis de ce *ger* privé, recevant la visite de centaines de mouches la journée et de grenouilles la nuit, sans arriver à comprendre comment elles parviennent à survivre dans cet enfer.

Il n'y a pas de douche dans ce désert. Seules des toilettes à la mongole trônent à quelques mètres du camp. Je préfère rapidement les fuir au profit d'une communion plus simple avec la nature.

Un puits, délimité par de vieux pneus, fournit une eau verte. Les animaux et les Mongols la boivent sans la filtrer.

Mais elle pourrait m'amener directement à l'hôpital si je m'y risquais.

Je découvre la vie de ce peuple nomade, sans y être réellement préparé. Je n'ai pas d'eau minérale, pas de filtre et encore moins de pastille de purification. Heureusement, du thé au lait légèrement salé, boisson traditionnelle mongole, attend, toujours prêt au coin du poêle. Fort à mon goût, je m'en désaltère de plusieurs litres par jour.

Dans ces camps nomades, l'hygiène générale ferait fuir plus d'un Occidental. Malgré les recommandations du gouvernement de se laver *a minima* les mains avant les repas ou pour faire la cuisine, ces gestes sont loin d'être pratiqués. Un savon et une bassine d'eau traînent dans un coin de la yourte. Ils servent occasionnellement à la lessive ou pour un brin de toilette.

Cette vie rude cache un trésor. Au fil des jours, je découvre des gens accueillants qui prennent le temps de vivre et de me faire partager leur existence, malgré la barrière de la langue. Ils ne parlent que mongol, mais nous contournons ces problématiques par des gestes, des mimes, des regards, des sourires.

Ma bonne étoile m'a conduit dans une famille de musiciens. Batbayar, le fils du chef du clan, et Chuluun, un ami, tous les deux étudiants en sciences à Oulan-Bator, sont de retour au camp pour aider aux travaux d'élevage en cette période de vacances d'été. Batbayar est un joueur de *morin khuur*, une sorte de violoncelle mongol à deux cordes en crin de cheval. Chuluun est guitariste. Ils forment un duo original dont le répertoire s'étend des airs traditionnels mongols jusqu'aux musiques occidentales. Avec mon alto, je passe des heures en leur compagnie dans une yourte, au plus chaud de la journée, à apprendre des mélodies mongoles. Les sessions sont rythmées par des fous rires auxquels assistent les enfants en bas âge. Comme en Russie, je laisse ces derniers essayer mon instrument. Ils me répondent par des sourires qui me gratifient plus qu'un simple merci.

Au fur et à mesure de ces sessions musicales, l'ambiance change. Je suis de moins en moins perçu comme un touriste. La famille m'inclut peu à peu dans sa vie.

Un soir, alors que le soleil décline et que la température devient supportable, Batbayar m'amène à quelques pas de la yourte. Il me montre un poteau. C'est un panier de basket qu'il a installé avec les autres jeunes du désert. Autour du pilier, des centaines d'ovins broutent les rares touffes d'herbe qui s'y trouvent. Batbayar les chasse et invite ses camarades. Pour quelques heures, les steppes se transforment en un terrain de sport. Le moment me paraît imaginaire. Pourtant, je joue au ballon au milieu des plaines, entouré de yourtes, encouragé par les bêlements des moutons qui rythment les passes par un concert de flatulences.

La famille de Batbayar, comme toutes celles du campement, a le cœur sur la main. Elle se contente de peu, mais se satisfait de ce qu'elle a. À les côtoyer, je prends conscience qu'en Occident, conditionnés par la consommation de masse et le marketing, poussés par les lobbyistes industriels, nous vivons avec trop. Observant le ciel étoilé chargé de milliers de points lumineux qui transforme les steppes en un lieu mystique, je m'interroge. Si nous voulons traverser les défis environnementaux qui nous font face, ne faudrait-il pas réapprendre à vivre plus simplement ?

15

22 juin. Pour célébrer l'été, l'Alliance française[12] de Mongolie organise une fête de la musique dans les rues d'Oulan-Bator. En cette douce nuit, toute la communauté française s'y donne rendez-vous.

C'est la première fois de mon voyage que je suis officiellement invité à me produire. J'ai l'honneur d'ouvrir le concert par un récital à l'alto de grands classiques de la musique occidentale. Au cours de cette charmante soirée, d'autres artistes de la scène francophone se succèdent parmi lesquels Stéphane, un Français tombé amoureux de la Mongolie. En quelques années, il est devenu une star du *morin khuur* respectée de tous les Mongols.

---

12 L'Alliance française est une organisation qui valorise les cultures françaises et francophones à travers le monde.

Cheveux longs et noirs, barbu, le teint hâlé par le soleil, vêtu d'une robe mongole, Stéphane me parle de la transformation de la Mongolie depuis la chute de l'Union soviétique avec une pointe de tristesse dans la voix.

« Pendant des siècles, la Mongolie a été refermée sur elle-même. Le pays était ancré dans des traditions séculaires qui n'évoluaient que très légèrement et que l'on retrouve toujours au sein des familles nomades des steppes.

« Malheureusement, elle doit aujourd'hui faire face à un bouleversement culturel trop rapide, forcé par la mondialisation. Les jeunes, particulièrement de la capitale, sont influencés par les manières de penser et de vivre des Européens, des Nord-Américains et des Asiatiques. Elles leur arrivent via la télévision, Internet, les touristes ou les businessmen. En conséquence, la culture mongole est aujourd'hui constituée d'un mélange de concepts et de modes de vie très décousu, difficile à comprendre, caractérisé par une perte, voire un rejet, des traditions. La rue où nous nous trouvons en est un bon exemple. Elle est à l'image des États-Unis avec ses *food trucks*, ses bars, ses restaurants et ses animations empruntées aux musiques occidentales comme le jazz. Rien de tout cela n'est mongol. »

En riant, il me cite un autre exemple.

« La voiture n'a jamais fait partie de la culture mongole, les chevaux, oui. Alors, les Mongols conduisent comme ils montent à cheval dans les steppes. Ils se croient tout permis. Mais il y a des règles de circulation à suivre avec un véhicule. Tout cela est arrivé trop rapidement pour que les générations actuelles s'en saisissent positivement. »

L'uniformisation culturelle est une conséquence malheureuse mais inéluctable de la mondialisation. Je m'étais étonné, lors de mon séjour dans le mini-Gobi, de retrouver des modes de vie similaires à ce que Marco Polo vécut et décrivit au treizième siècle dans *Le Devisement du monde*. Je mesure aujourd'hui plus encore la chance que j'ai eue de les observer. Dans quelque temps, ils seront probablement relégués au panthéon des vieilles traditions mongoles que l'on ravivera une fois par an au cours d'un festival.

16

À Oulan-Bator, je renoue avec l'hygiène et le plaisir de prendre une douche. Le choc est violent. Je séjourne dans une auberge superbement tenue par un Mongol marqué, au cours de ses études en URSS, par la propreté des habitations russes. Aujourd'hui, il impose à ses employés la même rigueur. Si les impacts positifs du soviétisme en Mongolie m'interrogent, je dois au moins reconnaître qu'au regard de l'hygiène, j'apprécie ce nouveau mode de vie.

Sabrina, une retraitée australienne d'origine franco-espagnole a pris ses quartiers pour quelques jours dans cette auberge. Elle parcourt sans relâche depuis dix ans la route de la soie entre la Chine et la Mongolie, avec son sac à dos. Elle ne rentre qu'une fois par an dans son pays d'adoption, pour quelques démarches administratives, et rendre visite à ses enfants. Puis elle repart aussitôt sur les chemins.

Le jour où je la croise pour la première fois, elle reprise un pantalon. Je ne me doute alors pas que cette femme, aux cheveux grisonnants coupés au carré, est une vraie routarde et qu'elle vient de fêter ses soixante-dix ans.

La richesse du voyage au long cours se mesure dans le temps qu'il offre aux rencontres. En grand bavard que je suis, je ne manque donc jamais une occasion de discuter.

« Quand nous nous sommes séparés avec mon mari, j'ai eu besoin d'un nouveau projet, me raconte Sabrina. J'étais à quelques années de la retraite, en pleine forme. Alors j'ai tout laissé derrière moi et je me suis lancée sur la route de la soie. Depuis dix ans, je l'explore par petits bouts. J'installe mes campements dans diverses auberges auxquelles je confie une partie de mon matériel. En fonction de mes envies, je navigue de l'une à l'autre. Cela m'évite de transporter toutes mes affaires. À mon âge, je ne peux plus porter un gros sac. »

Au cours de notre conversation, où nous sympathisons rapidement, Sabrina ajoute :

« Je dois me rendre à Tünkhel, dans le nord de la Mongolie, pour fêter l'anniversaire d'une amie mongole. Voudrais-tu venir ? »

Sauf avis contraire de mon instinct, j'aime saisir ces propositions qui résonnent en moi comme des mini-aventures.

J'accepte donc avec plaisir cette offre, sans vraiment savoir où elle me mènera.

Une centaine de kilomètres sépare Oulan-Bator du petit village de Tünkhel. Le voyage, dans un vieux train russe, est lent. À la faveur d'arrêts multiples et d'une vitesse de croisière qui peine à dépasser les 50 kilomètres par heure, nous mettrons trois longues heures pour atteindre notre destination. Mais le charme est au rendez-vous. Entre les vieux wagons de troisième classe datant de l'époque soviétique et la vue splendide, ce voyage m'enchante.

Vallonnés et riches en précipitations, les paysages du nord sont verdoyants. Recouverts de sapins et d'une herbe grasse où quelques vaches paissent, ils ne sont pas sans m'évoquer les Alpes suisses. Seules les yourtes me ramènent à la réalité mongole.

En gare de Tünkhel, des amis de Sabrina nous attendent. À bord d'un véhicule tout-terrain, nous parcourons les derniers kilomètres à travers les montagnes. Des petites rivières y serpentent. Les odeurs qui se dégagent des milliers de fleurs embaument l'air frais.

Au sommet d'une colline, au pied d'un campement, la voiture s'arrête. Devant les yourtes, une longue table recouverte d'une nappe blanche trône majestueusement. Des dizaines de mets les plus divers y sont disposées : fruits, gâteau à la crème, sushis à la viande, vin rouge ou mousseux. La scène me semble tirée d'un film fantastique. Le banquet s'inspire des fêtes d'anniversaire occidentales, sans que je ne puisse définir son origine, dans cet entre-deux culturel peu clair, si caractéristique de la nouvelle Mongolie.

Kushi, la maîtresse de maison, m'accueille. Elle célèbre en ce jour ses quarante ans. Issue d'une famille aisée, elle revient du Japon où elle a vécu quelques années.

« Je suis de retour en Mongolie depuis peu, me raconte-t-elle dans un anglais parfait. J'ai décidé de créer ma petite entreprise apicole. Mon objectif est d'exporter au Japon un miel fabriqué sur ces collines et garanti sans pesticide. Viens, je vais te montrer les ruches. »

Derrière les yourtes, dans les sous-bois, des milliers de fleurs sauvages poussent au milieu de hautes herbes. C'est là que Kushi a installé ses ruches. Observant cet environnement, je me rends compte que l'endroit est idéal. Le succès gustatif du miel est assuré.

«Cette région est magnifique, ajoute-t-elle. Tous les Mongols l'adorent et la protègent. Mais nous sommes de plus en plus soumis à des pressions d'industriels. Il y a de l'or dans le sous-sol. Quelques conglomérats voudraient exploiter ces mines au risque de polluer l'eau des rivières. Si nous les laissons faire, la zone ainsi que les terres en aval seront contaminées. Nos descendants ne pourront plus y vivre. Notre existence nomade est adaptée à ces espaces fragiles. Les détruire, c'est anéantir les Mongols.»

La région est d'autant plus vitale que ce paradis verdoyant est peut-être l'unique chance de survie des Mongols. Les steppes s'assèchent d'année en année. En cet été 2018, elles n'ont pas reçu une seule goutte d'eau depuis presque un an. Privée de pluie, l'herbe fragile dépérit et les chevaux ou moutons meurent de faim. Le désert de Gobi, qui occupe la moitié sud du pays, gagne du terrain.

Je me rappelle parfaitement ces premiers cadavres d'animaux croisés dans les steppes et mes discussions avec les Mongols sur les changements environnementaux. En quittant Paris, je ne m'attendais pas à vivre si violemment le dérèglement climatique.

Malheureusement, ce cri d'alarme n'est que le premier d'une longue série d'observations qui vont me suivre pendant tout mon périple. Notre planète change trop rapidement.

Le temps de cette petite discussion, une quinzaine de convives se sont attablés pour le déjeuner. Peu habitués à ce type de mets, ils s'interrogent sur un ordre éventuel des plats. Le gâteau en particulier semble au centre des attentions. Un malaise flotte.

La vodka aidant, l'ambiance se détend. Entre deux sushis, un fruit et un morceau de viande, chacun déguste une part de pâtisserie. La table s'anime.

Un invité sort sa guitare. Au son de quelques accords, les chants mongols remplacent vite les discussions. Je les écoute avec passion. Dans cette ambiance musicale, je suis invité à jouer de l'alto. L'espace d'un instant, j'accompagne la table de mélodies occidentales, sans oublier d'interpréter le thème de *Joyeux Anniversaire*.

L'après-midi avance, la vodka coule à flots, les rires deviennent plus gras, les chants plus animés. Je sens l'atmosphère changer. Les traditions mongoles ancestrales reprennent le dessus.

Lorsque l'heure du dîner arrive, le pseudo-anniversaire occidental est vite relégué au rang des oubliettes. La nappe est enlevée, laissant place au bois brut de la table sur lequel un cuisinier dépose un *khorkhog*. Ce plat, une des plus fameuses spécialités de la gastronomie mongole, est préparé à base de viande ovine cuite à l'étouffée dans un bidon de lait métallique scellé. À l'intérieur de celui-ci, des morceaux de mouton sont mélangés avec des pierres chauffées au préalable au feu et recouvertes d'eau. Ce mets de fête n'est cuisiné que lors de grandes occasions. J'ai une chance incroyable de pouvoir y goûter.

Avant de le déguster, les pierres chaudes, chargées de graisse, sont distribuées aux invités. Je reçois un galet noir à la chaleur relaxante dont le gras nourrit ma peau. Je le fais basculer d'une paume à l'autre, comme une petite balle de jonglage.

Au milieu de la table, dans un immense plat, les morceaux de mouton attendent que les mains soient prêtes. La viande n'a pas été préalablement découpée. Chacun se saisit simplement d'un os qu'il ronge et sur lequel tout disparaît : chair, tendons et cartilages. Dans ce pays où la nourriture est rare, aucun aliment n'est jeté.

Excité par cette expérience peu commune et par la vodka qui coule dans mon sang, je m'empare d'une pièce qui se présente à moi. Certains os ont des légendes. Celui que je viens de prendre en a une. Kushi me prévient :

« L'os que tu as saisi doit être rongé sans y laisser un brin de cartilage. Le mythe raconte que la fille de celui qui ne respecte pas ce principe risque de ne pas être sage au cours de la soirée. »

Heureusement, je n'ai pas d'enfant. La pression est limitée. Mais par honneur à cette tradition, j'ai envie de réussir ce défi. Sous les yeux attentifs et les sourires amusés des convives, je dévore une viande exquise qui fond en bouche. Lorsque j'atteins le cartilage, j'y mets toute ma volonté et toute mon énergie, entraîné par les rires et les encouragements des invités. Mais il est dur, tellement dur. Je ne suis pas habitué à en manger. Mes dents glissent dessus sans arriver à l'arracher de l'os.

Autour de moi, mes voisins ont déjà posé sur la table des carcasses rongées. Il n'y reste absolument rien. Je me demande comment ils atteignent un tel résultat. Mon cartilage résiste, fièrement accroché à l'os. Après de longues minutes de combats, je déclare forfait.

Pensant que mon aventure s'arrête là, je m'apprête à poser les restes sur la table, lorsque mon voisin m'interrompt. Il me fait comprendre que mon os contient de la moelle et que je dois le briser en deux, comme le ferait un Mongol puissant et musclé. Mais il est énorme, bien trop dur pour que j'arrive à le casser à la seule force de mes mains. Accompagné d'un nouveau fou rire général, j'y mets toute ma vigueur, sans succès. Finalement, je le briserai avec un couteau avant de gober la moelle délicieuse.

Malgré mon échec partiel, les Mongols me font comprendre qu'ils sont fiers de moi. Je leur ai également offert un agréable moment de distraction pour lequel ils me sont particulièrement reconnaissants.

La vodka continuera de couler à flots toute la soirée. Les têtes s'envoleront dans un nuage de brumes et de vapeurs d'alcool. Je finirai par aller me coucher, envahi d'un sentiment de plénitude, heureux de voir que les traditions mongoles sont encore profondément ancrées dans ce peuple.

J'espère que cette culture de mangeur d'os et de cartilages, qui étonnait déjà Guillaume de Rubrouck[13], perdurera pendant des siècles.

17

♪ Thème traditionnel – ***Le chameau qui pleure***

Dans l'auberge qui est devenue mon quartier général à Oulan-Bator, je rencontre une étudiante néerlandaise venue

---

13 Voyageur franciscain du royaume de France au treizième siècle. Voir Guillaume de Rubrouck. *Voyage dans l'Empire mongol.*

effectuer des recherches sur les rituels de mort en Mongolie. Ydje, grande brune joyeuse, n'en est pas à son premier séjour en Mongolie. Elle a passé plusieurs semaines d'un rude hiver en yourte avec des nomades, par des températures de -20°C.

« Cette expérience a été particulièrement difficile. Je n'y étais pas vraiment préparée. Mais je suis tombée amoureuse de ce pays, me raconte-t-elle. Néanmoins, je ne me verrais pas la revivre aujourd'hui. Alors je privilégie les mois de printemps pour avancer dans mes recherches. »

Avant son retour aux Pays-Bas, Ydje voudrait profiter de ses dernières semaines en Mongolie pour séjourner dans le désert de Gobi. Très spontanément, elle me propose de l'accompagner. Elle ne sait pas exactement comment elle va organiser son voyage, mais elle projette dans un premier temps de prendre le bus pour Dalanzadgad, la ville aux portes du désert.

Une route droite relie la capitale à Dalanzadgad. Onze interminables heures sont nécessaires pour la parcourir. Le trajet est monotone. Il traverse des steppes plates et infinies de plus en plus sèches à mesure que l'autocar gagne le Sud.

La veille, j'ai particulièrement mal dormi. Je souffre d'une intoxication alimentaire et rends mon repas à la terre avant de monter dans le bus. Fatigué, bercé par le ronronnement du moteur, un petit filet d'air me caressant le visage, je m'endors.

Lors d'une pause au milieu d'un terrain vague, notre regard croise celui de jeunes Allemands, Angelika, Melissa et Franz. Angelika, la trentaine, est éducatrice spécialisée. Sorte de Mary Poppins baroudeuse, elle a pris un congé sabbatique d'un an pour parcourir le monde avec un sac à roulettes débordant de gadgets. En Asie, elle a croisé la route de Melissa et Franz, un couple d'étudiants qui s'offre une pause de six mois. Depuis, ils voyagent tous les trois ensemble et descendent dans le désert. La conversation s'engage. Les liens se forment rapidement. Ils ont en commun cette même philosophie que nous partageons avec Ydje : prendre le temps et se laisser porter par les opportunités. Remontant dans le bus, nous décidons d'unir nos efforts pour parcourir le Gobi.

Dalanzadgad. Dans cette ville artificielle, amas de yourtes et de petits immeubles, des locaux se pressent pour offrir aux voyageurs un logement ou une excursion. Parmi eux,

Odval, une Mongole énergique originaire du Gobi, dirige une entreprise touristique. Son anglais parfait et son sourire convainquent notre groupe nouvellement formé de tenter l'aventure avec elle.

Partir dans le désert est risqué. Dans ce lieu inhospitalier, il n'y a pas de route et encore moins de carte. Seuls les Mongols du désert connaissent les pistes et les campements où vivent quelques familles nomades.

Pour ce périple, Odval nous confie à Sükh, un jeune assez maigre, très calme et discret. Originaire du Gobi, il parle peu, échangeant seulement quelques mots en mongol avec Ydje pour savoir si tout se passe bien. Il semble que l'amitié du désert lui suffise, un amour fort uni par les liens du silence.

Sükh est un magicien. Sans carte ni GPS, il roule dans les lieux les plus reculés sans se perdre. Une seule fois un doute le gagnera. Repérant une yourte misérable où résident deux jeunes enfants, sans que je puisse comprendre pourquoi des hommes décident de s'installer dans un tel endroit, il retrouvera son chemin grâce à leurs indications.

Sans mots, parfois avec l'aide de quelques gestes, il nous fait découvrir avec passion les beautés que la nature a construites au milieu de ce désert de roches, calme et paisible, extrêmement froid en hiver et chaud en été.

Alors que la température atteint déjà les 35°C en ce début de saison caniculaire, Sükh nous conduit dans un canyon où coule une rivière partiellement gelée. Elle serpente, protégée des chaleurs par de profondes parois. Quelques vaches y ont trouvé refuge, dans une fraîcheur bienvenue.

Des dizaines de kilomètres plus loin, c'est au pied de gigantesques dunes, hautes de plus de 200 mètres, que Sükh nous dépose. Dans ce Gobi pierreux, ces montagnes de sable se dressent en reines. Pointant du doigt le sommet de ces collines mouvantes, Sükh nous invite à y grimper. Pour sa part, il reste en bas, préférant à nouveau le calme de sa solitude.

Ces dunes sont un enfer à gravir. Chaque pas enfoncé dans le sable me fait avancer d'à peine cinq centimètres. Mon pied glisse. Deux cents mètres de dénivelé se transforment en un effort cumulé de plus de 500 mètres. J'arrive au sommet épuisé, après une heure de combat.

Le spectacle que j'y découvre me fait vite oublier l'énergie investie. Un décor inimaginable, un rêve m'entoure. Je contemple le désert de Gobi à perte de vue.

Saisi par l'instant, je m'assieds, mon foulard couvrant ma bouche et mon nez pour m'éviter de respirer le sable qui vole en tourbillons, emporté par le vent. Je perçois les vibrations de la dune sous les effets des rafales. Je ressens l'immensité du lieu, la puissance de ce désert. Plus personne ne parle. La magie nous envahit. Nous faisons cœur avec elle, incapables de prononcer un mot. Sükh nous aurait-il envoyés gravir cette dune pour nous apprendre le silence et le plaisir de l'écouter ?

À cet instant, je me sens bien avec mes pensées. Je n'ai nul besoin de parler. Les mots que je pourrais prononcer seraient tellement inertes face à ce paysage, que je me prive de les évoquer à mes compagnons de voyage assis à mes côtés, émerveillés par cette nature.

Le soleil décline, le ciel rougit. C'est le signe qu'il nous faut rejoindre Sükh. J'en profite pour réaliser une petite folie expérimentée sur la dune du Pilat qui me replonge en enfance : courir. La sensation que procure une telle descente est incomparable. Je me sens envahi d'un pouvoir surhumain, celui de me déplacer rapidement et de sauter loin, sans effort. Je crie, j'accélère, je trébuche, je ris et gagne le pied de la dune recouvert de sable, dans un état proche de l'euphorie.

Les nuits se passeront en yourtes, grâce à l'accueil de familles que Sükh connaît. Le soleil endormi, les étoiles envahiront chaque soir le ciel extrêmement pur, la lune éclairant les campements d'une façon mystérieuse.

Si les Mongols des steppes vivent avec peu, les nomades du désert survivent. Les quelques dizaines de bêtes qu'ils élèvent sont souvent leur seule richesse. Avec l'assèchement de plus en plus rapide du Gobi, les animaux meurent de faim, n'arrivant même plus à trouver de quoi se nourrir. Alors combien de temps pourront-ils vivre ainsi ? Je l'ignore. Les quelques notes de musique à l'alto que je partagerai avec eux le soir, leurs mots et leurs sourires résonnent encore en moi avec intensité. Je garde en tête ces images des probables derniers éleveurs du désert de Gobi.

Je n'imaginais pas, en quelques semaines à peine, découvrir un tel désastre et prendre conscience si violemment du changement climatique. Ce dernier est un phénomène à long terme, dont par nature on ne peut observer les effets en seulement quelques jours de voyage. Pourtant, en Mongolie, mes escapades dans les steppes ou dans le désert m'auront ramené à cette triste réalité avec une brutalité lancinante d'une rare intensité.

Une nouvelle fois, mon visa expire. Les procédures administratives du monde moderne me rattrapent. Je dois poursuivre mon chemin et gagner la Chine. Mais pour une fois, je ne suis pas pressé de reprendre la route. Je me sens bien en Mongolie, dans ce pays calme et paisible.

Le voyage s'est immiscé en moi. Pendant un mois, je me suis laissé porter par les vents, sans prévoir mes destinations plus de deux jours à l'avance. Cette non-planification totale et les rencontres spontanées avec la population ont été source de bonheurs récurrents. J'ai l'impression d'avoir vécu une vraie petite aventure. Je suis empli d'une joie immense d'avoir réalisé un rêve de plus dans ce tour du monde.

J'appréhende maintenant mon voyage dans un pays bruyant, qui fourmille en tous sens, et dans lequel la place à l'improvisation sera bien moindre.

18

♪ Guo Dayu et Xi Zhigan – ***Promotion of Judge Xu***
Zhu Shihui, Opéra de Pékin, 2017

Frontière chinoise. Changement drastique de décor. Bienvenue au pays du contrôle. Tous les voyageurs sont priés de sortir du train avec leurs bagages.

Dans une organisation toute militaire, je suis convié à entrer dans un hall surdimensionné, tel un aéroport, dont la fonction principale est de montrer la puissance de la Chine face à sa voisine, la pauvre Mongolie.

À l'intérieur de ce hangar, des machines scannent mon sac à dos et mon alto pendant qu'à un comptoir, un agent des douanes vérifie mon passeport. Il m'invite à laisser un peu de moi-même en confiant, à je ne sais trop quel système, mes dix empreintes digitales et ma plus belle photo.

Pour avoir parcouru la Chine dans le cadre d'une tournée symphonique quatorze ans auparavant, les contrôles ont bien changé. La technologie s'est immiscée comme un outil gouvernemental de lutte contre « les méchants », pour reprendre l'appellation officielle. Mais est-ce sa seule raison ? J'aurais bientôt un autre avis. Je ne suis pas au bout de mes surprises.

Pour le moment, je patiente dans le hall, attendant que les boggies du train soient changés. L'écartement des rails n'est pas le même entre la Mongolie et la Chine[14].

Au petit matin, je pose le pied en gare de Pékin. Une bouffée de chaleur humide m'envahit, contrastant avec la canicule sèche mongole. Le ciel est gris, comme souvent dans la capitale, mélange de nuages et de pollution.

Sur le parvis, un choc violent, tel un coup de poing au ventre, me paralyse. Je débarque du pays le moins densément peuplé au monde pour voyager dans une nation qui concentre un sixième des habitants de notre planète. L'esplanade grouille de Chinois dans une indiscipline totale. Je ne m'étais pas préparé à une telle foule.

Dans ce pays très individualiste, les passants se bousculent pour devancer leurs compatriotes dans une course sans but. Au-dessus d'une cacophonie de paroles, les raclements de gorges ou les bruits de crachats me bercent d'une douce mélodie qui me fait déjà regretter l'immensité des steppes. Je me sens mal, j'ai envie de fuir, de remonter dans le train et de regagner la Mongolie.

Je me ressaisis et décide de procéder avec logique. Dans ces moments de baisse de moral, la nourriture et le repos sont de bons remèdes.

Sans un yuan en poche, fatigué du voyage, peu enclin à rechercher une banque au milieu de cette foule, je repère un *fast-food* d'une grosse chaîne étatsunienne. Je n'ai guère envie d'y manger, mais la perspective d'y payer par carte de crédit

---

14 Un boggie est un chariot constitué par l'assemblage de quatre roues d'un train. Il est adapté à un écartement spécifique de rail qui est de 1520 millimètres en Russie et en Mongolie et de 1435 millimètres en Chine. Il convient donc de changer ce chariot pour pouvoir circuler de la Mongolie vers la Chine.

m'attire. C'est alors qu'un second coup de poing m'assène. Le restaurant n'accepte pas les cartes. En dehors du liquide, je n'ai qu'une seule possibilité, recourir à l'application chinoise WeChat. Ce réseau social – équivalent de Facebook et WhatsApp – intègre également un service de paiement. Pour l'utiliser, il convient de se créer un profil avec l'ajout de sa carte d'identité et de son numéro de téléphone. Cette application, antinomique avec les principes européens de vie privée auxquels je suis particulièrement attaché, permet indirectement au gouvernement d'exercer un contrôle sur sa population. Je n'ai aucune envie de l'installer. Sortant du restaurant, je pars en quête d'un distributeur de billets.

Je commence à m'interroger. Ce que j'observe est très étrange, tellement différent de ce que j'avais vécu il y a quatorze ans.

Pour cette première nuit, je séjourne en auberge. Aucun Pékinois n'a accepté de me loger via CouchSurfing. Cette pratique est en effet assez peu courante, car contraignante. La loi impose à l'hôte de déclarer la personne accueillie aux services de l'ordre.

L'offre d'hébergement est conséquente dans la capitale chinoise. Même si je ne peux séjourner que dans certains hôtels habilités par le gouvernement à loger des étrangers, je n'ai aucun mal à trouver un lit. J'opte ainsi pour une auberge située non loin de la Cité interdite, dans un *hutong*, un quartier historique préservé. Autrefois pauvre, délaissé au profit des banlieues aux immeubles modernes de soixante étages, ce dernier est aujourd'hui en passe de devenir le nouveau secteur à la mode. Les bobos chinois viennent s'y installer en masse, au milieu de centaines de petites maisons au charme indéniable, faites de briques noires, de murs blancs et de portes rouges.

Dans cette auberge, je rencontre Ryan, un jeune Étasunien d'origine chinoise. Grand gaillard, il travaille pour une firme outre-Atlantique et se rend régulièrement en Chine pour visiter les usines de production de son entreprise.

Encore frustré de ne pas avoir pu payer par carte de crédit, je lui fais part de mon étonnement et des évolutions de ce pays depuis mon dernier voyage. Il soupire et me répond:

« Tu sais, le système bancaire a bien changé. Le gouvernement incite à l'utilisation massive de la monnaie électronique pour contrôler tous les flux transactionnels. WeChat est l'application mise en avant pour réaliser ces opérations, car, de cette manière, l'État peut disposer du profil de chaque citoyen avec l'ensemble de ses achats, de ses contacts et de ses communications. Je ne serais pas étonné que dans quelques années l'on ne puisse plus payer en liquide. »

Je commence à expérimenter une autre définition de la liberté. Il va falloir que je m'y fasse pour les semaines à venir. Je sens que cela va me demander un effort considérable.

Je n'ai pas envie de m'éterniser à Pékin, dans cette mégapole qui m'étouffe. Je décide d'aller à l'essentiel et de me contenter de quelques promenades dans les rues pour sentir la ville, ses activités, sa culture. Un unique lieu m'attire, la Cité interdite dont je n'ai que quelques bribes de souvenirs de mon précédent séjour.

Obtenir un sésame pour visiter ce site est un vrai calvaire. Il est impossible d'acheter un billet simplement à l'entrée. Seule la réservation en ligne est proposée, à condition de disposer d'un numéro de téléphone chinois et de payer via WeChat, au travers d'une interface, bien évidemment, en langue chinoise. Les bras m'en tombent. La Chine n'aime pas les visiteurs trop indépendants. Elle préfère les orienter vers des tour-opérateurs, en totale opposition avec ma philosophie du voyage.

Quelque peu têtu, je ne me laisse pas abattre par une telle épreuve. Ma belle-sœur étant chinoise, je demande à la mère de celle-ci d'acheter mon billet.

Au petit matin, le précieux titre en poche, je gagne fièrement la place Tian An Men. Je suis content d'avoir pu contourner cette limitation. Je goûte au plaisir de cette relative liberté d'entreprendre mon voyage un peu comme je l'entends. À cet instant, une nouvelle déconvenue s'abat sur moi. Pour entrer sur la place et dans la Cité interdite, chaque identité est vérifiée.

Une file d'attente se forme devant des portiques de contrôle automatique, entourés de quelques policiers. Sur ces machines, les visiteurs scannent la puce électronique de leur carte d'identité. Un écran affiche alors immédiatement une autorisation ou un refus d'accès, en fonction du profil de la personne.

Ces vérifications semblent naturelles pour les Chinois qui me donnent l'impression de les accepter comme une évidence. Pour ma part, cette pratique me hérisse le poil. J'aime ma liberté de mouvement. Je ne supporte pas les contrôles systématiques.

Cette machine a la particularité de ne pas lire les passeports. Lorsque je m'y présente, un policier me fait signe de circuler, sans même prendre le temps de vérifier mon identité. Je comprends que ce barrage ne vise qu'à contrôler les Chinois. Comme je l'apprendrai un peu plus tard, l'objectif principal est de prohiber l'entrée de la place aux dissidents politiques, un terme dont la définition est laissée volontairement assez floue. La Chine commence à m'inquiéter.

En quatorze ans, les murs de la Cité interdite n'ont pas beaucoup changé. Mais ils n'ont pas résisté au marketing qui a fini par les assaillir. Derrière les portes de ce palais, j'ai l'impression de débarquer dans un parc d'attractions envahi de restaurants et de magasins. Chacun des 80 000 visiteurs journaliers peut y acheter des souvenirs en tous genres ou des déguisements inspirés des tenues traditionnelles. Dès le portail franchi, des centaines de Chinois se précipitent sur ces habits qu'ils revêtent avec l'espoir probable de mieux revivre le passé du palais impérial. Je m'étonne de ces nouvelles pratiques commerciales, dans un site historique qui reste exceptionnel. Depuis ma dernière visite, la société de consommation de masse, poussée à son paroxysme, a débarqué en Chine.

Pour mon ultime nuit à Pékin, une couchsurfeuse décide de m'accueillir. Chan est gracieuse et souriante. Écrivaine et journaliste, elle habite avec son mari un superbe appartement dans les beaux quartiers de Pékin. Passionnée par la culture, elle joue du *guzheng*, une sorte de cithare sur table. Elle pratique également l'art de la calligraphie. Encore une fois, c'est mon alto qui m'ouvre cette porte et me permet cette belle rencontre.

Hongkongaise, Chan parle sans détour de son pays et m'explique son choix de vie à Pékin.

« Mes parents ne comprennent pas pourquoi je me suis installée à Pékin. Ils me répètent souvent que la capitale offre bien moins de libertés individuelles que la région de

Hong Kong[15]. Mais à Pékin, il y a une culture et une histoire qui n'existent pas à Hong Kong. Elles valent bien quelques sacrifices. Je te donne juste un exemple. J'adore le musée national. Il y a des collections incroyables sur l'histoire chinoise. Pour moi, c'est une source d'inspiration pour mes écrits. Je dois t'avouer qu'il y aurait beaucoup de choses à améliorer dans ce musée. En particulier, les textes d'explication sont assez peu objectifs et toujours rédigés de manière à promouvoir la puissance de la Chine. C'est un brin frustrant. Mais il n'en reste pas moins un musée important pour mon épanouissement.

« Malheureusement, aujourd'hui, la culture chinoise est souvent reléguée au second plan. Les Chinois ne prennent pas le temps de la valoriser et encore moins de s'en imprégner. »

Ces mots sortent de sa bouche d'une façon dure, comme une critique forte envers le peu d'intérêt que portent ses compatriotes à leur passé.

Puis elle s'adoucit et me propose de m'initier à l'art de la calligraphie.

« Pour ce premier cours, nous allons nous concentrer sur l'écriture du chiffre un. En chinois, il se prononce *yī*. C'est le caractère le plus facile à calligraphier, un simple trait à l'horizontale. »

S'il semble évident à dessiner, Chan complique un peu les choses en introduisant les premières règles.

« Si tu veux tracer un trait vers la droite, tu dois d'abord partir vers la gauche. Il ne faut en aucun cas créer de brisure ou de cassure. »

Elle dessine le chiffre d'une manière souple et élégante. Sous son coup de pinceau, ce dernier semble vivre.

Je m'essaie. Mais mes premiers tracés ne ressemblent nullement à ceux délicats de Chan. Au fil des tentatives, mes efforts finissent par porter leurs fruits. Je réussis enfin à dessiner un *yī* qu'elle juge acceptable.

---

15 Depuis sa rétrocession à la Chine en 1997, Hong Kong dispose d'un statut particulier. Ce système unique est régulièrement source de conflits avec le pouvoir chinois. Depuis le 1er juillet 2020 – soit environ deux ans après cette conversation avec Chan – et la promulgation de la nouvelle loi sur la sécurité nationale, Hong Kong dépend désormais du régime juridique de la République populaire de Chine.

« La calligraphie est souvent mal enseignée. Les enfants l'apprennent en recopiant bêtement des lignes sur des modèles. Mais derrière cet art, il y a une philosophie. Si elle n'est pas comprise, tu ne pourras jamais devenir un maître. J'ai mis des années à la découvrir. Le jour où je me suis penchée sur l'histoire et la philosophie, j'ai enfin pu calligraphier de manière honorable. »

Je sens que Chan voudrait que son pays laisse plus de place aux arts, à la culture, à l'expressivité et à la créativité. Elle nourrit une frustration qu'elle essaie de combler par ses écrits et sa contribution à la littérature.

Pour la remercier, je prends le temps de partager un peu de ma culture européenne autour d'un concert et d'un cours de cuisine. Sur le canapé, je m'endors, le cœur un peu plus riche.

Au petit matin, je laisse Chan pour rejoindre un voyageur que je n'ai pas croisé depuis longtemps, mon frère. Valère a posé sa démission un mois avant le début de mon tour du monde pour s'engager dans un périple et gagner la Chine depuis Paris en traversant l'Asie centrale. À des milliers de kilomètres de notre point de départ, je le retrouve dans un restaurant aussi simplement que si nous nous étions donné rendez-vous à une terrasse parisienne. Grand maigre aux cheveux noirs, il n'a pas changé. Je suis heureux de le voir.

Pendant quelques jours, nos chemins vont suivre la même direction. Nous prévoyons de voyager ensemble, avec Jia, sa compagne, qui a profité de l'occasion pour venir rendre visite à ses parents.

Acheter un billet de train, lorsque l'on est étranger, particulièrement en cette période de vacances scolaires, est un vrai parcours du combattant. Il faut s'armer de patience et faire la queue aux guichets en espérant obtenir un précieux ticket ou réserver en ligne sur un site en langue chinoise n'acceptant que des moyens de paiement chinois.

Pour nous éviter ce calvaire, ma belle-sœur nous a acheté des billets sur Internet afin que nous la rejoignions dans sa ville natale où elle vient d'atterrir. Elle animera une vraie petite agence de voyages pendant quelques jours. Une aide précieuse, que je tiens fortement à remercier.

La conception des wagons chinois est semblable à celle des trains russes. En « lit dur », l'équivalent de la troisième classe russe, des compartiments non cloisonnés accueillent une soixantaine de couchettes superposées trois par trois. Elles sont composées d'une planche de bois et d'un peu de mousse. Néanmoins, en opposition totale avec l'ordre qui règne dans les wagons russes, le mode de vie à la chinoise m'est bien ennuyeux. Les passagers parlent fort, crachent ou fument dans les espaces pourtant non fumeurs, sans se soucier le moins du monde de leur voisin. Je regrette le Transsibérien où le calme s'installait à l'extinction des feux[16].

Un contrôleur semonce fréquemment les contrevenants et tente d'imposer le silence, il faut l'avouer, sans réel succès. Le prétendu respect des lois par la population et la presque rigueur militaire des civils, souvent véhiculés en Occident, ne sont qu'illusions. Ils n'existent que par un système de surveillance et de pouvoir stricts. Dès que les Chinois disposent d'une once de liberté, l'indiscipline reprend le pas.

19

En milieu de matinée, nous débarquons à Taiyuan où résident les parents de Jia. Cette cité industrielle, tristement célèbre pour avoir été l'une des villes les plus polluées au monde jusque dans les années 2010 s'améliore de jour en jour. Des règles strictes sur les émissions toxiques contribuent à épurer son air.

---

16 Il est à noter que, depuis mon précédent voyage en Chine, les comportements ont énormément évolué. Les trains sont, par exemple, plus calmes qu'il y a quatorze ans. Pékin milite, au travers de massives campagnes de communication, pour que les Chinois adoptent des attitudes similaires à celles des Occidentaux. Mais cette uniformisation culturelle détruit une partie des racines du pays. Malgré l'agacement que j'ai parfois pu ressentir, le charme du voyage et la complémentarité des êtres humains résident dans leurs différences.

Taiyuan est une municipalité chinoise résolument moderne. Avenues droites et larges en parfait quadrillage, ainsi que récents immeubles de minimum trente étages composent une grande majorité de cette mégalopole. Elle est parcourue par une rivière dont les abords ont été convertis en parcs. Ils constituent les principaux lieux de verdure de cette cité de béton d'un peu plus de quatre millions d'habitants.

Pour se déplacer, la meilleure solution est d'emprunter un gigantesque réseau de pistes ou plutôt d'avenues cyclables. Elles mesurent facilement deux à trois mètres de largeur et véhiculent des milliers de vélos et scooters. Dans les embouteillages, attention à la conduite! Mieux vaut regarder à deux fois derrière soi lorsque l'on veut doubler pour ne pas risquer un accident.

Jia est une jeune femme avenante et souriante. Elle accueille mon frère et me présente à ses parents, Hui, sa mère et Ning, son père.

Hui, belle femme d'âge mûr volubile, enseignante de langues étrangères à la retraite, nous reçoit sous un flot de questionnements. Pour sa part, Ning est très discret. Ancien professeur de mathématique à l'université, petit et très sec, il parle peu, écoute et semble parfois perdu dans ses pensées. Dans ces moments, je me demande s'il ne résout pas une équation de troisième degré de tête ou n'invente pas un nouveau théorème.

Leur appartement est charmant, surchargé d'objets en tous genres avec un sens du design tout chinois où l'utile prévaut sur l'esthétisme. Une raquette antimoustique électrique jaune côtoie des thermos bigarrés destinés à recevoir l'eau tiède que les Chinois aiment à boire en journée. Une toile cirée à carreaux rouges et blancs recouvre une belle table en bois. Des cuvettes multicolores sont disposées sur le sol de la salle de bains. Elles recueillent l'eau froide qui s'écoule, en attendant l'arrivée de l'eau chaude au pommeau de douche, avant de servir de chasse d'eau. Un vrai geste écologique. Mais ce qui attire le plus mon attention, ce sont les centaines de photos de Hui, aux quatre coins du monde. Depuis qu'elle est en retraite, elle parcourt la planète.

En Chine, le voyage est un luxe synonyme de réussite sociale. Il est donc valorisant de montrer aux amis les séjours effectués. Peu importe que l'on soit resté dix minutes dans un pays ou que l'on ait simplement vu l'entrée du British Museum, si l'on peut prouver avec un selfie que l'on y était, le périple est un succès. Chaque excursion est donc l'occasion de dizaines de photos face à des lieux mythiques. J'y retrouve une tour Eiffel qui côtoie le palais du Potala ou la place Saint-Marc, avec devant, immanquablement, Hui.

Ning nous invite à passer à table. Il y a disposé des raviolis, une soupe, des salades de légumes, du riz, de la viande sautée et divers mets tous plus délicieux les uns que les autres. Ning est un cuisinier hors pair. Je me régale à chaque bouchée.

Pour sa part, Hui n'a qu'une hâte, m'interroger. Je suis le petit frère, le *dìdì*, et à ce titre, elle doit me connaître. Elle m'adresse des dizaines de questions sur mon voyage, ce que j'ai vu, comment je vais, ce que je fais dans la vie. Une vraie mère.

Les jours que je passe en famille sont des plus agréables, centrés autour des repas. Je découvre la passion que nourrissent les Chinois pour la cuisine. Ils adorent manger, et de tout !

Un soir, Hui nous propose d'assister à un opéra chinois. Cette idée m'enchante au plus haut point.

L'opéra traditionnel est d'une structure qui s'apparente aux œuvres occidentales. Sur scène, des chanteurs, également acteurs, s'animent pour conter une histoire. En fosse, des instrumentistes accompagnent les choristes. La principale différence concerne le style musical. Ce dernier repose sur des mélodies traditionnelles interprétées par des instruments chinois comme le *erhu*, une sorte de violon à deux cordes qui se tient sur la cuisse. Inventé il y a plus de mille ans, il fait partie de la même famille que le *morin khuur* que j'avais découvert dans les steppes mongoles.

Les percussions sont également omniprésentes. Souvent jouées sans accompagnement mélodique, elles rythment le déroulé des actions sur scène. Les chanteurs emploient pour leur part des techniques vocales bien différentes de celles occidentales pour réciter des airs aigus et nasillards. Il est également courant que les hommes interprètent des personnages de femmes et utilisent leur voix de fausset[17].

17 Ou voix de tête. Cette technique vocale, proche du cri, permet de produire des sons très aigus.

La salle de concert est moderne avec des rangées de sièges rouges. Je m'y installe confortablement. Derrière moi, une dizaine de photographes immortalisent les scènes au travers d'immenses téléobjectifs. Leur présence imprègne le lieu d'un petit air de festival de Cannes. J'ai l'impression d'assister à un évènement important, entouré de stars du grand écran.

Dès les premières notes, je plonge dans un univers sonore qui résonne de manière particulière à mes oreilles. Jia accompagne la pièce de commentaires en français qui me permettent de suivre l'intrigue, l'histoire d'un juge qui doit choisir entre condamner un duc qui l'a promu ou un marquis innocent ayant autrefois freiné son ascension.

Malgré ma curiosité et ma passion pour la musique, ce spectacle n'arrive pas à retenir mon attention. Les chants, le jeu des acteurs, les décors et bien sûr la langue sont trop éloignés de mes racines occidentales. Chaque minute de l'opéra me demande un effort constant pour comprendre ce qui se passe et essayer d'apprécier à leur juste valeur les mélodies qui s'échappent de la fosse.

Je décroche et m'envole vers d'autres pensées. Je me replonge dans mon enfance, dans ma longue et lente découverte de la musique classique et de ses codes. Je me revois écouter, dès l'âge de six ans, mes premiers opéras. Je repense aux années de pratique pour comprendre ses règles, estimer ses mélodies et à celles supplémentaires pour être en mesure d'apprécier une œuvre de Mozart ou de Verdi sans m'ennuyer. Si j'affectionne plus que tout aujourd'hui assister à un opéra ou à un ballet, je prends conscience que ce contentement est le résultat de longues années d'apprentissage de cette culture si particulière. À cet instant de ma vie, dans ce théâtre de Taiyuan, je n'ai pas le socle minimal requis pour appréhender avec plaisir la musique chinoise. Je crois que j'étais candide en rentrant dans cette salle, un peu ingénu de penser qu'il me serait possible d'apprécier au premier abord cet opéra traditionnel. Une culture s'apprend et nécessite du temps pour s'en imprégner.

À Taiyuan, une dernière expérience va particulièrement me marquer et relancer mon questionnement sur la politique de contrôle du gouvernement.

Au cœur de cette capitale de la province du Shanxi se trouve l'un des plus anciens et plus importants musées du pays. Il présente, au travers de plus de 400 000 objets, l'évolution de la vie dans cette province, de la préhistoire à nos jours.

Depuis 2008, l'entrée est gratuite. Cette initiative est louable. Néanmoins, pour y pénétrer, chaque visiteur doit s'enregistrer avec sa carte d'identité. Je suis effaré. Je me sens mal, privé de mes libertés tellement importantes à mes yeux, à mon sang encore chargé de l'esprit révolutionnaire de mes ancêtres. Pourquoi le gouvernement a-t-il absolument besoin de savoir qui de ses citoyens visite un musée ?

Je ne peux m'empêcher de débattre avec Jia. Je souhaite comprendre. Depuis mon entrée sur le sol chinois, une liste impressionnante de questions envahit ma pensée. J'en enchaîne quelques-unes à vive allure.

« Pourquoi le gouvernement contrôle-t-il à ce point la population ? Pourquoi les Chinois semblent-ils accepter d'être fichés sans broncher ? Pourquoi l'Internet est-il filtré et tous les médias étrangers, Facebook, Google ou Wikipédia sont-ils interdits ? »

Jia est quelque peu désemparée devant ces interrogations. Elle-même, depuis qu'elle vit en France, s'étonne que l'Internet soit autant bloqué. Elle me répond :

« Tu sais, en Chine, nous avons nos propres services similaires à Google ou Amazon. Quatre-vingt-dix-neuf pour cent des Chinois ne se rendent même pas compte que l'Internet est filtré. Pourquoi auraient-ils besoin d'aller sur Google ou lire des médias étrangers alors que nos équivalents sont amplement suffisants ? Néanmoins, j'avoue ne pas comprendre pourquoi le gouvernement continue de restreindre autant l'Internet.

– Soit, mais tous ces contrôles ?

– C'est dur à dire, mais je pense que c'est principalement lié à notre très forte population. Nous devons nous battre pour tout. Tu veux prendre le train, il faut te battre pour avoir une place. Tu désires aller à l'université, il faut encore te battre. Alors le gouvernement a besoin de mettre un peu d'ordre. C'est une manière de lutter efficacement contre les mauvaises personnes. »

Encore ces termes de « mauvaises personnes » ou de « méchants ». Je les entends chaque fois que je parle du contrôle en Chine. Je crois que cette version officielle satisfait les Chinois qui ne sont guère incités à s'interroger. Alors, bien souvent, les explications prennent fin sur ces mots.

Mais elles ne me conviennent guère, même si Jia me donne une piste un peu différente, celle d'une population extrêmement nombreuse.

Les questions tournent dans ma tête. Pour la première fois de ma vie, je suis confronté à un mode de pensée, à un fonctionnement que je ne comprends pas. Comme les milliards de Chinois, j'ai grandi en vase clos. Formé et informé par une éducation et des médias qui ne parlent que de politique ou d'économie ouest-européenne ou nord-américaine, j'ai oublié de regarder au-delà de l'Occident. Le réveil est brutal. La réponse de Jia m'interroge.

20

♪ Huang Huai-Hai – *The Horse Race*
Lang Lang, piano et Guo Gan, *erhu*,
Cité de la Musique de Paris, 2011

Le temps d'une nouvelle traversée nocturne en train, accompagné de Valère et Jia, je me rapproche un peu plus du Tibet. Au petit matin, je me réveille à Xi'an.

Ville historique de plus de huit millions d'habitants, son centre est entouré d'un gigantesque mur d'enceinte fortifié aux briques noires datant du quatorzième siècle, l'un des plus grands remparts au monde. À l'intérieur de celui-ci, des bâtiments de six à dix étages tranchent avec les gratte-ciel. Il règne, au cœur de ces constructions aux dimensions humaines, une douceur architecturale que j'apprécie.

Ce qui m'amène à Xi'an est situé un peu en dehors de la ville. Depuis des années, je rêve de découvrir la fameuse armée de terre cuite de Qin Shi Huang, l'empereur unificateur de la Chine et le fondateur de la dynastie Qin en 221 avant notre ère.

Il fait lourd en ce milieu du mois de juillet. Le ciel est toujours gris, mélange de nuages et de pollution. L'air est humide, les températures dépassent les 30°C. Je transpire à grosses gouttes. Je suis épuisé par ces conditions météorologiques.

Au milieu des milliers de Chinois qui arpentent chaque jour le mausolée de l'empereur Qin, nous ne sommes que quelques Occidentaux. L'industrie du tourisme national a connu un grand boom.

Tout est fait pour accueillir au mieux ce flot de visiteurs. En bordure du site, un village, des centaines de magasins et des restaurants ont poussé comme par magie. Dans ces boutiques, des milliers de répliques de statues de guerriers attendent un acheteur qui repartira avec la preuve incontestable de sa visite réussie du mausolée.

Oubliée pendant des siècles, l'armée de terre cuite a été redécouverte par hasard en 1974 par des paysans de la région. Elle s'étend sur plus de 20000 m^2. À ce jour, 7000 statues ont été mises à jour. La tombe de l'empereur, entourée et protégée par l'armée, n'a pas encore été fouillée. Les scientifiques attendent quelques progrès technologiques pour s'assurer que la momie, ensevelie sous une pyramide d'une centaine de mètres de terre, ne sera pas endommagée lors de sa découverte. Des sources anciennes évoquent également un système de protection armé d'arbalètes destinées à tuer de potentiels pillards. L'exploration, digne d'Indiana Jones, nécessite donc de la prudence pour ne pas mettre en danger les archéologues.

Le site est immense, bien au-delà ce que j'avais pu m'imaginer. Je suis particulièrement excité. Fasciné par l'Égypte ancienne depuis mon enfance, j'ai l'impression de vivre une découverte similaire à celle de la tombe de Toutankhamon. Je ne participe à aucune exploration scientifique à cet instant, je ne suis qu'un simple touriste, mais mon imaginaire m'emporte. Je me projette en archéologue qui s'apprête à réaliser les plus grands travaux de sa vie.

J'entre sous le hangar numéro un. Il abrite la plus importante fosse mise à jour, d'une taille de deux terrains de football. Je suis happé par ce que j'observe. Plus de 6000 guerriers s'offrent à ma vue. Ils sont alignés, tous uniques, à l'arrêt, patientant, attendant un hypothétique ordre d'attaque. Je suis ébahi.

La cohue dans le lieu, le bruit permanent, les coups d'épaule et de coude que je reçois des Chinois qui me font comprendre que je dois me pousser pour leur permettre de prendre un selfie, me ramènent à la réalité du vingt et unième siècle. L'espace d'un instant, j'étais parti avec ces artisans qui, deux cents ans avant notre ère, sculptèrent ces statues.

Nous passerons la journée entière dans ce lieu aux proportions inhumaines, sans percevoir le temps qui s'écoule, regardant tour à tour les colosses d'argile et les archéologues qui, quotidiennement, mettent en valeur ce patrimoine. La visite comble mes attentes au-delà de mes espérances.

21

Toujours plus vers l'ouest, un train à grande vitesse, copie du Shinkansen japonais, nous dépose à Xining d'où nous gagnons le lac Qinghai. Plus grand lac salé de Chine, il se situe au commencement des hauts plateaux tibétains, en bordure de la région historique du Tibet, à un peu plus de 3000 mètres d'altitude.

Depuis le soulèvement tibétain de 1959 et la fuite du dalaï-lama en Inde, le gouvernement tibétain en exil revendique l'aire du Tibet historique, aujourd'hui éclatée entre plusieurs régions et provinces chinoises. La province de Qinghai constitue une partie de cette aire. La région autonome du Tibet en est une autre composante. Par simplification, il est assez fréquent de réduire le Tibet à cette seule région autonome, mais au sens du gouvernement tibétain en exil, le Tibet est une zone géographique bien plus vaste.

En cette fin d'après-midi, le lac, semblable à une mer, reflète les rayons du soleil dans un coloris bleu pâle. Le ciel est pur, seulement parsemé de quelques petits nuages blancs. Lorsque je sors du bus, l'air est frais. J'ai enfin laissé derrière moi l'humidité et la chaleur étouffantes et épuisantes. Dans une longue inspiration, je renouvelle l'oxygène de mes poumons. Autour de moi, de petites collines entourent le lac. Elles sont recouvertes d'une herbe rase, un peu jaunie, où quelques yacks paissent. Il y a peu d'habitants. Le calme se fait ressentir. J'ai l'impression de regagner les steppes mongoles. Je me sens bien.

Aux portes du Tibet, les coutumes locales sont assez éloignées de celles de l'est de la Chine. Même si les Hans[18] forment plus de la moitié de la population de cette province, l'influence tibétaine est perceptible[19]. Des drapeaux de prières, si caractéristiques du bouddhisme tibétain, sont suspendus au vent. Ils flottent sur de grandes structures en bois en forme de tipis.

Dans cette culture bien différente du reste de la Chine, je suis surpris de constater de fortes similarités avec la Mongolie. Des yourtes construites en dur et des tentes d'inspiration mongole sont éparpillées tout autour du lac. Elles accueillent des centaines d'habitants. Les poêles à bois, sur lesquels les nomades des steppes cuisinent et préparent le thé, équipent également la plupart des résidences et des restaurants. Ces traditions remontent au treizième siècle, à une époque où les Mongols envahirent ce territoire.

Dans les liens culturels forts entre Mongols et Tibétains, il est intéressant de noter qu'Altan Khan, empereur mongol du seizième siècle, est l'inventeur du titre de dalaï-lama. En 1578, il le donne à Sonam Gyatso[20], un religieux bouddhiste à la réputation déjà importante.

En bordure du lac, un village moderne dénote avec le reste de ce décor. Il me ramène avec violence, tel un boomerang, vers la culture han que je viens de quitter.

Ce hameau est un véritable complexe hôtelier géant. Le long d'une unique rue de plus de 2 kilomètres, des centaines de restaurants et de structures d'hébergement accueillent quotidiennement des milliers de Chinois. Ils viennent passer les beaux jours au grand air, loin de la chaleur des villes. Cette artère est dénuée de charme, désorganisée, sale. Elle m'apparaît telle une verrue au milieu de ce paysage vierge.

---

18 Les Hans constituent le plus grand groupe ethnique de Chine – et du monde. Ils sont environ un milliard deux cents millions en Chine pour une population totale d'un milliard quatre cent quarante millions de Chinois. Par abus de langage, il est fréquent de réduire le terme « Chinois » au seul peuple Han.

19 Environ un quart des habitants sont d'origine tibétaine.

20 Sonam Gyatso est le troisième dalaï-lama. Lorsqu'il reçoit son titre, par effet rétroactif, ses deux précédentes incarnations se voient attribuer le même jour les premiers titres de dalaï-lama.

Malgré ses nombreux hôtels, cette ville en dehors des sentiers recommandés aux touristes occidentaux, n'accueille aucun établissement habilité à recevoir des étrangers. Heureusement, les habitants de la région sont arrangeants. Un hôtelier accepte de nous louer une chambre. Il enregistre Jia comme seule pensionnaire et nous invite à rester discrets.

Entre randonnées, promenades à vélo autour du lac et surtout repas, les journées s'écoulent rapidement pour ces dernières heures de voyage avec Jia et Valère. Je reprends bientôt la route en solitaire vers Lhassa. En attendant, je découvre un autre visage de la Chine. Loin des vastes agglomérations, les locaux vivent plus doucement et font preuve d'une grande attention.

Les étrangers sont rares dans cette région. Notre faciès ne passe pas inaperçu. Alors les vendeurs de fruits, les éleveurs de yacks ou les restaurateurs nous accueillent avec amitié et nous sollicitent timidement pour poser avec eux sur des photos.

Je suis étonné de ces comportements qui tranchent avec l'individualisme et la violence de la foule que j'avais pu ressentir à mon arrivée à Pékin. À nouveau, une des pistes de compréhension de la Chine évoquée par Jia me revient en tête. Dans une société individualiste où la population est très nombreuse, faut-il renforcer les contrôles ?

22

♪John Williams – *Young Dalai Lama and Ceremonial Chant*
John Williams, Yo-Yo Ma, The Gyuto Monks, 1997

Depuis les révoltes des Tibétains de mars 2008, la région autonome du Tibet n'est plus accessible librement aux étrangers. Un permis de séjour est requis pour visiter Lhassa, ainsi qu'un sauf-conduit pour voyager dans la région. Ces deux laissez-passer ne sont délivrés que par des tour-opérateurs habilités, qui doivent formuler une demande aux autorités.

L'administration, après vérification de l'identité du voyageur, permet ou non l'entrée sur le territoire. Les journalistes, ainsi que les agents des ambassades ne sont pas autorisés à rentrer dans la région autonome du Tibet. Enfin, tous les ans au mois de mars, la zone est interdite aux étrangers. Cette période correspond à l'anniversaire du soulèvement tibétain qui commença le 10 mars 1959 et qui eut pour conséquence la fuite du dalaï-lama vers l'Inde le 17 mars 1959.

Ces règles strictes se résument assez simplement pour un étranger qui souhaite visiter le Tibet : il faut obligatoirement réserver une excursion par un tour-opérateur et s'en tenir exclusivement au programme de l'agence de voyages. Pas d'exception, sauf si l'on est joueur et que l'on veut risquer un séjour en prison et une expulsion *manu militari* du pays. Les points de contrôle militaires sont en effet extrêmement nombreux dans la région.

Le Tibet constitue, à double titre, le but de ce voyage en Chine. D'abord parce que je rêve de traverser l'Himalaya pour aller au Népal. Ensuite parce que la ville de Lhassa est la dernière étape de mon périple en train depuis Paris.

Je déteste les tours organisés. Ils me limitent dans mes déplacements et m'imposent un rythme et un programme que je ne souhaite généralement pas suivre. Je souffre de la foule. J'aime à déambuler en dehors des sentiers battus. Il me plaît de m'isoler et d'aller au contact des locaux, loin des sites touristiques, pour ressentir le pays différemment. Cependant, pour le Tibet, il va falloir que je m'y fasse, je vais devoir recourir à une agence et suivre un programme strict.

Conscient de cette problématique de laissez-passer, je me renseigne sur les formalités d'entrée dans la région autonome du Tibet alors que je me trouve encore en Mongolie. Un Tibétain expatrié en Europe me fournit quelques précieuses informations. Il me recommande en particulier d'opter pour un tour-opérateur tibétain et non han. Ces derniers sont en effet peu familiarisés avec la culture tibétaine.

Peu avant mon entrée en Chine, je réserve un tour qui, depuis Lhassa, me déposera à la frontière népalaise. Dans la foulée, j'envoie mes documents d'identité pour obtenir les précieux permis. Mais le jour du départ, à 13 heures, je n'ai reçu aucune nouvelle de mon guide et encore moins de mon laissez-passer. Sans ce permis, je ne peux même pas espérer monter à bord du train. Je commence à voir le Tibet qui s'éloigne et le rêve qui s'estompe. Je tente de relativiser ma déconvenue en imaginant d'autres destinations. Mais, au fond de moi, je sais que si je ne pars pas, il est peu probable que je revienne dans la région avant des années. Je m'en veux de ne pas m'y être pris un peu plus tôt pour les formalités. J'ai confirmé le tour il y a trois semaines, un délai bien long pour moi, mais bien court pour l'administration. Je regarde mon téléphone toutes les cinq minutes, renvoie un courriel à l'agence en désespoir de cause, et finis par laisser tomber mon portable pour aller déjeuner, le moral au plus bas.

Je ne sais pas si Ketu, mon guide, m'avait oublié et qu'il est allé courir de service en service pendant l'après-midi, sollicitant ses contacts, offrant des *momos*[21] à un agent du gouvernement et s'entretenant avec le président Xi Jinping. Toujours est-il qu'à mon retour, un courriel m'attend, m'annonçant qu'il a obtenu mon permis, dont la copie se trouve en pièce jointe. Le rêve peut devenir réalité !

À 20 heures, je gagne la gare. Comme dans toutes les stations chinoises, un employé de la compagnie des chemins de fer vérifie mon identité, mon billet et effectue un contrôle de sécurité de mes bagages. Pour ce trajet un peu spécial, il me demande mon permis de séjour que je tends fièrement.

J'ai tellement pris l'habitude de voyager en train ces derniers mois que cette ultime étape de ce périple ferroviaire me paraît être une banalité. Je ne me rends pas encore compte qu'elle met fin à plus de 15 000 kilomètres parcourus sur les chemins de fer d'Europe, de Russie, de Mongolie et de Chine.

Le train dans lequel je monte est particulier. Sur la plus haute ligne ferrée au monde, il va me propulser à 5072 mètres d'altitude. Pour compenser la raréfaction de l'oxygène avec l'ascension – et éviter le mal des montagnes –, les wagons sont munis d'un système de ventilation qui déverse un peu de cet air vital. Le chef de bord me fait également signer une décharge en cas de malaise ou de décès. Si celle-ci n'est guère rassurante, j'ai bon espoir de survivre. Je viens de passer une

---

21 Sorte de ravioli que l'on trouve principalement au Népal et au Tibet, plat très populaire de ces régions.

semaine à plus de 3000 mètres. Mon corps a commencé à s'habituer à l'altitude.

Lorsque le soleil se lève, le train a déjà gagné les très hauts plateaux tibétains. Je frôle les 5000 mètres. Un peu de neige recouvre ces immenses territoires où des yacks recherchent quelques touffes d'herbe à brouter. Autour des plaines, des montagnes culminent à plus de 6000 mètres. Pourtant elles semblent bien petites, ne dépassant que d'un millier de mètres par rapport aux plateaux.

Le chemin de fer serpente dans ces étendues désolées. Je franchis la barre des 5000 mètres sans la ressentir avant d'entamer une douce descente vers Lhassa, une des villes les plus hautes du monde[22]. Les paysages sont grandioses, vierges de présence humaine. À cette altitude, quasiment aucune végétation ne pousse. Le sol est sec, rocailleux. Seuls les yacks semblent s'en accommoder.

Les neiges éternelles, au sommet des montagnes qui m'entourent, contrastent avec le bleu du ciel et l'ocre de la terre. Le vert est absent, comme oublié par la nature.

De temps en temps, j'aperçois les traces de quelques mines. La région est riche en gisements métallurgiques dont l'exploitation serait peu ou pas rentable. Mais le gouvernement les finance pour maintenir une activité et une présence dans cette zone du monde désertique, inhumaine, mais stratégique[23]. L'Himalaya tibétain est en effet la source des plus grands fleuves chinois – dont le fameux fleuve Jaune ou le Yangzi Jiang[24] – et Sud-Est asiatiques – comme le Mékong ou l'Irrawaddy. En s'assurant la maîtrise de cette région, la République populaire de Chine garantit l'alimentation en eau – et en électricité – de sa population et contrôle partiellement l'approvisionnement de ses voisins[25].

---

22 Lhassa culmine à 3650 mètres.

23 Selon Tibet Information Network (TIN), organisation indépendante d'information et de recherche sur le Tibet.

24 Le Yangzi Jiang alimente en eau environ 70 % de la production rizicole chinoise. Le fleuve Jaune approvisionne pour sa part environ 40 % de l'agriculture céréalière totale du pays.

25 Le « château de l'Asie » comme est parfois surnommé le plateau tibétain, est à l'origine de dix grands réseaux fluviaux asiatiques coulant dans onze pays (Chine, Inde, Vietnam, Cambodge, Laos, Thaïlande, Birmanie, Bangladesh, Népal, Bhoutan et Pakistan). La Chine a construit

En milieu d'après-midi, je pose le pied sur le quai de la gare de Lhassa. L'émotion est forte. Non seulement je suis arrivé au terme d'un immense périple en train, mais je me trouve également dans l'une des villes les plus mythiques au monde. Cette capitale m'évoque les couleurs du bouddhisme, le palais du Potala et bien sûr le dalaï-lama. Je me repasse les images du film *Sept ans au Tibet*. Je me projette déjà au milieu de paysages grandioses et d'une culture ancestrale qui me fait rêver.

Mais la réalité du monde moderne me rattrape. L'identité de chaque voyageur est soigneusement contrôlée. En tant qu'étranger, je suis conduit à un poste de police où mon passeport et mes permis sont vérifiés. Il faut montrer patte blanche pour entrer dans cette région.

Ketu m'accueille sur le parvis. C'est un jeune Tibétain de vingt-cinq ans, assez maigre, de taille moyenne, les cheveux noirs et le teint très mat. Il s'exprime dans un excellent anglais et me remet, en signe de bienvenue, un *khata*[26].

Un peu en retrait, Denpa, un Tibétain plus âgé et ventru, m'attend au volant d'une voiture. Il ne parle pas anglais, mais me reçoit avec des gestes chaleureux. Il sera le chauffeur officiel de ce voyage.

À bord de ce véhicule, je remarque immédiatement deux caméras posées sur le tableau de bord. L'une filme l'habitacle, l'autre la route. Ketu, croisant mon regard étonné, m'explique la raison de leur présence.

« Ces caméras sont destinées à enregistrer tout ce qui se passe dans la voiture. En cas de contrôle, le gouvernement peut demander à visionner les images. L'objectif est de s'assurer que nous n'ayons pas de discours non officiel avec les étrangers. »

---

sur son territoire plus de 87 000 barrages qui produisent plus d'électricité que ceux du Brésil, des États-Unis et du Canada réunis, mais qui perturbent les rythmes saisonniers des fleuves et impactent la vie des pays aval.

– Atlas de l'eau, Hors-Série septembre-octobre 2020, *Courrier international.*

26 Écharpe blanche symbolisant le bon présage, la pureté, et remise à l'occasion de fêtes ou pour l'arrivée d'un visiteur.

Puis il ajoute en riant: « Mais nous pourrons en parler dehors. »

Oubliant cette société du contrôle, mon regard se perd de l'autre côté de la vitre. La partie de la ville que je traverse est bien loin de m'évoquer les images de Lhassa que j'ai en tête. Les infrastructures sont modernes. La voiture roule sur des avenues gigantesques. Autour de moi, des immeubles à n'en plus finir poussent comme des champignons. La Chine investit massivement dans cette région du monde pour inciter les Hans à venir s'y établir. Depuis 1950, la population est ainsi passée de 30 000 à plus de 500 000 habitants dont 20 à 40 % seraient d'origine han.

Loin de l'esprit des drapeaux de prières du bouddhisme tibétain, le gouvernement de Pékin a fait installer sur chaque maison et à intervalles réguliers sur les avenues, le drapeau rouge aux cinq étoiles. Avec une omniprésence qui me met mal à l'aise, la Chine marque les consciences et son territoire. Au cours d'une discussion non officielle avec Ketu, j'apprendrai que les Tibétains ont l'obligation d'ériger un drapeau chinois sur le toit de leur habitation. Dans une extrême générosité, celui-ci est fourni gracieusement par le gouvernement.

C'est dans cette ville aucunement différente des autres cités de l'Empire du Milieu que je fais mes premiers pas un peu décevants à Lhassa. Heureusement, au centre de cette plaine aride au cœur de l'Himalaya, une colline se détache telle une île au milieu de l'océan. Sur celle-ci, le palais du Potala se dresse majestueusement. Avec ses tons rouges et blancs qui contrastent avec le ciel azur et la roche ocre des montagnes, il colore joliment la ville et attire mon regard.

Très abîmé à la suite des bombardements de 1959 et miraculeusement préservé de la destruction lors de la révolution culturelle chinoise[27], il a depuis été restauré. Impressionnant de gigantisme, je me sens tout petit devant cette ancienne résidence des dalaï-lamas qui me fait bien plus penser à une forteresse à la Vauban qu'à un monastère. Pour y pénétrer, je dois gravir des centaines de marches et franchir de

---

27 1966 – 1976

nombreuses portes en chicanes. Pourtant, le Potala est avant tout un lieu religieux avec ses salles de prière que côtoient des pièces d'études et de réunions destinées autrefois à la vie politique. De nos jours, des moines continuent de l'animer et d'honorer sa fonction monastique. Ils y pratiquent des gestes millénaires transmis de génération en génération qui donnent une âme au palais.

Dans ce labyrinthe de bois et de pierre, chaque poutre et chaque mur sont peints en rouge et doré, avec des petites touches de vert et de bleu. L'ambiance est sobre en mobilier, mais riche en décors. Quelques fenêtres et un toit-terrasse permettent d'observer la ville et les montagnes environnantes. En bas du Potala, la vue plonge sur la place de la libération pacifique du Tibet[28]. Achevée en 1995 en lieu et place de l'ancien village du Shöl, elle résonne comme un message fort du gouvernement pour asseoir son pouvoir face au symbole tibétain du Potala.

Une salle sombre aux murs peints en noir d'où se dégage une odeur d'encens abrite le plus sacré des trésors, les sépultures de huit dalaï-lamas. Ces tombes prennent la forme de riches *stūpas* en bois sculpté et doré, incrusté de pierres précieuses. La plus imposante, celle du cinquième dalaï-lama, édifiée en 1691, mesure plus de 14 mètres de haut. Elle témoigne du savoir-faire ancestral des artistes tibétains.

Devant ces tombeaux, je m'interroge sur le lieu de la future sépulture de Tenzin Gyatso, l'actuel dalaï-lama. Sera-t-il autorisé à rejoindre, à titre posthume, le palais qu'il a fui en 1959 ? Malgré l'interdiction d'en débattre ouvertement, quelques Tibétains expriment timidement ce souhait.

À quelques centaines de mètres du Potala, le quartier de Barkhor a été miraculeusement préservé. Il abrite un mince ensemble architectural de palais, de temples et de maisons installés au milieu de ruelles très étroites. Des petites échoppes y vendent des tissus en laine aux motifs classiques de la région ou du beurre et du fromage de yack. La vie semble comme

28 Appellation officielle chinoise qui désigne l'unification du Tibet à la Chine en 1951 avec la signature de l'Accord en 17 points sur la libération pacifique du Tibet. Ce traité fait suite à la pénétration au Tibet de l'Armée populaire de libération en 1950.

figée depuis des siècles. Les Tibétains âgés, vêtus de leur tenue traditionnelle, y font encore leurs courses. Mais les habits de sport et les boutiques modernes remplacent peu à peu les dernières traces du passé.

C'est dans ce centre chargé d'histoire que je prends mes quartiers dans un ancien palais transformé en hôtel. Ce bâtiment, aux murs épais peints en blanc, dégage une âme qui me fait vibrer. Depuis des semaines, je traverse une Chine à l'architecture moderne. Les vieilles pierres me manquent.

Au cœur de Barkhor, le temple de Jokhang, premier monastère bouddhiste construit au Tibet, donne vie au quartier. Lieu particulièrement sacré, des centaines de pèlerins et de moines en robes bordeaux viennent accomplir leur chemin de prière dans une circumambulation autour du temple. La plupart avancent un moulin à prières à la main, les plus fervents en réalisant des *kjangchag*[29].

Dans ce lieu, l'âme du Tibet vibre encore, légèrement protégée des pressions politiques chinoises. Les Tibétains pratiquent librement leur religion dans des temples reconstruits pour ces usages[30].

Mais Pékin n'a pas oublié que cette latitude doit être encadrée. Le drapeau rouge flotte sur tous les bâtiments. La plupart des vieilles échoppes de cette rue circulaire sont transformées en boutiques de souvenirs tenues par des Hans. Enfin, des milliers de Chinois débarquent quotidiennement pour assister à ces processions, comme à un spectacle. Pour l'occasion, ils louent des costumes traditionnels et, sans respect pour

29 « Prosternations consistant à se jeter à plat ventre, à se relever et recommencer à l'endroit où les mains ou le front ont touché le sol. »

– *Wikipédia*, Wikimedia Foundation.

30 Lors de la révolution culturelle, la plupart des temples bouddhistes furent détruits. Depuis les années 1990, le gouvernement chinois leur redonne vie, pierre après pierre. Il faut avouer que le travail accompli est impressionnant, souvent réalisé avec goût. Il est parfois difficile d'imaginer que le temple que l'on découvre n'a que quelques années et non pas des siècles. Cependant, à l'inverse de la Russie qui reconstruit ses églises – suite aux destructions soviétiques –, dans une volonté d'offrir des lieux de prière à ses citoyens, la Chine semble pour sa part le faire autant, sinon plus, pour des raisons touristiques que religieuses. Le Tibet est en effet devenu une des destinations phares pour les touristes chinois qui recherchent de l'exotisme sans quitter leur pays.

les pratiques religieuses et encore moins pour les Tibétains, immortalisent leur venue au travers de selfies.

Sous les coups de cette marche forcée du tourisme, les us et coutumes s'effacent peu à peu. La culture han, qui afflue en masse depuis la gare ou l'aéroport, finira par achever la conquête du Tibet. Il est trop tard pour agir, le tourisme est une arme puissante.

Les infrastructures modernes sonneront également le glas du Tibet. Ketu est le premier à me l'avouer. Il aime le nouveau visage de son pays, avec ses routes, son chemin de fer et ses logements récents qui facilitent la vie quotidienne.

Avec la disparition des anciennes générations, la région autonome du Tibet terminera sa transition culturelle. Le peuple tibétain restera probablement croyant et pratiquant, mais il sera avant tout devenu chinois.

23

La route qui me conduit vers la frontière népalaise est stratégique pour l'empire du Milieu. Pont commercial avec le Népal, mais surtout avec l'Inde, le gouvernement chinois n'a pas lésiné sur les moyens pour sa construction. Il a investi des millions de yuans pour en faire un axe moderne et sûr qui permet aux camions de gagner de nouveaux marchés. Une seule ombre vient ternir ce tableau : les fréquents contrôles. Certains jours, nous franchissons plus de dix barrages.

Pékin vit avec la hantise d'émeutes en signe d'appel à l'indépendance du Tibet et avec la peur d'une émigration massive de Tibétains vers l'Inde et le Népal. Pour limiter ces risques, en complément d'une large présence policière et militaire, le gouvernement interdit aux Tibétains de s'approcher à moins de 100 kilomètres de la frontière – sauf autorisation spéciale. Pis encore, il les prive de passeport.

Ce document est un droit fondamental rappelé dans le Pacte international relatif aux droits civils et politiques de l'ONU. Si la Chine est bien signataire de ce pacte, elle ne l'a cependant pas ratifié et peut empêcher certains de ses ressortissants de posséder ce laissez-passer. Touchant la poche dans laquelle je garde mon précieux passeport, je réalise à quel point je suis chanceux d'être né en France.

Un jour, en dehors de la voiture, Ketu me raconte sa vie sans passeport.

« Depuis tout petit, je rêvais de rencontrer le dalaï-lama. J'avais onze ans lorsque l'occasion s'est présentée. Mon frère en avait dix-neuf. Il souhaitait quitter la Chine et m'a proposé de l'accompagner dans sa fuite. Nous avons grandi dans les montagnes et mon frère savait comment sortir de Chine en évitant les postes-frontières.

« Pendant trois jours, nous avons marché pour traverser l'Himalaya et entrer illégalement au Népal. Nous avions peur. Mon frère portait un couteau. En cas de face-à-face avec un militaire ou un policier, nous aurions été obligés de nous défendre, sinon nous aurions été abattus sans sommation.

« Nous avons gagné le Népal, puis l'Inde. J'y suis resté dix ans, hébergé par de la famille. J'y ai appris l'anglais et je me suis rendu à Dharamsala où j'ai pu rencontrer le dalaï-lama.

« Il y a quelques années, j'ai eu envie de revenir au Tibet. Je voulais revoir ma mère. J'ai à nouveau franchi la frontière à pied, par les montagnes. À Lhassa, j'ai trouvé ce travail de guide, alors je suis resté. Je parle bien anglais. C'est un avantage pour ce métier. »

En dehors de Lhassa et des grandes villes de la région, la vie semble s'être arrêtée. Hormis quelques drapeaux chinois qui flottent sur les fermes, la campagne n'a pas été atteinte par les effets de la sinisation. Le tourisme de masse n'a également pas encore gagné ces lieux reculés. La plupart des Chinois ne passent que quelques jours à Lhassa avant de repartir vers l'est.

Les villages n'ont pas bougé depuis des siècles. Ils sont bâtis autour de maisons aux pierres peintes en blanc, aux pourtours des fenêtres teints en noir, et aux toits-terrasses. Un charme plaisant se dégage de cette campagne. J'y trouve enfin l'esprit tibétain que je recherchais.

Ketu connaît quelques familles de la région et propose un arrêt chez une vieille dame. Elle habite un petit hameau de quelques dizaines de maisons au pied des montagnes. Sa demeure, à la façade blanche et noire, est construite au-dessus d'une étable. Les murs intérieurs sont peints en vert. Des *khatas* sont accrochés aux quelques étagères qui supportent les ustensiles de cuisine. De longs tissus rouges, sur lesquels des prières sont écrites en tibétain, décorent la pièce à vivre.

Dolma est une joyeuse grand-mère au visage ridé et buriné par le soleil et le froid. Elle porte un habit traditionnel, une robe grise aux motifs orange qui descend jusqu'à ses chevilles. Un poêle à bois lui permet de cuisiner le thé au beurre de yack, si populaire dans la région, avec des gestes similaires à ceux des Mongols des steppes. C'est la première fois que je trempe mes lèvres dans cette boisson. La texture est grasse, mais révèle un goût exquis de beurre qui me rappelle mon enfance.

L'existence de Dolma semble simple, bien loin de la vie hyperconnectée de la ville. Assis autour du poêle, je retrouve cette paix intérieure, cet apaisement que j'avais déjà perçu chez les Mongols du désert.

La traversée de la région autonome du Tibet se fait sous le signe de l'eau. Sur des centaines de kilomètres, je longe des rivières azur qui cheminent à travers des paysages de roches vierges. Des lacs de montagne, au bleu transparent, nourrissent leurs rives d'une herbe rase où yacks et chèvres paissent.

Sur ces immenses plateaux aux rivières abondantes issues de la fonte des glaces, mais au climat froid et sec, la civilisation han marque parfois son territoire. Elle y implante de gigantesques serres avec l'espoir d'y développer une production agricole qui pourrait définitivement abîmer ces dernières zones inexploitées de la planète.

Au fur et à mesure que je me rapproche des très hauts sommets de l'Himalaya, les paysages se font de plus en plus vierges. Les ultimes villes, avec leurs temples et leurs châteaux perchés à flanc de falaise, ne sont plus que des points sur l'horizon. Aucune âme ne vit dans ces steppes rudes ou dans ces montagnes enneigées. L'homme laisse sa place aux glaciers. Ces derniers, fragilisés par le réchauffement climatique, fondent à vue d'œil, comme un grand nombre d'entre eux sur notre Terre.

Je voudrais m'arrêter pour des jours, profiter de l'immensité dans cette nature parmi les plus belles que j'ai vues de ma vie. Mais, pressé par le programme et les permis, je dois avancer. La frontière népalaise approche. J'entame mes premiers cols à plus de 5000 mètres d'altitude. La raréfaction de l'air se fait ressentir. Chaque pas devient épuisant. Le souffle me manque. Enfin, le mont Everest se dresse devant moi. La tête dans les nuages, le roi des montagnes me salue.

Une route sinueuse goudronnée en excellent état, un ouvrage d'art impressionnant d'ingénierie, permet de gagner, sans effort, le camp de base de la face nord de l'Everest, situé à 5200 mètres d'altitude. La Chine a déboursé des milliards de yuans pour rendre ce lieu aisément atteignable.

Cette facilité d'accès a incité des entrepreneurs à y installer de nombreuses tentes en grosse toile avec poêle à bois, lits et couettes pour y accueillir une centaine de visiteurs par nuit. Malheureusement, dans cette précipitation liée à l'argent, ils ont oublié que ce lieu sauvage n'avait pas les infrastructures nécessaires pour absorber un tel flux de voyageurs. Sans station d'épuration, les excréments humains polluent les rivières. Sans système de ramassage des déchets ou d'incitation à repartir avec les ordures, les détritus jonchent le sol.

Conscient de cette problématique environnementale, le gouvernement a fermé l'accès au camp de base à tous les touristes, quelques mois après mon séjour. Cette décision, qui peut paraître excessive, permet au moins de préserver le site le temps qu'une solution pérenne soit trouvée.

En me rapprochant de la frontière népalaise, je me rendrai compte que l'État reboise massivement la région, principalement aux abords des rivières afin de stabiliser les terrains. Souvent critiquée pour son peu d'engagement envers le climat, il semble que la Chine souhaite réellement protéger une des dernières zones sauvages de son territoire.

Au camp de base de l'Everest, je ne peux résister à l'envie de sortir mon instrument. Le paysage est lunaire. Seule une petite rivière, alimentée par la fonte des neiges de l'Himalaya, redonne un peu de vie à la roche brute et sombre. Le site est envahi d'une brume au-delà de laquelle se cache le mont. Mon cerveau tourne au ralenti. Un mal de crâne dû à l'altitude me tape sur les tempes. Mes doigts sont engourdis par des températures qui frôlent le zéro degré Celsius. Mais jouer de l'alto au pied du toit du monde est un privilège qui se gagne. À la plus grande surprise des Chinois, j'affronte les éléments. J'interprète la première des six *suites pour violoncelle seul* de Bach dans ce lieu, en hommage à la nature, dans un défi avec moi-même. Trois minutes plus tard, je rentre sous une tente avec mon instrument. Mon corps souffre, mais mon alto vient vaillamment de faire son baptême de l'altitude. Envahi d'une douce mélancolie, je le remercie de m'être fidèle dans ce voyage.

C'est sur ces quelques notes que je quitte le Tibet pour rentrer au Népal. Denpa et Ketu me déposent à un poste-frontière perdu au milieu de nulle part, mais dont le bâtiment est digne des plus grands aéroports du monde. Encore une fois, la Chine marque sa puissance face au Népal si petit et si pauvre. Après d'ultimes vérifications d'identité et de mes bagages, je laisse enfin cette oppression des contrôles derrière moi. Un torrent sépare les deux pays. C'est à pied, sur une modeste passerelle de béton, que je franchis la frontière.

24

Il m'aura fallu des mois pour digérer le mal-être que j'ai pu éprouver en Chine, y mettre des mots, des mois encore pour synthétiser mes impressions, et quelques mois supplémentaires pour arriver à coucher ce tout sur le papier.

Si j'ai quitté cet immense pays avec un fort sentiment d'oppression, je crois que je ressors changé de cette aventure. J'ai mis beaucoup de temps à faire abstraction de mon jugement hâtif d'Européen sur le fonctionnement de la Chine, pour n'en garder qu'un ressenti et des explications dont je laisse le soin à mes lecteurs de se faire un avis. J'incite d'ailleurs souvent les personnes avec lesquelles je parle de la Chine à aller découvrir ce pays avec leur regard et d'essayer, si possible, de quitter les excursions officielles pour se faire leur propre opinion.

De manière assez extraordinaire, c'est encore une fois la musique qui aura été la clé de la compréhension de ma difficulté à appréhender cette nation et du mal-être qui en a découlé. En sortant de l'opéra chinois, nullement conquis par ce que j'avais entendu, je me suis rendu compte qu'une culture, pour s'apprécier, est le fruit d'années de contact avec la société, d'éducation, de découvertes, de lectures, de débats. Ces années d'immersion permettent d'adhérer instinctivement aux valeurs sous-jacentes. Le plongeon dans mon enfance, dans mon long apprentissage de la musique classique, m'a mis la puce à l'oreille. En entrant en Chine, j'avais surestimé ma capacité à embrasser facilement ce pays.

Il est relativement aisé pour un voyageur de s'imprégner d'une culture dont les valeurs sont proches de celles qui émanent de son éducation. La Russie, très européenne, me fut par exemple assez simple à appréhender. Cependant, cette immersion devient bien plus problématique lorsque les valeurs fondamentales sont éloignées, voire divergentes.

Les Français sont élevés dans la notion de liberté. Cette valeur de la République nous est enseignée depuis la maternelle. Elle prend la première place dans la devise de la France. Elle est le sixième mot de l'article premier de la *Déclaration des droits de l'homme et du citoyen* de 1789. Cet écrit a, par ailleurs, inspiré un grand nombre de textes dans les pays d'Europe, d'Amérique du Nord et même d'Amérique latine qui partagent, avec la France, cette valeur commune. Lorsque je voyage dans ces États, je perçois immédiatement cette notion de liberté. Je me sens un peu comme à la maison. Mais en Chine, cette valeur est lointaine. Je perds mes repères.

Le psychologue Shalom Schwartz définit douze valeurs universelles communes à toute l'humanité, dont l'autonomie, synonyme de liberté en philosophie morale. Dans sa théorie des valeurs[31], cette dernière n'a pas obligatoirement la même prépondérance au sein des multiples cultures que comprend notre planète.

En tant que Français, je perçois la liberté comme étant primordiale. À titre personnel, je lui attribue d'ailleurs une importance encore plus prononcée que certains de mes amis. Mais en Chine, cette valeur semble reléguée au second plan, après celles universelles de sécurité – ou de maintien de

---

31 Shalom H. Schwartz, « Les valeurs de base de la personne : théorie, mesures et applications ». In : *Revue française de sociologie*, vol. 47, n° 4, 2006, pp. 929-968.

l'ordre existant – et surtout celle de pouvoir – ou de maîtrise des menaces. Mon profond mal-être est donc né d'un conflit personnel entre la valeur de liberté, que j'estime essentielle, et celles de sécurité et surtout de pouvoir, que je considère comme moins prépondérantes.

Je crois que ce qui a également accentué mon trouble fut l'impossibilité d'en discourir avec la population. Une des bases de notre culture européenne est l'art de la discussion et de la réflexion qui prend ses sources dans la philosophie grecque. Même si la Chine a ses propres mouvements philosophiques, le débat n'y est pas incité.

Une question reste cependant en suspens : pourquoi le gouvernement continue-t-il de mettre en place chaque année une surveillance plus stricte ?

Entre mon premier séjour en Chine et ce dernier voyage, les contrôles sont devenus plus fréquents, presque généralisés par la technologie. Mais surtout, Pékin semble vouloir les accentuer avec, par exemple, la mise en place d'un système de notation individuelle qui autorisera ou non de prendre les transports ou d'aller à l'université en fonction de son comportement quotidien.

La Chine est un immense pays complexe que je ne peux prétendre comprendre et encore moins expliquer en seulement un mois de séjour, mais deux pistes de réflexion me paraissent intéressantes à partager.

Comme l'interprète le sociologue Michalis Lianos, dans une petite communauté, le poids social engendre des contraintes sur les manières d'être et de penser. En effet, un contrôle collectif exercé, par exemple par un grand-père ou un voisin, limite les actes déviants. Naturellement, ce contrôle communautaire disparaît lorsque l'individu quitte le groupe. Or, il note que l'on « observe une fuite de l'individu par rapport à la communauté »[32]. Les outils techniques d'inspection et de contrôle deviennent alors une manière de recréer une surveillance collective, tout en s'inscrivant dans une nouvelle dimension, celle d'une maîtrise d'une classe par l'autre.

---

32 Patrick Simon, Michalis Lianos. « Du contrôle social. Entretien avec Michalis Lianos ». In : *Mouvements*, vol. 62, n° 2, 2010, pp. 117-124.

Enfant suivant le cours de violon donné par Pia
de l'association *Sistema Højvangen*. Aarhus, Danemark.

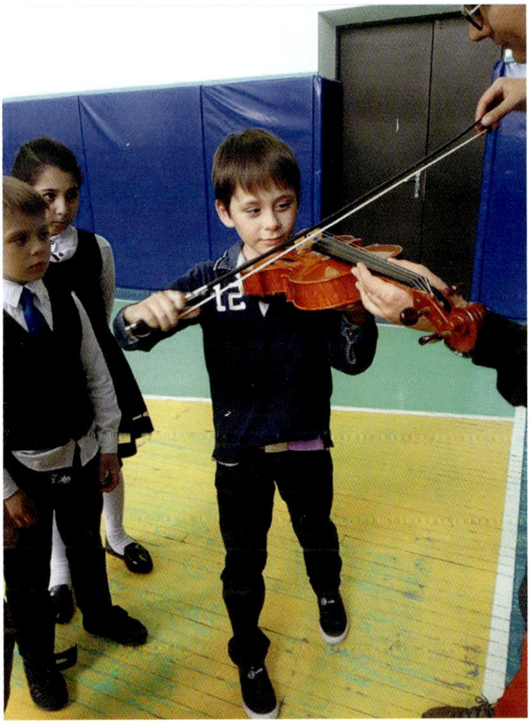

Enfant essayant mon alto dans l'école d'Aleksei.
Banlieue de Saint-Pétersbourg, Russie. *Photo A. Prilepin*.

Photos de l'auteur, sauf mention contraire.

Georges sur la place Rouge.
Moscou, Russie.

Danseurs saluant le public à la fin du ballet *Paquita*. Opéra de Iekaterinbourg, Russie.

Georges s'apprêtant à monter à bord du Transsibérien. Kazan, Russie.

Wagon de troisième classe avec couchettes sur la ligne du Transsibérien. Russie.

Vue sur le lac Baïkal depuis l'une des plages de l'île d'Olkhon, Russie.

Campement des amis de Sarantsatsral. Mini-Gobi, Mongolie.

Essai de mon alto par quelques enfants. Mini-Gobi, Mongolie.

Anniversaire de Kushi en compagnie de son mari, de Sabrina, et d'un gâteau très occidental qui a soulevé beaucoup de questions. Tünkhel, Mongolie.

Immenses dunes qui s'avéreront un enfer à gravir. Désert de Gobi, Mongolie.

Yourte et chameaux. Désert de Gobi, Mongolie.

Oasis où viennent se désaltérer chameaux, moutons et chevaux. Désert de Gobi, Mongolie.

Première des *six suites pour violoncelle seul* de Bach devant le lac Qinghai. Préfecture autonome tibétaine de Hainan, Chine. *Photo V. Touchard.*

Palais du Potala vu depuis la place de la libération pacifique du Tibet. Lhassa, région autonome du Tibet, Chine.

Dolma dans sa cuisine. Région autonome du Tibet, Chine.

Quelques notes d'alto sur les routes tibétaines. Région autonome du Tibet, Chine. *Photo E. Pomares.*

Drapeaux de prières flottant au vent sur les routes tibétaines. En arrière-plan, la chaîne de l'Himalaya et le mont Everest sous les nuages. Région autonome du Tibet, Chine.

Première des *six suites pour violoncelle seul* de Bach au camp de base du mont Everest. 5200 mètres d'altitude, Région autonome du Tibet, Chine. *Photo F. Séguin.*

Village du massif des Annapurnas entouré de champs de sarrasin en fleur. Népal.

Les filles, Kaushal et moi-même à Thorong *la*, point culminant du tour des Annapurnas. 5416 mètres d'altitude, Népal.

Première des *six suites pour violoncelle seul* de Bach sur un pont flottant bordant un temple bouddhiste. Chiang Mai, Thaïlande. *Photo M. Banse.*

Master class pour des élèves du *Chiang Rai Youth Orchestra.* Chiang Rai, Thaïlande. *Photo P. Odd Lerdkasem*

Interminable forêt d'eucalyptus
sur les routes australiennes. Victoria, Australie.

Georges devant le phare
du cap Reinga.
Île du Nord, Nouvelle-Zélande.

Plage le long des côtes du Northland.
Île du Nord, Nouvelle-Zélande.

Georges devant *Tāne Mahuta*,
le plus grand et le plus vieux kauri géant au monde.
Île du Nord, Nouvelle-Zélande.

Lac volcanique dans le parc national du Tongariro.
Île du Nord, Nouvelle-Zélande.

Première des *six suites pour violoncelle seul* de Bach devant le glacier et le lac Tasman. Île du Sud, Nouvelle-Zélande.

Danses polynésiennes au son des ukulélés lors de la bringue de fin d'année organisée par Vaite. Tahiti, Polynésie française.

Moais. Île de Pâques, Chili.

Champ de roche sur le flanc du plus haut volcan de l'île de Pâques qui s'avérera impossible à traverser à vélo. Chili.

Cratère du volcan Rano Kau qui abrite une biodiversité unique au monde. Île de Pâques, Chili.

Première des *six suites pour violoncelle seul* de Bach devant l'*ahu Akivi*.
Île de Pâques, Chili.
Photo J. Adams.

Vue sur la cordillère des Andes depuis le sommet du volcan Villarrica.
Région de l'Araucanie, Chili.

Ascension réussie du Villarrica pour fêter mes neuf mois sur la route.
Le port du masque à gaz est obligatoire pour limiter les risques liés aux vapeurs toxiques qui émanent de l'un des cratères les plus actifs du Chili.
Région de l'Araucanie, Chili.

Steppes, lac et monts enneigés caractéristiques du sud de la Patagonie chilienne.
Région de Magallanes et de l'Antarctique chilien, Chili.

Georges devant le Perito Moreno, l'un des plus vastes glaciers au monde.
Il s'étend sur plus de 30 kilomètres et son front mesure environ 5 kilomètres de longueur par 70 mètres de hauteur visible.
Province de Santa Cruz, Argentine.

Orques s'apprêtant à attaquer des phoques sur la plage.
Péninsule Valdés, province de Chubut, Argentine.

Chutes d'Iguaçu. Parc national d'Iguazú, province de Misiones, Argentine.

Même si Michalis Lianos formule ces propos dans le contexte démocratique[33], je les trouve transposables à ce que j'ai pu vivre en Chine.

Les comportements individualistes sont très marqués en Chine. Dès mon arrivée à Pékin, j'ai été frappé par ce peu de respect des Chinois envers leurs compatriotes. Ce manque de considération, particulièrement exacerbé au cœur des mégapoles, dans un environnement où le nombre démesuré d'habitants impose de se battre pour survivre, m'a semblé bien moindre à la campagne, dans un mode de vie plus communautaire. L'individualisme chinois couplé à une forte densité de population dans les cités pourrait donc offrir un terrain plus propice aux comportements déviants. Serait-ce une des raisons qui inciterait le gouvernement à toujours plus contrôler son peuple ?

Une autre piste possible pourrait se trouver dans le mode de développement économique de la Chine qui repose sur l'utilisation massive d'une main-d'œuvre ouvrière peu chère. Dans ce modèle, en contrepartie d'un salaire peu élevé, la croissance ouvre l'espoir à une ascension sociale qui pousse les travailleurs à s'épuiser à la tâche.

Ces dernières années, ce fonctionnement a permis l'émergence d'une classe moyenne forte. Cependant, la Chine commence à faire face aux problématiques des pays développés : ralentissement de la croissance et inflation. La classe ouvrière voit donc sa possibilité de progresser dans le système social réduite, tout en subissant une baisse de son pouvoir d'achat.

La pire difficulté qui se cache derrière cet appauvrissement serait l'incapacité des travailleurs à se nourrir. Pour la contrer, le gouvernement stimule la croissance interne par une incitation à la consommation de masse ou lance des politiques de grands projets. Mais cela ne pourrait durer qu'un temps.

La probable future première puissance mondiale fait donc face à des problèmes fondamentaux de société qui, s'ils ne

33 Il est intéressant de noter que pour Michalis Lianos la démocratie n'est pas « un régime de liberté, mais est un régime de domination, un mode de domination spécifique ».

sont pas résolus, pourraient mener à des révoltes au sein de la classe ouvrière. Le contrôle de ses citoyens est-il la piste privilégiée pour éviter ces conflits ?

L'Europe affronte également des difficultés fortes liées à une décroissance ou à des questions environnementales qu'elle ne peut plus nier. La crise sanitaire qui a soulevé le monde en 2020 est par ailleurs la source d'inquiétudes sur la manière dont est administrée l'Union européenne.

La réussite économique chinoise ou la relative bonne gestion initiale de la pandémie de covid-19 menée par ce pays interrogent les politiques. Le modèle de surveillance imaginé et mis en place par Pékin pourrait-il être une réponse efficace aux difficultés que traverse l'Occident ?

J'observe de plus en plus de contrôles en Europe. Bien qu'ils ne soient pas aussi systématiques qu'en Chine et que l'on y cherche un équilibre entre liberté d'action et protection, je pense que nous devons être très prudents à calquer des modèles chinois – et plus globalement asiatiques – à nos modes de fonctionnement. Nous n'avons pas les mêmes priorités dans nos valeurs fondamentales. Nous commettrions une erreur à privilégier le pouvoir et la sécurité sur la liberté[34].

Par le passé, nous avons facilement pu nous identifier aux États-Unis, dont les valeurs occidentales sont proches de celles des Européens, et imiter leur modèle de croissance. Cependant, nous devons être extrêmement vigilants et ne pas nous inspirer naïvement de la Chine. N'oublions pas que c'est la liberté qui nous a construits et qu'en la bridant, les frustrations individuelles pourraient resurgir à terme, dans un bouleversement bien pire que ne le sont les crises actuelles.

---

34 En Europe, il est à noter que la Russie a introduit un système généralisé de reconnaissance facial en 2021 dans le métro de Moscou. Bien que le modèle politique russe soit très différent des modèles ouest-européens, la culture y est néanmoins profondément européenne, particulièrement à Moscou.

25

♪ Thème traditionnel – Thèmes népalais
sur instruments du *panche baja*

La veille de mon entrée au Népal, le climat et les paysages se métamorphosent. Franchissant les sommets de l'Himalaya, je quitte les hauts plateaux tibétains arides pour gagner le versant sud de la plus imposante chaîne de montagnes du monde. Une végétation tropicale envahit ces terres chaudes et humides.

Au cœur de cette verdure luxuriante, un petit canyon sauvage dessine la frontière naturelle entre le Népal et la Chine. Il y coule un torrent bruyant. Au-dessus de cette eau en furie, une frêle passerelle de béton armé, rouillée par les années, relie ces deux pays. C'est la première fois de ma vie que je franchis une frontière à pied. Dans un monde où l'on a l'habitude de prendre l'avion et d'effectuer les formalités douanières à l'aéroport, je savoure cet instant suranné.

De l'autre côté du pont, le décor change brutalement. Je laisse derrière moi, avec joie je dois l'avouer, la modernité technologique et les infrastructures flamboyantes chinoises pour pénétrer dans un écrin qui semble appartenir au passé. Le poste-frontière est formé d'un simple petit cabanon au toit de tôle, sans murs. Sous cette protection contre la pluie, une longue table en bois constitue le bureau des contrôles où trois militaires sont en poste. Il n'y a aucun ordinateur et encore moins de caméra ou de machine de scan des bagages. La route qui débute dans ce canyon n'est pas goudronnée. Elle ressemble à une piste lessivée par les précipitations.

Assis sur une chaise en plastique blanc, un militaire me demande mon passeport. Lentement, il le vérifie et recopie, à la main, sur un grand livre, mon nom et mon numéro d'identité avant de fouiller rapidement mon sac. Son contrôle terminé, il m'invite à emprunter la route de terre qui serpente le long du torrent pour rejoindre le poste de formalité administrative, où je pourrai acquérir mon visa. Ma première randonnée au Népal débute au milieu de falaises majestueuses. À peine ai-je effectué quelques pas que la joie me submerge. J'aime déjà ce pays où tout est plus léger. Je ressens la puissance des montagnes qui m'entourent. Je n'ai qu'une hâte, m'y perdre.

Après de longues minutes de marche, je gagne un petit hameau et dépasse, sans même l'apercevoir, le poste de formalité, un cabanon le long de la route. Un agent des douanes y sommeille. Je lui adresse un bonjour qui le réveille et lui demande :

« Je voudrais un visa pour trente jours.

– Parfait, cela fera quarante dollars américains.

– Je n'ai pas de dollars, il ne me reste que des yuans, cela pourrait convenir ? »

Il sort une calculatrice et applique un taux de change défiant toute concurrence par le haut.

« Oui, pour trois cents yuans », me répond-il de manière nonchalante. Et il ajoute, pour se justifier :

« La vie est de plus en plus chère, il faut ensuite que j'aille échanger les yuans contre des dollars. C'est assez compliqué à faire. »

Il sait que je n'ai pas d'autre choix que d'accepter sa proposition. Il n'y a pas de magasins et encore moins d'office de change dans la région.

Je lui tends les billets. Il les recompte puis ouvre un tiroir d'où il sort une grande boîte en fer. À l'intérieur, il récupère un autocollant et l'appose sur une page de mon passeport. Sur ce dernier, il ajoute à la main ma date d'entrée, signe et termine les formalités par un coup de tampon. Enfin, il recopie mon identité sur un grand livre.

À l'heure de l'informatique et de l'Internet, ce passage de frontière me paraît désuet, mais idyllique. Jamais je n'ai pénétré dans un pays aussi simplement. Je respire. Je me sens bien. La pression chinoise retombe enfin. Je m'apaise.

Un vieux bus indien réalise l'unique transfert quotidien vers la capitale. Haut sur roues et très rustique, sa carrosserie est ornée de dieux et déesses hindous. Comme souvent au Népal, les chauffeurs élèvent au rang de maîtresse leur outil de travail. Alors, pour la satisfaire, ils font appel à des peintres qui décorent camions et bus aux couleurs d'un club de football ou d'une divinité. Cette personnalisation extrême donne à la route de jolies nuances et la transforme en un musée à ciel ouvert d'œuvres d'art roulantes.

Rajesh, le chauffeur, attend que son véhicule soit suffisamment rempli pour quitter le hameau. Ce principe de réservation ne permet pas de savoir quand le bus partira et encore moins quand il arrivera. Mais les Népalais ont une philosophie de vie bien plus apaisée que les Occidentaux. Ils donnent le temps au temps.

Finalement, après une heure d'attente, Rajesh estime qu'il a assez de passagers. Il m'invite à monter à bord et lance son bolide dans la centaine de kilomètres qui le sépare de Katmandou, pour un trajet court et banal sur la plupart des routes du monde, mais qui va se transformer en une aventure de plus de onze heures.

Au Népal, la conduite est un art. Le chauffeur, l'artiste, est toujours accompagné d'un copilote, son élève. Celui-ci hèle les clients, encaisse les tickets et aide aux manœuvres avec une technique digne des plus grands musiciens. Il signale à son maître, par des frappes sur la carrosserie, qu'il peut faire démarrer son engin et, par un sifflement, que le bus passe ou non entre deux véhicules ou entre un rocher et la paroi.

Le chauffeur, pour sa part, communique au klaxon avec ses confrères. Cela lui permet, en particulier, d'indiquer son désir de doubler. Pour ce faire, il applique un Code de la route qui peut se résumer comme suit : s'il souhaite dépasser un véhicule sans visibilité, parce qu'il se trouve par exemple dans un virage, il actionne deux fois son avertisseur sonore. Le conducteur qui le devance lui répond alors avec une mélodie inspirée du morse pour lui indiquer s'il peut doubler ou non.

Les routes népalaises s'apparentent à de longues pistes boueuses abîmées par les fortes pluies de la mousson, parfois envahies d'éboulis. Sur ces chemins délicats, les chauffeurs dirigent leur autobus en ayant constamment un œil sur la falaise dans l'espoir de pouvoir freiner avant un affaissement de terrain et d'éviter ainsi la mort. Les passagers sont également acteurs de la conduite. Ils observent les parois avec inquiétude, commentent, donnent leur avis, dans une joyeuse ambiance.

Décontenancé par ces pratiques, je panique lors des premiers kilomètres. À plusieurs reprises, le bus manque de rentrer en collision frontale avec un camion qui nous aurait plongés dans le précipice. Finalement, je me détends.

Rajesh connaît son métier mieux que moi. Je décide de lui faire confiance et me concentre sur le paysage et la vie à bord.

Les bus népalais sont de hauts lieux de discussions. La grosse banquette à l'avant constitue le siège préféré des passagers qui s'y entassent parfois à six ou huit. Elle permet de discuter avec le chauffeur et de partager les dernières nouvelles. Dans une conversation sans fin qui m'impressionne, Rajesh parlera et rira avec les voyageurs pendant onze heures, sous la protection d'un dieu hindou suspendu au rétroviseur.

Sur certaines sections, la route est tellement boueuse que le bus s'enfonce et patine. Alors les passagers deviennent des contrepoids mobiles. Rajesh nous invite à nous déplacer vers l'arrière du véhicule pour aider les roues avant à se dégager de terre.

Dans cette joyeuse organisation, la vitesse moyenne, lorsque l'autobus roule, est d'environ 30 kilomètres par heure. Une allure bien suffisante, qui laisse le temps au regard de se perdre dans la beauté des paysages népalais. Entre rivières torrentielles remplies d'une quantité impressionnante d'eau, forêts tropicales, montagnes, ponts suspendus, brume, neiges éternelles sur les sommets de l'Himalaya, rizières, villages grouillant d'activité ou animaux sur la route et dans les champs, il y a beaucoup à voir. Le Népal est un petit pays qui fourmille.

En milieu de journée, après un arrêt pour se restaurer où je déguste avec les doigts mon premier *dal bhat*, un riz accompagné d'une soupe de lentilles, notre trajet est momentanément interrompu. La route s'est effondrée sous l'action d'un glissement de terrain. L'éboulis a dû se produire des heures avant notre arrivée. Une file impressionnante de camions et de bus s'est formée. Au loin, j'aperçois deux pelleteuses. Elles éliminent les roches qui barrent le chemin. En contrebas, des centaines de Népalais sont mobilisés dans la rivière. Ils récupèrent, à la main, de la terre pour la remonter par camion vers la chaussée et la consolider.

Habitué à ces contretemps, Rajesh éteint le moteur. Sans l'ombre d'un énervement, les passagers sortent du bus. La vie se réorganise autour de cet évènement. Quelques vendeurs proposent à manger et à boire. Les Népalais discutent ou font une sieste à cette heure chaude de la journée. La route est calme. Seul le ronronnement de l'eau de la rivière perturbe la tranquillité du lieu.

Après une pause indéterminée, le trafic reprend doucement. Pour leur part, les excavatrices se rendent un peu plus loin, sur un autre éboulis. Le Népal a investi dans une armée de pelleteuses qui sillonnent les chemins de terre, déblaient, tassent et reconstruisent les routes en permanence. Elles donnent à chaque déplacement un petit air d'aventure qui me fait vibrer, mais soulignent la rudesse de cette vie dans les montagnes que les habitants ont appris à accepter et à dépasser avec philosophie.

26

Je n'aime pas particulièrement les villes, surtout lorsqu'elles sont grouillantes d'activité. Je décide néanmoins de poser mon alto pour quelques jours à Katmandou. Je suis épuisé physiquement de la traversée du Tibet, fatigué psychologiquement de mon voyage en Chine. Je rêve par ailleurs de partir randonner dans les mythiques montagnes de l'Himalaya et dois préparer ce périple.

Pour ce séjour, je loge dans une auberge fort agréable. La chambre, très simple, aux murs vert jade, est équipée d'un lit et d'une petite table. Au sol, une vieille moquette marron semble avoir été posée il y a quarante ans. Dans le couloir, une salle de bains commune permet de prendre une douche lorsqu'il y a de l'eau. L'établissement est calme et régulièrement nettoyé. Je me contente de peu. Tranquillité et propreté sont les deux luxes que j'apprécie.

L'auberge est située au cœur de Thamel. Ce vieux quartier commerçant a séduit les hippies dans les années soixante et est aujourd'hui devenu le haut lieu d'hébergement et de restauration de la capitale. Il attire chaque année des milliers de visiteurs pour quelques nuits. Pour la première fois de mon voyage, je prends plaisir à séjourner dans une zone très touristique. Je suis à la recherche de repos. Mes papilles se réjouissent de pouvoir manger népalais, mais aussi de se perdre dans le confort de la cuisine européenne en dégustant de bonnes viennoiseries ou des pizzas.

Marcher dans Thamel est une activité plaisante. Le quartier est en constante effervescence avec ses nombreuses boutiques qui vendent des étoffes, des objets religieux ou de la nourriture. Des milliers de Népalais viennent y faire leurs courses. Les axes principaux sont perpétuellement noirs de monde. Le sol est couvert de pavés en terre cuite, souvent inondés par de grandes mares d'eau. Il fait chaud. Je me promène en sandales, oubliant les flaques impossibles à éviter. Elles ont le mérite de rafraîchir mes pieds.

En dehors des grandes voies, les ruelles sont calmes. Je me délecte du silence qui les occupe. Autour de moi, des immeubles de quatre ou cinq étages, en brique rouge, constituent les habitations de centaines de familles. Entre chaque bâtiment, des fils de télécommunication ou d'alimentation électrique zigzaguent et créent un ciel artificiel où les Népalais suspendent des drapeaux de prières.

Le quartier, comme la totalité de la ville de Katmandou, a beaucoup souffert lors du tremblement de terre de 2015. Trois ans après ce drame, la ville semble avoir repris ses droits. Seule la place du Darbâr, qui comprenait un ensemble architectural de palais royaux et de temples hindous, est encore balafrée par ce séisme.

La culture qui me saute aux yeux est bien différente de celle qui se cache derrière la barrière naturelle qu'est l'Himalaya. Katmandou a toujours été proche de l'Inde. Son influence y est perceptible. La religion hindoue, avec ses nombreux temples qui parsèment la ville, domine sur le bouddhisme tibétain. Le sari, aux couleurs chatoyantes, habille merveilleusement bien les femmes qui se promènent dans la rue. Enfin, la gastronomie népalaise, avec ses plats végétariens à base de curry, de riz et de lentilles, m'évoque bien plus la cuisine indienne que tibétaine.

L'Inde est un pays que j'appréhende fortement. Sa densité de population et le bruit permanent des villes m'effraient. Alors, j'apprécie d'autant plus le Népal. Je touche à la culture indienne dans un calme agréable.

Au détour d'une promenade, je gagne le temple de Pashupatinat, l'un des sites les plus sacrés de l'hindouisme. C'est au pied de cet édifice aux murs blancs et au toit doré, construit au dix-septième siècle au bord du fleuve Bagmati, qu'ont lieu les crémations.

Lorsque je pénètre dans l'enceinte du temple, l'ambiance est sereine. M'approchant de la rivière et découvrant trois corps en cours d'incinération, je suis soudain empreint de tristesse en observant la mort sous mes yeux. Pourtant, étrangement, je ne ressens pas l'envie de pleurer. Le lieu est plein de fêtes et de couleurs dans cette pause avant la réincarnation, avant la vie.

Quelques semaines avant mon départ, ma grand-mère choisit de rejoindre un autre royaume. Elle souffrait de la maladie d'Alzheimer depuis plusieurs années et, probablement sans percevoir que son petit-fils s'en allait pour un long voyage, elle décida d'entreprendre le sien. C'était peut-être mieux ainsi. Je pus soutenir mes proches et lui dire au revoir avant d'entamer le mien. L'enterrement fut célébré dans une église sordide sur fond de paroles morbides. Heureusement, le soleil brillait. L'océan était calme et resplendissait. L'après-midi familial à la terrasse d'un café fut doux, la chaleur de l'environnement emplissant mon âme.

Contemplant les rituels funéraires hindous, je ressens cette même sérénité, cette délicatesse entre peine et apaisement. La lumière des cérémonies égaie mon cœur et adoucit l'épreuve de la mort.

En centre-ville, je plonge dans l'histoire contemporaine du Népal. En 2008, la monarchie népalaise est abolie et la République démocratique fédérale du Népal proclamée. Le palais Narayanhiti, ancien siège du pouvoir royal, aujourd'hui transformé en musée, témoigne de ce passé. Dans cet édifice en béton couleur saumon construit à la fin des années soixante par un architecte étasunien, à la salle du trône qui ressemble à une tour de contrôle d'un aéroport, un drame a révolutionné ce petit pays.

Entre 1996 et 2006, le Népal est en proie à une guerre civile. Une guérilla d'inspiration maoïste mène un mouvement de lutte contre la pauvreté et les inégalités. Elle chasse les représentants des parties proches du gouvernement, abolit le système de castes et améliore les droits des femmes. En 2001, la monarchie encore au pouvoir est affaiblie. Le roi, la reine, leurs enfants et l'un des deux frères du souverain sont abattus dans le palais Narayanhiti. Cet acte est officiellement attribué à l'un des fils du monarque qui aurait retourné l'arme contre lui après le massacre. Cependant, d'autres sources évoquent que le prince Gyanendra, second frère du roi, absent ce jour-là, aurait ordonné cet assassinat, lui permettant de s'emparer du pouvoir.

Lorsqu'il monte sur le trône en 2001, il dissout le Parlement et renforce la monarchie. En 2006, la pression de la rue poussée par la guérilla maoïste le contraint à renoncer à la plupart de ses pouvoirs. Une assemblée constituante est élue en 2008 et abolit la monarchie. En 2015, Bidya Devi Bhandari, une femme membre du parti communiste népalais, devient la présidente de la République. Elle met fin à près de vingt ans de troubles et de transition.

À cette histoire intérieure mouvementée, s'ajoutent des pressions internationales. De nombreux fleuves et rivières indiennes prennent leurs sources dans les montagnes népalaises et se jettent dans le Gange. Le Népal est à l'Inde ce que le Tibet est à la Chine, un gigantesque réservoir d'eau potable.

Depuis 2006, l'Inde voit d'un mauvais œil la perte de contrôle qu'elle exerçait sur le Népal au travers d'une monarchie souvent qualifiée de fantoche. Alors, régulièrement, la plus grande démocratie du monde rappelle aux Népalais son emprise sur ce pays. Elle organise des blocus commerciaux ou des coupures d'électricité.

« Nous souhaitons être indépendants », me témoignera un jour Krishna, un Népalais d'une soixantaine d'années.

« Nous avons été soumis à l'Inde pendant des années. Les habits, les voitures, tous les objets du quotidien sont importés d'Inde. L'ouverture vers la Chine, grâce au parti communiste népalais, nous permet de prendre un peu d'indépendance. Bien sûr, l'Inde n'apprécie pas notre émancipation. Alors elle nous a coupé le gaz ou l'électricité. Mais je ne crois pas que ce geste ait été bien calculé. Bien au contraire, de nombreux Népalais se méfient aujourd'hui un peu plus du gouvernement indien.

« Je ne dis pas que nous devons nous lier avec la Chine. Il faut également que nous restions sur nos gardes face à cette superpuissance. Mais un équilibre entre l'Inde et la Chine pourrait nous être profitable.

« Notre histoire est loin d'être terminée. L'ancien roi Gyanendra souhaite revenir au pouvoir. Il est indirectement soutenu par l'Inde. La Chine propose, pour sa part, de prolonger à ses frais le train de Lhassa jusqu'à Katmandou, un ouvrage titanesque qui passerait sous l'Himalaya et qui pourrait changer définitivement nos relations commerciales. »

Lorsque Krishna prononce ces derniers mots, je ressens comme un violent coup de massue sur la tête. Si cette ligne de chemin de fer se concrétise, non seulement les relations commerciales seraient bouleversées, mais également la culture du pays. J'imagine des millions de touristes débarquer en train. J'anticipe la disparition des saris. Je vois Katmandou subir le même sort que Lhassa.

Cette marche inexorable de la mondialisation m'attriste. Même si elle est synonyme de développement pour le Népal, ce dont je ne peux que me réjouir, elle se fait au prix d'une uniformisation des sociétés. Claude Lévi-Strauss écrivait déjà en 1955 : « L'humanité s'installe dans la monoculture »[35]. Je ne peux que le rejoindre. J'ai conscience, en tant que voyageur, de participer à cette transformation en apportant mes codes et ma pensée. Je l'expérimente dans le quartier de Thamel où, à côté de la cuisine népalaise, je peux déguster des hamburgers. Mais il n'en reste pas moins que cette marche inéluctable me rend nostalgique de la diversité multiculturelle des peuples du monde qui s'effrite. D'autres richesses sont créées, mais ce mouvement très ancien, inexorable, qui remonte à des millénaires, aux premiers échanges commerciaux, me donne parfois envie de repartir dans le passé.

27

J'adore randonner. Ne pas le faire au Népal serait comme omettre de grimper à la tour Eiffel en venant visiter Paris.

35 Claude Lévi-Strauss. *Tristes Tropiques*, Plon, 1955.

En ce plein mois d'août, les températures élevées permettent de monter en altitude sans équipement grand froid. Mais la mousson, comme j'ai pu l'expérimenter sur les routes, rend les chemins difficilement praticables. Il me faut donc trouver un sentier en bon état, sur lequel je puisse randonner seul, sans risque. Les conseils des Népalais sont unanimes. Je peux parcourir le Haut Mustang, vallée très sèche en cette saison, ou tenter le tour des Annapurnas sur lequel, même si la saison n'est pas idéale, je devrais rencontrer quelques marcheurs.

Je vibre en entendant le mot Mustang. Je sens le désir me pousser à aller cheminer dans cet ancien royaume longtemps fermé aux touristes. Mais le Haut Mustang est encore un petit bijou qui se mérite, ou plutôt s'achète. Pour préserver sa culture unique, le gouvernement limite l'accès à la vallée à quelques centaines de randonneurs par an, moyennant un permis d'un coût de cinq cents dollars. J'approuve complètement cette décision qui offre de protéger ce lieu du tourisme de masse, questionnant quand même le modèle de filtre très capitaliste – mais il faut bien faire rentrer des dollars au Népal – et me résous à remettre cette visite à un autre voyage. Je prouve ainsi, par l'exemple, que le système fonctionne. Je n'ai pas le budget.

Le tour des Annapurnas est une randonnée mythique, aussi connue que les chemins de Saint-Jacques-de-Compostelle. Elle est extrêmement empruntée en octobre-novembre, des mois secs où il ne fait pas encore trop froid. Mais en cette période de mousson, quasiment aucun randonneur ne se risque à marcher deux à trois semaines sous la pluie en parcourant des chemins boueux, à ne pas voir les sommets des Annapurnas recouverts de nuages et à faire la connaissance de sangsues. Néanmoins, il m'en faut plus pour me décourager.

Je confie à mon auberge tout le matériel que je n'emporte pas avec moi, en particulier mon alto que je laisse avec regret. Je ne me vois pas le porter à la main à plus de 5000 mètres d'altitude sous une pluie battante. Je me procure quelques pastilles de purification d'eau – l'expérience de la Mongolie m'a marqué – et fais établir un permis de trek.

Alors que je reviens de ces formalités, Ranjan, un vieux vendeur de rue, m'accoste et me propose une flûte népalaise. J'achète rarement des souvenirs de voyage. Cependant,

Ranjan m'attrape par les sentiments et touche ma corde sensible de musicien.

« Je n'ai rien vendu aujourd'hui, me dit-il. Si tu acquiers une de mes flûtes, le karma me permettra d'en vendre d'autres. C'est une flûte de trekking, elle est très légère, tu peux l'amener partout avec toi. »

Puis il se met à jouer. Le son est doux et m'enchante. Je réfléchis.

« Je laisse mon alto à l'auberge. Mais cette flûte, pourquoi est-ce que je ne l'emporterais pas autour des Annapurnas ? Elle est légère, idéale pour une randonnée ! »

Alors que je suis quasiment certain de l'acheter, Ranjan me propose un tarif tellement compétitif qu'il me convainc de son honnêteté. La transaction est conclue.

Plus tard dans la journée, je le recroiserai au même endroit. Il m'accostera et m'annoncera, avec un grand sourire :

« J'ai vendu d'autres flûtes grâce à toi ! Merci ! »

Je quitte Katmandou au petit matin pour rejoindre le village de Besisahar situé non loin du départ de la randonnée. Les routes n'ont pas changé en une semaine. Je retrouve un quotidien fait d'éboulis, de glissements de terrains, de klaxons et de pelleteuses. Les paysages sont toujours aussi luxuriants. Le bus roule au cœur de vallées dessinées par des rivières chargées d'eau qui façonnent les flancs des montagnes garnis d'une végétation tropicale au vert intense. Je suis heureux de retrouver cette flore après un séjour dans une capitale envahie de poussière.

Le trajet est court en distance, mais il faut compter six heures de route en plus de la traditionnelle pause repas. Dans le bus, les Népalais discutent comme à leur habitude. Au fond, quelques places sont occupées par un groupe d'Occidentales. Je tends l'oreille et distingue quelques mots en français. Des Françaises ! Elles sont sept amies étudiantes en médecine et voyagent trois mois entre le Sri Lanka, l'Inde et le Népal avant de commencer leur internat. Elles vont randonner autour des Annapurnas et ont loué les services d'un guide qui les rejoindra en soirée. La discussion s'enclenche. Comme souvent lorsque je rencontre d'autres voyageurs, les conversations se focalisent sur les lieux déjà visités. On s'échange des bons plans, des avis, des recommandations. Elles me parlent de l'Inde, du Rajasthan qu'elles ont adoré.

En évoquant le tour des Annapurnas, elles s'étonnent que j'y aille seul. J'ai l'habitude, et je prends plaisir à marcher en solitaire. Mais il est vrai que pour ce trek, j'espère rencontrer quelques autres randonneurs, au moins pour franchir le plus haut col à un peu plus de 5400 mètres d'altitude. D'un commun accord, elles proposent que je me joigne à elles.

À Besisahar, le temps est gris. La pluie se met à tomber. Dans ce village de quelques maisons le long d'une rue en terre, l'atmosphère devient triste. En déambulant dans l'unique artère, j'essaie de me faire une idée du nombre de marcheurs qui pourrait s'élancer sur le chemin le lendemain. Mais le hameau est désert. Seuls quelques Népalais affrontent les gouttes pour aller faire des courses à l'épicerie. Je ne croise aucun touriste. Le tour des Annapurnas est vide de randonneurs en cette période de mousson. Il faut que je me rende à l'évidence, je risque de rencontrer peu de monde et ce groupe de Françaises est une bénédiction si je veux franchir le col en sécurité. Elles ont en plus fait appel à un guide et, si je pars avec elles, j'ai une équipe de médecins avec moi. Peut-être est-ce l'achat de la flûte, le karma, qui me les a mises sur ma route ? Ma décision est prise. C'est donc accompagné de sept Françaises et de Kaushal, un jeune Népalais trapu au visage souriant et tanné par le soleil que je commence la randonnée.

Le tour des Annapurnas est un chemin qui entoure le massif de l'Annapurna dont le sommet, le mont Annapurna I, culmine à un peu plus de 8000 mètres d'altitude. Cette mère de la plénitude, comme l'appellent les habitants de la région, nourrit des milliers de villageois qui se répartissent dans une cinquantaine de hameaux autour du massif. Le sentier de randonnée est donc avant tout un chemin de vie, la route qui unit ces villages et les relie au monde.

En cette période de l'année, les habitants passent le plus clair de leur temps dans les champs. Entre 2500 mètres et 3500 mètres d'altitude, la culture du sarrasin prédomine et illumine de ses fleurs roses les versants verdoyants.

Durant les quelques mois touristiques, les randonneurs apportent une source complémentaire de revenus aux familles qui ouvrent leurs portes pour les héberger et les nourrir. Alexandre Poussin et Sylvain Tesson, qui ont parcouru à pied plus de 5000 kilomètres dans l'Himalaya, critiquent d'ailleurs fortement ce chemin et ses « horribles lodges rutilants » qui proposent des pâtisseries tous les 100 mètres[36].

Pour ma part, ne me définissant pas particulièrement comme aventurier, j'apprécie ce confort de ne pas avoir à dormir en tente, sous une pluie battante, et de pouvoir manger d'excellents repas. Les auberges sont en effet bien agréables, souvent installées dans de vieilles bâtisses en pierre. L'atmosphère y est chaleureuse autour de la cuisine agrémentée de grandes tables en bois et de son poêle qui réchauffe la pièce. Après des heures à randonner, le lieu est apaisant et le traditionnel *dal bhat*, réconfortant. On y reprend de l'énergie, on se sèche de la pluie et l'on récupère pour attaquer la journée du lendemain.

Il faut avouer que j'apprécie d'autant plus ce trek que les filles, Kaushal et moi-même, sommes bien souvent les seuls sur les chemins ou dans les quelques auberges ouvertes. En haute saison, Kaushal nous explique que la vie est bien différente.

« Les hébergements sont pris d'assaut, nous dit-il. Tu dois partir tôt le matin pour espérer avoir une place dans un gîte. Et bien souvent, il n'y a même plus de lit pour que je puisse dormir. Alors je me couche dans la cuisine, au pied du poêle. Les autres guides et les Sherpas font de même. »

Je comprends mieux les critiques d'Alexandre Poussin et de Sylvain Tesson. Si j'avais expérimenté le chemin quelques mois plus tard, je pense que j'aurais probablement ressenti une forte crispation, qualifié ce sentier d'autoroute à touristes, et aurais fui au plus vite ce lieu.

Les mots de Kaushal me provoquent également la montée d'un sentiment d'injustice et de tristesse. J'ai du mal à accepter que des Occidentaux fassent appel à des Sherpas qui s'usent le dos à transporter des objets souvent inutiles. Mais je comprends encore moins qu'ils les laissent dormir, avec les guides, à même le sol. Qui sommes-nous pour agir ainsi ?

Nos premières heures de marche se déroulent sous une brume dense. Les paysages sont verdoyants. À randonner,

---

36 Alexandre Poussin, Sylvain Tesson. *La Marche dans le ciel: 5 000 km à pied à travers l'Himalaya*, Robert Laffont, 1998.

il fait rapidement chaud. J'enlève quelques couches de vêtements. Kaushal nous observe pour se faire une idée de la capacité physique de notre groupe. Les kilomètres d'ascension s'enchaînent à merveille. La troupe est solide, motivée, et les discussions vont bon train. Nous nous efforçons de parler anglais pour inclure Kaushal dans nos débats ou nos étonnements. Nous le harcelons de questions sur les plantes ou les animaux que nous croisons. À d'autres moments, le groupe est plus calme. Chacun est emporté par ses pensées. La marche est propice à la réflexion. Je l'expérimente encore une fois.

Le chemin est net, bien entretenu. La mousson ne l'a pas trop dégradé. De temps en temps, nous recevons quelques gouttes d'eau, mais la météo est clémente en ce premier jour. Sur notre gauche, nous apercevons le massif des Annapurnas formé de parois gigantesques qui montent à n'en plus finir et dont les sommets enneigés se noient dans les nuages. À leur pied, la végétation s'étale à perte de vue.

En fin d'après-midi, nous arrivons dans un petit village où nous passons la nuit. Il s'apparente à tous les hameaux des montagnes avec sa rue unique en terre, son épicerie qui vend quelques produits de première nécessité, ses moulins à prières et sa dizaine de maisons aux murs de pierres peints en blanc, ou simplement laissés à nu. Internet n'a pas encore conquis ces villages, pour mon plus grand bonheur. Nous renouons avec les jeux de société avant d'aller dormir.

Les journées de marche vont se ressembler. Vers 8 heures du matin, après un solide petit-déjeuner, nous nous mettons en route pour cinq à neuf heures de randonnée. À la montée, Kaushal évite de nous faire gravir quotidiennement plus de 500 mètres de dénivelé positif afin de limiter les risques de malaise lié à l'altitude. Marcheur aguerri, il enchaîne les kilomètres sans pause. Il faut le supplier de s'arrêter, à l'heure du déjeuner, pour un petit en-cas composé généralement de *momos*.

Nous randonnons bien souvent seuls sur les routes, croisant parfois quelques Sherpas qui transportent des bouteilles de gaz, du ciment ou un bout de toit en tôle. Ils vont et viennent d'un village à l'autre, acheminant des produits au service des habitants de la région. Ils ne semblent pas crouler sous le poids de ces charges lourdes. Leur pied se pose avec assurance, ils marchent vite. Passés 5000 mètres, ils continuent de cheminer comme si de rien n'était, nullement affectés par la raréfaction de l'oxygène, poussant jusqu'à fumer une cigarette en avançant.

Au milieu de ces villages, de ces Sherpas et de cette organisation plutôt routinière, les paysages varient extrêmement rapidement d'une journée à l'autre. Ils ne laissent nullement place à l'ennui. Dans ce petit pays d'à peine 200 kilomètres de largeur, je passe, en moins d'une semaine, des forêts tropicales les plus denses aux panoramas les plus arides. L'évolution est saisissante.

Les premiers jours, je chemine au cœur d'une végétation luxuriante avec ses arbres gigantesques, ses fougères arborescentes, ses bananiers, ses manguiers, ses oiseaux, ses papillons et bien évidemment ses moustiques et ses sangsues. Dans les villages, je croise des poules ou des chèvres. Puis le climat, bien qu'humide, devient moins chaud. Les forêts sont moins denses, constituées de quelques pins. Les terres sont propices à l'agriculture. La végétation tropicale est remplacée par des champs de maïs et de sarrasin. Passé 4000 mètres, seule de l'herbe, de plus en plus rase, arrive à se développer. Elle fait le bonheur des yacks venus se rafraîchir à ces altitudes. Enfin, lorsque je touche au toit du monde, plus rien ne pousse. Le paysage est rocailleux. Le chemin de randonnée serpente dans une nature morte où la vie ne se risque pas.

Le franchissement de Thorong *la*[37], le point culminant du tour des Annapurnas, est une journée un peu particulière. Kaushal nous réveille au petit matin vers 3 heures et demie pour la plus haute ascension de mon histoire.

Je suis épuisé. Cela fait deux jours que je suis malade à cause d'une intoxication alimentaire. La veille, j'ai souffert de gravir seulement 500 mètres de dénivelé. J'ai passé la journée à l'arrière de notre groupe, traînant comme un âne qui ne veut pas avancer. Les filles sont inquiètes, car le planning est chargé. Nous devons faire l'ascension d'un peu plus de 1200 mètres. La veille, elles ont été attentionnées, me prodiguant quelques médicaments. Mais comme toujours dans un tel état, j'opte pour un remède miracle que je retrouve partout

37 « *La* » signifie « col » en népalais et en tibétain.

dans le monde, même à plus de 4000 mètres d'altitude au Népal, une boisson à base de cola. Le choc de la caféine, et surtout du sucre, me réveille et apaise mes maux d'estomac.

Kaushal me regarde dans les yeux et me demande si je ressens des lancinations à la tête. Mon état pourrait être dû au mal des montagnes. Mais non, je n'ai pas de douleur au crâne. Je n'ai pas ce sentiment d'avoir bu trop d'alcool que j'avais pu éprouver au camp de base de l'Everest. Mon estomac me joue des tours, au plus mauvais moment.

Kaushal me tape dans le dos pour m'encourager. Il semble avoir lu dans mon regard que je vais grimper.

L'ascension commence. Nous devons franchir des centaines de mètres de dénivelé dans un pierrier. Je pose un pied devant l'autre, sans vraiment réfléchir. Je me concentre sur la marche de Kaushal. À cette altitude, je sens que chaque enjambée m'épuise. Mon souffle s'accélère. Je dois me forcer à avancer à petits pas.

La nuit fait doucement place au jour alors que nous approchons du col. Kaushal nous a fait nous lever tôt pour que nous puissions admirer les sommets dégagés de tout nuage après cette nuit fraîche, sans pluie. L'horizon est parsemé de monts enneigés sur lesquels les rayons du soleil se reflètent pour venir m'enlacer et me réchauffer. Je m'arrête. Je pose mon regard sur cet infini et me charge de milliers d'images en quelques secondes, tel un appareil photo que l'on aurait laissé en mode rafale.

Le temps est sec et le mercure frôle les 2°C. Kaushal nous invite à reprendre la marche pour ne pas nous refroidir.

Après des heures, épuisés et essoufflés, nous atteignons le col. Une bouffée d'euphorie m'envahit. J'oublie le mal de ventre et la fatigue. Je viens de poser le pied à 5416 mètres d'altitude. Je suis aux anges et profite de l'instant. Il est peu probable que je revienne souvent à de telles altitudes.

La descente est plus facile. Le corps ayant moins d'efforts à fournir, la respiration reprend son rythme quasi normal. Les paysages changent à une allure folle. Les premières herbes réapparaissent et se transforment en une lande semblable à celle des Highlands où quelques vaches et chèvres broutent en nous regardant passer. Enfin, après neuf heures de marche, nous arrivons aux abords d'un petit village, les pieds dans une rizière.

Comment ai-je pu, en quelques heures, côtoyer des sommets enneigés et une rizière? J'ai l'impression de rêver. Le Népal m'a offert l'un de ses plus beaux tours de magie. Je l'en remercie en m'effondrant dans un lit.

C'est avec nostalgie que j'entame la dernière journée de randonnée avec les filles et Kaushal. Un peu plus d'une semaine intense, ponctuée de nombreux instants de joie, vient de s'écouler. Ces dix jours ont défilé trop rapidement, agrémentés de débats sur le monde, de repas, de rires, de jeux de société le soir dans les auberges, de quelques notes stridentes à la flûte que je ne parviens pas à faire sonner convenablement, et bien sûr de marche dans des paysages grandioses. C'est la seconde fois de ce périple que je réalise un bout de chemin avec d'autres voyageurs. Je m'en réjouis. Comme avec Jia et mon frère, j'ai renoué avec le bonheur de partager un moment de vie, un plaisir simple qui me manquait tant au début de ce tour du monde. Néanmoins, à l'inverse de ces premières semaines à traverser l'Europe, je ressens ce jour-là le besoin de reprendre seul ma route. Le voyage en solitaire s'est peu à peu insinué en moi. J'ai hâte de le retrouver.

En attendant, je profite intensément de cette journée. Les paysages continuent d'évoluer à une vitesse impressionnante. Ils deviennent très secs. Nous apercevons au loin le début du Haut Mustang, aride, traversé par une petite rivière. L'architecture des maisons de pierres change. Les traits des visages des Népalais sont différents. Je me rapproche du Tibet. Un instant, j'ai envie de bifurquer vers cette vallée pour continuer de randonner, elle m'appelle. Mais je la laisse derrière moi, me faisant la promesse d'y revenir un jour.

Nous poursuivons vers le Bas Mustang. La végétation reprend ses droits et l'agriculture également. Les champs sont recouverts de pommiers. Les ruisseaux deviennent des rivières et la vie humaine se densifie. La civilisation moderne fait son apparition matérialisée par une route où circulent quelques camions. Le choc est rude. Après des jours à ne pas voir de véhicule, je suis quelque peu déstabilisé par cette rencontre.

C'est ici que je laisse les filles et Kaushal monter dans un bus. Je ressens le besoin de marcher encore quelque temps dans ce massif, loin de la civilisation.

À nouveau seul, j'entame deux jours de randonnées à longer la rivière qui dessine le Bas Mustang. Il y coule une eau vive dans un bruit assourdissant qui finit par être fatigant. Le flot, avec une force prodigieuse, emporte tout sur son passage. Parfois, des parois de falaises s'effondrent. Le sol tremble et un grondement sourd résonne dans la vallée qui me fait sursauter. Dans ces instants, une légère panique me gagne. Je lève la tête et espère ne pas me trouver en dessous du pan qui s'écroule.

La mousson est destructrice dans cette partie du Népal. Si j'ai été relativement épargné par les intempéries au cours des derniers jours, il n'en est pas de même sur ce sentier. La pluie se met à battre de manière continue.

Après des heures de marche, le chemin plonge sous l'eau. Au lieu d'une digue, un lac immense se dresse devant moi. Un léger désespoir me gagne. Je ne peux plus avancer.

Deux Népalais, chaussés de bottes en caoutchouc, viennent à ma rencontre. Ils habitent une maison au bord de ce lac et me regardent, éberlués. Aucun randonneur ne passe en cette saison.

« Si tu veux franchir ce chemin, tu dois aller tout droit. La digue est recouverte de soixante-dix centimètres d'eau. C'est normal que tu ne la voies pas, mais elle est là. Elle fait environ un mètre de large. Attention à ne pas la quitter, car tu as des mètres d'eau à gauche et à droite », m'expliquent-ils.

Devant mon air peu convaincu, ils s'arment de grands bâtons et se mettent à traverser afin de me montrer le chemin. Je sens le stress monter. Si je pose un pas en dehors de la digue, c'est la noyade assurée. L'eau est grise de boue. Elle atteint ma mi-cuisse. Je ne vois pas mes pieds et avance à l'aveugle. Je me demande quand cela va s'arrêter. Des vaches nous regardent traverser et décident de nous suivre. Si elles paniquent, elles pourraient nous foncer dessus.

Mon cœur palpite. Mais pourquoi est-ce que je me mets toujours dans de telles situations ? Pourquoi ne puis-je pas faire les choses simplement ?

Finalement, la traversée se fait sans encombre. La tension redescend. Je continue mon chemin, précédé des vaches, après avoir chaleureusement remercié mes deux guides pour cette traversée. Ils m'ont évité un détour d'une journée.

Le lendemain, le sentier se dégrade au fil des heures avant de prendre fin brusquement, emporté par des coulées de boue. Je dois me résigner. Je n'ai qu'une seule solution, gagner la route dangereuse avec ses véhicules à la conduite originale pour finir ma marche.

Par chance, cette piste de terre à l'état effroyable, labourée par les camions, est fermée à la circulation. Un immense éboulis à l'entrée de la vallée du Bas Mustang la rend impraticable. Seuls quelques véhicules tout-terrain la parcourent.

Sans motivation, je m'y élance. Je m'enfonce à mi-mollet dans une boue pâteuse pendant des heures. Des Népalais, privés de bus, cheminent également sur ce bout de route afin de poursuivre leurs activités. La marche reste le moyen de déplacement le plus sûr, particulièrement en cette période de mousson.

Ce soir-là, je m'arrête à Tatopani, un village connu pour ses sources thermales. Épuisé par cette journée éreintante et inintéressante, je passe deux heures au bord d'un bassin dont l'eau surgit naturellement à 45°C. Je n'ai plus envie de marcher et décide, devant cette piscine, de terminer ici ma randonnée. Le massif des Annapurnas m'a montré ce qu'il avait de plus beau. Il est temps de le quitter.

28

Trente-huit degrés Celsius, une humidité difficilement supportable. Un soleil de plomb me tape sur la tête. Je transpire à grosses gouttes. J'ai laissé les Annapurnas derrière moi pour descendre dans le sud du pays, dans le parc national du Chitwan, à quelques dizaines de kilomètres de la frontière indienne.

Premier parc national du Népal, cette réserve naturelle abrite une jungle où vivent des centaines de variété d'oiseaux, des rhinocéros, des tigres ou des éléphants. Je suis bien loin des images que j'avais en tête du Népal avec ses hauts sommets enneigés.

Dans le petit village de Sauraha qui borde le parc, aucun habitant ne se risque à déambuler dans les rues sous cette chaleur accablante. Seul, je me dirige vers un centre de reproduction d'éléphants. Quittant le village et ses rizières qui l'entourent, je longe la rivière qui traverse cette jungle. Sur les rives, quelques Népalais vivent dans des maisons en bambous tressés. Des crocodiles se dorent au soleil pendant que des buffles, nullement inquiétés par ces reptiles féroces, se rafraîchissent dans l'eau.

Pour me rendre au centre de reproduction, je dois franchir la rivière. Une pirogue, véritable service de transport public local, attend d'éventuels passants. M'apercevant, le batelier me fait signe de m'installer à l'avant de son embarcation. L'instant est déconcertant. J'ai l'impression de me trouver en Afrique ou en Amazonie. Les paysages, les animaux, le bateau, rien ne me semble appartenir au Népal.

Emporté dans cette rêverie, je ne prends même pas conscience que je suis déjà arrivé sur l'autre rive. En quelques gestes, avec une longue perche qu'il plante au fond de la rivière, telle la pigouille des Maraîchins poitevins[38], le piroguier m'a conduit à destination.

J'admire depuis mon enfance les éléphants. Cet animal à la force tranquille a bercé mon imaginaire. Dans ce sanctuaire, au milieu de la jungle, j'espère y trouver des pachydermes heureux, protégés du braconnage, libres de profiter de leur espace de vie naturel.

Malheureusement, si les éléphants sont bien préservés, le centre me fend le cœur. Une dizaine de femelles et leurs petits sont enchaînés sous des toits de tôle et se nourrissent de régimes de bananes. Le gardien m'explique qu'ils ne sont lâchés dans la jungle qu'en journée, et qu'ils sont rentrés en soirée pour les protéger. J'admire le travail de ce centre aux moyens très limités. Une réelle passion de la préservation de la nature anime les quelques employés qui le gèrent. Mais je m'attriste que l'homme soit obligé de créer de tels sanctuaires pour se prémunir de son désir destructeur. Quand saurons-nous enfin respecter celle qui nous nourrit ?

---

38 Perche utilisée pour faire avancer les embarcations traditionnelles dans les zones marécageuses des départements français de Vendée, des Deux-Sèvres et de Charente-Maritime.

Perdu dans mes pensées le soir au village, m'inquiétant de plus en plus de la pression qu'exerce l'homme sur son environnement, une image me redonne du baume au cœur. Un rhinocéros a quitté la jungle pour venir se restaurer dans les rizières. Cet énorme animal avance de sa démarche tranquille. Il dégage un air de puissance qui ne donne pas vraiment envie de l'approcher.

Un habitant m'explique, avec désarroi, que ce rhinocéros est un habitué du village.

« Il vient souvent nous rendre visite. C'est un des seuls qui n'a pas vraiment peur des humains. En cette saison, il adore dévorer les jeunes pousses de riz. Il fait des dégâts dans les plantations et nous prive de récoltes. Alors on tape sur des casseroles, on le klaxonne, mais il n'en a rien à faire, il mange ! »

La scène est extérieurement assez cocasse. Le rhinocéros se moque des bruits des habitants et déguste paisiblement cette herbe délicate. Au plaisir que je ressens de voir un de ces rois de la jungle, s'ajoute un sourire intérieur lorsque je le regarde et qu'il semble me dire :

« Mais pourquoi ne me laissent-ils pas me nourrir tranquillement ? »

Cependant, un drame se produit sous mes yeux. L'animal détruit la principale source d'alimentation des villageois. L'équilibre entre la nature sauvage et l'homme est fragile. Je l'expérimente encore une fois ce soir-là.

29

Avant de quitter le Népal, je rêve d'une chose, y jouer un peu d'alto en signe d'au revoir et de remerciement au pays.

De retour à Katmandou, après plus de trois semaines de voyage sans mon instrument, c'est avec grand plaisir que je retrouve mon compagnon de route et que je l'emporte à Bhaktapur.

Ancienne capitale économique et politique du pays, située à une quinzaine de kilomètres de Katmandou, Bhaktapur reste, aujourd'hui, un haut lieu religieux avec ses nombreux monastères. Le temple Nyatapola est un des édifices les plus connus de cette ville. Construit sous forme de pagode en brique, on y accède par un gigantesque escalier encadré de statues de lions et d'éléphants. Je trouve le lieu merveilleux, l'endroit parfait pour y jouer quelques notes.

Les musiciens de rue ont beaucoup de courage, car il est extrêmement difficile de s'installer sur un morceau de trottoir, de sortir son instrument et de se mettre à interpréter quelques pièces sous les regards jugeurs des passants. Pour avoir pratiqué l'exercice de nombreuses fois depuis l'âge de dix ans, je suis toujours autant impressionné et timide lorsque j'ouvre la boîte de mon alto.

Devant ce temple, je ressens cette même angoisse. J'aime le lieu, je m'y sens bien, mais les premières notes sont hésitantes. Je perçois le poids du regard des Népalais qui s'interrogent sur ce que je suis en train de faire. Un flottement plane au-dessus de ma tête. Le temps ralentit. Enfin, la magie se produit. Je me sens bien. Un groupe de scolaires s'approche et m'écoute. Les Népalais interrompent leurs activités. Les sourires émergent. Les notes fusent. La musique s'écoule. Le temps s'arrête.

Lorsque je pose mon alto, les applaudissements retentissent et me replongent dans la réalité. J'étais parti par la pensée dans l'Himalaya, dans ces images que je ne veux pas oublier.

Je propose aux enfants d'essayer l'alto. Un émerveillement illumine tous les regards. Je suis assailli par une vingtaine de jeunes qui désirent jouer quelques notes. Les enfants du monde sont tous les mêmes. Je l'expérimente encore une fois. La curiosité naturelle les anime. Un immense sourire se dessine sur mon visage. Je ne pouvais pas rêver d'un plus beau moment pour clôturer ce séjour népalais.

C'est avec nostalgie que je tourne la page du Népal, dans ce pays qui a su prendre soin de moi après un voyage éprouvant en Chine. La magie de ses paysages et la gentillesse de ses habitants auront été la source d'un bonheur simple et sincère. J'ai appris à profiter d'un lever de soleil ou du souffle du vent. J'ai appris à ne pas m'inquiéter et à être patient. Avec le temps, les solutions apparaissent comme par enchantement. Alors je me dis qu'en plus de m'avoir apaisé, le Népal m'a peut-être enseigné l'essentiel de la vie en me montrant l'importance de donner le temps au temps.

En sortant du Népal, j'ai écrit la phrase suivante sur mon carnet de voyage: « Le temps est une des conditions pour parvenir à ce que je cherche. »

Ces mots, probablement écrits dans un éclair de conscience sur moi-même, résonnent aujourd'hui comme une évidence. Plus de deux ans après les avoir couchés sur le papier, je sais que le temps que j'ai pris pour ce tour du monde, cette parenthèse de vie, m'a apporté un apaisement profond qui m'aide à réinventer mon existence.

30

♪ Beatles – *While My Guitar Gently Weeps*
Wicked Music People, George Town Festival, 2018

La nuit vient de tomber lorsque j'atterris à Kuala Lumpur. C'est la première fois de ce voyage que je prends l'avion. La Malaisie, plaque tournante aéroportuaire asiatique, s'est imposée comme escale obligatoire dans mon trajet vers l'Australie.

Je n'affectionne pas particulièrement les traversées aériennes, car elles me parachutent dans une culture sans transition. Le train, le bateau et le bus m'ont permis une douce et belle continuité de Paris jusqu'au Népal. Mais pour rejoindre l'Australie, je n'ai pas trop le choix, je dois m'envoler à un moment ou à un autre.

Le choc est violent à ma sortie de l'avion. L'aéroport est ultramoderne, climatisé, rempli de boutiques. Il ressemble à n'importe quel centre commercial occidental ou asiatique. La Malaisie veut marquer les esprits dès l'arrivée. Le pays est riche, moderne, organisé.

À l'extérieur, même en cette heure tardive, l'air est extrêmement chaud et humide. Cette chaleur, similaire à celle de la jungle népalaise, va m'accabler pendant mes semaines en Asie du Sud-Est et s'avérera éreintante.

J'ai rendez-vous, en banlieue de Kuala Lumpur, avec un couple qui a proposé de m'héberger. Après presque deux mois sans séjour chez l'habitant, je renoue avec le plaisir de CouchSurfing.

Kirra, la quarantaine, est une Malaisienne d'origine chinoise au sourire perpétuel. Passionnée d'arts martiaux, de chant et de cuisine occidentale, elle travaille en tant que représentante commerciale pour une entreprise française et connaît particulièrement bien la culture de l'hexagone. Son mari, Élias, également d'origine chinoise, est un homme de taille moyenne, joufflu et très posé. Il passe le plus clair de son temps à réparer de vieilles voitures. Insensible à la cuisine occidentale qu'élabore sa compagne, il se met volontiers aux fourneaux pour préparer des plats malais ou chinois avec grand art.

Pour me rendre à leur domicile, j'emprunte un bus moderne et climatisé. Les autoroutes sur lesquelles je circule sont larges, goudronnées et en très bon état. Le Népal, avec ses vieux véhicules et ses pistes de terre, me paraît déjà bien loin. Avec nostalgie, je repense aux aventures que vivent les Népalais pendant que je file sur un bitume lisse, inintéressant. Assis sur un siège confortable, l'ennui me gagne. Les Malaisiens regardent leur téléphone et ne prononcent aucun mot. Les longues discussions entre Népalais laissent place à l'individualité silencieuse.

Kirra et Élias résident au cœur d'une jolie banlieue de Kuala Lumpur formée de maisons de plain-pied entourées d'espaces verts. Leur habitation est simple, le mobilier minimaliste. Elle m'évoque les demeures japonaises. De grandes baies vitrées donnent sur le jardin et la cuisine installée en extérieur, sous un préau.

« Il fait chaud toute l'année, m'explique Kirra. Nous sommes bien mieux à préparer les repas dehors. Cela évite de réchauffer la maison et d'y laisser des odeurs. »

À mon arrivée, Kirra et Élias me proposent d'aller dîner. Minuit vient de sonner, mais en Malaisie, comme je vais vite le découvrir, il n'y a pas d'heure pour manger. Le pays vibre aux odeurs de cette passion commune qu'est la cuisine.

État de trente millions d'habitants, la Malaisie est à la confluence maritime entre l'Inde et la Chine. Sa culture, et en particulier sa gastronomie, a donc fortement été influencée par les navigateurs, commerçants et travailleurs venus s'installer depuis des siècles dans ces terres équatoriales. Restaurants malais, chinois ou indiens se côtoient et se mélangent pour la plus grande richesse du pays et de mes papilles. Kirra et Élias, en hôtes attentionnés, ont prévu un programme gastronomique chargé. Je vais passer le week-end en leur compagnie à goûter à une multitude de plats.

Les restaurants de rue occupent une place de choix dans la cuisine malaisienne. Ils constituent, à eux seuls, la majorité de l'offre de restauration du pays. Ils sont, le plus souvent, regroupés sous des marchés couverts. On y mange sur des tables et chaises en plastique. Chaque petite boutique a sa spécialité et l'on passe d'un restaurant à l'autre pendant la soirée en fonction de son appétit et de ses désirs. C'est dans un de ces marchés que je teste un des mets favoris des Malaisiens, l'*Air Batu Campur*. Surnommé ABC, ce dessert est constitué d'une glace pilée accompagnée de graines de palmier, de haricots rouges et de maïs doux. Un mélange explosif en bouche qui ne me laisse pas indifférent, sans pour autant que j'en tire une réelle satisfaction gustative.

Un soir, Élias, désespéré par la cuisine occidentale de sa femme, me traîne dans sa voiture.

« Viens, on va aller manger de la vraie nourriture. »

Dix minutes plus tard, nous débarquons dans le plus grand marché de Malaisie qui s'étale sur 2 kilomètres et demi. On peut y acheter des fruits et des légumes à n'en plus finir et surtout savourer des centaines de plats préparés. Les odeurs qui s'en dégagent sont agréables, j'ai envie de goûter à chaque mets.

« C'est ça la cuisine ! » me dit-il avec un petit sourire aux lèvres.

Kirra, en passionnée de gastronomie occidentale, dispose de deux gigantesques réfrigérateurs dont l'un est réservé aux produits étrangers. Lorsque je l'ouvre, je suis complètement abasourdi. Il est rempli à ras bord de moutarde de Dijon, d'herbes de Provence et de centaines de mets que je ne connais pas.

« Avec mon travail, j'ai souvent l'occasion de voyager. Alors, dès que je suis en Europe, en Nouvelle-Zélande ou en Australie, je rapporte des produits alimentaires », me confie-t-elle devant mon air interloqué.

« Viens ! me dit-elle, m'emmenant à l'extérieur. Regarde, je fais pousser des tomates, des mangues, des bananes, des avocats, du basilic. Tout mon jardin n'est consacré qu'aux végétaux comestibles. D'ailleurs, tu ne voudrais pas jouer un peu de musique à mes plantes ? Parfois, je chante pour elles. Je suis sûre qu'elles aimeraient. »

La proposition me déstabilise un instant. Me ressaisissant, je lui réponds :

« Que dirais-tu d'une séance d'improvisation ?

– Oh, mais c'est une super idée ! »

Kirra est enchantée. Elle sort son téléphone et filme mon premier récital pour public végétal que j'aborde avec le sourire. Mon auditoire ne me huera pas ce soir-là.

Élias, comme beaucoup de Malaisiens, suit la politique avec intérêt. Dans cet État indépendant depuis à peine soixante-dix ans, les citoyens attachent beaucoup d'importance à la bonne gestion du pays. Il me parle avec passion de Mahathir Mohamad, Premier ministre de 1981 à 2003, qui sut donner à la nation son envol économique.

« Mahathir Mohamad est un homme moderne et visionnaire. C'est lui qui a lancé tous les chantiers d'envergure pour conduire le pays vers une plus grande indépendance. Il a insufflé la création du constructeur automobile Proton et a mis en route le projet des tours Petronas, à l'époque, les plus hautes tours du monde. Grâce à lui, la Malaisie s'est transformée et modernisée. Mais depuis, nous sommes confrontés à un certain nombre de scandales.

« Il y a quelques mois, une affaire de corruption a poussé le Premier ministre vers la sortie pour détournement de millions de dollars impliquant potentiellement la Chine et les États-Unis. Ce scandale a soulevé la Malaisie et ramené au pouvoir Mahathir Mohamad à l'âge de quatre-vingt-douze ans. La manière dont se sont déroulées les élections est le fait le plus incroyable de cette histoire.

« Les expatriés n'auraient normalement pas pu exprimer leur choix sur le nouveau Premier ministre, car les délais étaient trop courts pour que leurs votes soient acheminés par la Poste. Certains ont reçu leur bulletin par courrier la veille des élections et devaient le renvoyer en Malaisie en moins de vingt-quatre heures. Le gouvernement savait que les expatriés risquaient de voter contre le parti en place. Alors ils ont volontairement fait traîner les envois des bulletins. Mais partout autour du monde, des Malaisiens se sont rassemblés pour collecter les votes et les ramener, en main propre, dans le pays, en avion et à leurs frais. »

Rebondissant sur ce scandale financier, je lui demande ce qu'il pense de l'influence de la Chine en Asie. En riant, il me répond :

« Tu sais, je suis d'origine chinoise, comme environ 25 % des Malaisiens. J'influe un peu, à ma manière, sur la Malaisie. » Puis il reprend plus sérieusement.

« La Chine est extrêmement présente en Asie. C'est la plus grande puissance locale, elle a beaucoup d'argent et investit partout.

« Regarde ce qui se passe en Indonésie. Le Japon a perdu un appel d'offres pour le train à grande vitesse parce que la Chine a accepté de prendre tous les risques financiers. Aucune garantie n'a été demandée à l'État indonésien. L'Indonésie pourrait ne jamais payer la Chine, et la Chine semble s'en accommoder. Comment rivaliser ?

« En Malaisie, Proton a été racheté par une entreprise chinoise en 2017. C'est la loi du marché. Hier, nous étions anglais, demain nous serons peut-être chinois », conclut-il avec philosophie.

Quelques semaines plus tard, à bord d'un bus entre Malacca et Kuala Lumpur, je fais la rencontre de deux Malaisiens, Hamid et Bukhari. Hamid est un homme d'âge mûr, trapu, de confession musulmane. Son voisin, Bukhari, la cinquantaine, se définit comme agnostique. Ils parlent tous les deux de religion et d'immigration sans tabou. Voyant que je les écoute, ils m'invitent dans leur débat. Pour la première fois de ce voyage, j'entame une discussion sur des sujets délicats, dans un transport public, avec des étrangers. Cette liberté de parole dont Hamid et Bukhari font preuve, et qu'ils m'encouragent à suivre, me surprend. En France, dans un pays qui prône pourtant le droit d'expression, il me serait difficile d'observer une telle liberté de discours. Par ailleurs, c'est la première fois en Asie que je constate une réelle passion pour la politique et les sujets de société. Une exception qui me réjouit[39].

Hamid et Bukhari sont critiques, mais s'expriment avec tolérance et ouverture d'esprit. Ils n'hésitent pas à remettre leurs propres idées en question. Le débat est riche. Je les interroge pour en apprendre plus sur la Malaisie. Le sujet s'oriente autour de la colonisation. Bukhari me donne son point de vue:

«Les Européens nous ont colonisés à partir du seizième siècle. Les Portugais, les Hollandais puis les Anglais ont injecté beaucoup d'argent et d'énergie en Malaisie pour la transformer à leur image et s'enrichir grâce au négoce.

«Aujourd'hui, les Européens sont moins présents. C'est au tour de la Chine de venir à nouveau y commercer. Les Chinois investissent massivement dans les plantations pour leur propre consommation comme les Anglais l'ont fait avec le thé. Bien évidemment, ils imposent leurs codes, de la même manière que les Européens ont construit leurs églises et édicté leurs lois. Nous devons donc nous adapter à ces nouvelles règles du jeu. La collaboration avec la Chine est inévitable et nous pouvons en tirer de la valeur pour notre pays[40]. Il faut savoir s'associer avec le bon partenaire. Demain, cela sera peut-être avec le Brésil.»

31

La présence européenne en Malaisie remonte au seizième siècle. La position géographique idéale de ces terres, à

39 Cette exception me questionne également. Est-ce parce que la Malaisie fut une colonie britannique, et qu'elle s'est ainsi indirectement imprégnée de valeurs occidentales, que la réflexion s'apparente aujourd'hui plus à celle de l'Europe que de l'Asie?

40 Il est à noter que les Chinois, tout comme les Indiens, sont présents depuis des siècles en Asie du Sud-Est, principalement pour des raisons commerciales, l'Asie du Sud-Est étant sur les routes terrestres et maritimes entre l'Inde et la Chine. Le gouvernement chinois réaffirme donc, aujourd'hui, une présence séculaire.

mi-chemin par voie maritime entre l'Inde et la Chine, amène les Portugais à fonder un premier port militaire dans la ville de Malacca en 1511. Presque un siècle et demi plus tard, en 1641, les Hollandais, également intéressés par la situation stratégique de Malacca, assiègent et prennent la ville aux Portugais. L'histoire malaise reste alors relativement calme. C'est à partir de 1786 que les Britanniques, convoitant eux aussi ces territoires, décident de s'implanter en Malaisie. Ils s'installent sur l'île de Penang et fondent la ville de George Town. Peu à peu, et jusqu'au vingtième siècle, ils vont mettre la main sur l'ensemble du pays. Cette mainmise se fera ou directement, en créant des colonies, ou indirectement en conseillant les sultans des différents États malais.

Pendant la Seconde Guerre mondiale, les Japonais prennent le contrôle, à vélo, de la Malaisie et de l'île de Singapour. Cette invasion audacieuse par les terres, au milieu de la jungle équatoriale qui recouvre le pays, permet aux Japonais d'être plus agiles qu'avec des chars et de surprendre les Britanniques. Redevenue territoire anglais à la fin de la guerre, la Malaisie gagnera son indépendance en 1957.

Ces cinq siècles d'histoire mouvementée ont profondément marqué le paysage de la Malaisie. Ce pays à la culture déjà très riche, rencontre de l'Inde, de la Chine et d'un système de sultanats qui émerge vers le quinzième siècle, se pare alors de nouvelles couleurs. Au bouddhisme, à l'hindouisme et à l'islam s'ajoute le christianisme. Aux langues malaises, indiennes et chinoises se joint l'anglais. Le thé, si cher aux Britanniques, conquiert les terres fertiles. Enfin, l'architecture évolue. Les forts militaires européens défendent les ports. Des églises chrétiennes sont bâties.

Lorsque je quitte Élias et Kirra, ce n'est donc pas un bus que je prends, mais une machine à remonter le temps qui me plonge dans la riche histoire de la Malaisie et m'émerveille. Rarement dans mes voyages j'ai pu observer un mix culturel aussi foisonnant, un patchwork de traditions, d'art, de langues et de religions qui semble si fusionnel et parfaitement fonctionner.

Enfin, un matin, la machine décide de me propulser aux temps reculés où le pays n'était pas encore peuplé.

Le vent marin caresse mon visage et me rafraîchit. Je suis à bord d'un petit ferry qui m'emporte vers Pulau Ketam.

Cette île du crabe, comme la nomment les habitants, abrite une communauté de pêcheurs qui résident dans des maisons sur pilotis.

Autour de moi, des dizaines d'îles sauvages sont recouvertes de mangrove[41]. C'est la première fois de ma vie que je fais la rencontre avec cet écosystème maritime fragile. Des palétuviers centenaires trempent leurs racines dans l'eau de mer et constituent une immense toile d'araignée. Elle stabilise le sol marécageux et offre un abri à des milliers de crabes et poissons. Des oiseaux profitent des hautes branches pour se reposer avant de prendre leur envol pour pêcher quelques animaux marins.

Je fais un bond en arrière, à l'époque où la Malaisie était vierge de présence humaine, plus de dix mille ans avant notre ère. J'observe avec passion cette mangrove. Je me plais à regarder les crabes courir se mettre à l'abri d'un trou, sentant le sol vibrer à mon approche. J'épie des poissons munis de pattes, qui marchent délicatement sur la vase, de vrais extraterrestres. J'écoute le clapotis de l'eau sur les branches. Je profite de l'ombre d'un palétuvier pour m'assoupir pendant les chaudes heures de l'après-midi. Je suis, un instant, hors du temps, hors de la civilisation.

De retour sur le continent, cette échappée intemporelle se poursuit. Dans cet État mégadivers[42], je côtoie des jungles millénaires. Je roule vers le centre du pays, vers Cameron Highlands.

Il fait bon vivre à Cameron Highlands, particulièrement en cette saison chaude. Le climat est frais au sein de ces massifs qui culminent à 1600 mètres d'altitude. Les Anglais ont rapidement perçu l'intérêt de cette zone. La douceur les a incités à transformer ce territoire en lieu de villégiature. L'humidité et

---

41 Après l'Indonésie, la Malaisie est le second pays d'Asie à posséder la plus importante surface de mangrove.

42 « Expression utilisée par les biologistes pour définir un pays qui détient la majorité des espèces et est considéré comme un des plus riches États de la planète en matière de diversité biologique. Il n'existe que dix-sept pays mégadivers au monde. »
– *Wikipédia*, Wikimedia Foundation.

l'ensoleillement des terres les ont convaincus de défricher les forêts pour y planter du thé.

En sortant du bus, je plonge dans une atmosphère mélange de passé colonial britannique et de culture gastronomique malaisienne. Des petits cottages aux formes anglo-normandes avec leurs murs à colombages et leurs toits de tuiles rouges côtoient des restaurants de rue et des marchés remplis de nourriture. Si les Anglais venaient trouver un peu de repos et de nostalgie dans de belles bâtisses aux couleurs de leurs racines, les Malaisiens débarquent aujourd'hui en masse à Cameron Highlands pour un week-end culinaire, avant de redescendre travailler dans la chaleur de Kuala Lumpur. En cette saison, le durian remplit les étals. Cet énorme fruit, à l'odeur nauséabonde, à la chaire jaunâtre et crémeuse, se déguste directement au marché. Sucré, il m'est très vite écœurant tout en restant, à petite dose, fort agréable en bouche. Son goût surprenant, inconnu à mes papilles, me rappelle l'expérience de mes premiers fromages. Ni bon ni mauvais, il marque le palais et nécessite probablement des années pour être apprécié à sa juste valeur.

Autour de ce bout d'Angleterre au milieu de l'Asie, des plantations de thé, à perte de vue, façonnent les collines. Le vert intense des arbustes tranche avec le blanc du ciel chargé de nuages. J'apprécie les promenades dans ces champs. C'est avec délectation que je m'y abandonne avant de déguster un thé noir, infusé de feuilles tout juste sorties du séchage, le regard perdu sur l'horizon.

Au-delà des plantations, la jungle reprend ses droits. Une irrésistible envie de faire sa connaissance m'emporte. Après avoir récolté quelques renseignements sur les randonnées possibles dans la région, je pars à l'aventure sur un petit sentier d'à peine 6 kilomètres.

« Une promenade de santé », me dis-je.

Arrivé au départ du chemin, mon enthousiasme retombe. La sente sombre au milieu de racines d'arbres qui foisonnent dans toutes les directions. Des branches sens dessus dessous barricadent le passage à hauteur d'homme. Le sol est constitué d'une boue humide dans laquelle le pied s'enfonce jusqu'à la cheville, parfois au mollet. Ce n'est pas une randonnée que je dois affronter, mais une aventure.

Le lieu est magique et m'enchante de beauté. Des lianes descendent d'arbres aux troncs démesurés. Des mousses envahissent le sous-bois. Un instant, j'hésite à avancer. J'ai peur de tomber nez à nez avec un serpent. Heureusement, un habitant de la région m'a assuré que j'aurais peu de chance d'en croiser. Le chemin est régulièrement emprunté par des randonneurs. Les animaux sauvages n'aiment pas particulièrement être dérangés. Je m'élance.

À peine ai-je entamé mes premiers pas que je dois escalader des racines. Certaines culminent sur plus de six mètres de hauteur. Des cordes ou des échelles m'aident à franchir ces obstacles. Je monte, je descends, je me baisse, je me relève, j'esquive une branche sur la gauche, je me cogne le dessus du crâne dans une racine, je glisse sur la boue, je tombe sur les fesses. Après deux heures de lutte, la pluie s'invite à la fête. La brume émane de la vallée. Je ne vois plus à vingt mètres. J'ai les bras qui commencent à trembler de fatigue. Ils n'ont pas l'habitude de travailler autant en randonnée. Je suis en sueur. L'humidité s'ajoute à la chaleur et m'accable. J'ai l'impression de vivre la vie d'un explorateur parti dans la jungle, à la différence que sa progression doit être encore plus lente. Il lui faut tailler à la machette un chemin dans cette végétation luxuriante. Comment peut-on entreprendre de telles péripéties ? J'en serais bien incapable.

Après trois heures d'efforts, je vaincs cette randonnée, épuisé, mais enchanté, heureux d'avoir passé un si beau moment au milieu de cette jungle millénaire préservée. C'est la première fois de ma vie que je fais la rencontre avec des forêts primaires. Ce jour change à jamais et définitivement ma vision de la nature.

J'ai grandi en bord de mer, à côté d'une pinède qui me semblait, dans ma jeunesse, sans fin. Les arbres sont imposants et prennent leurs racines dans le sable. L'odeur qui se dégage, unique à toutes autres, se reconnaît en quelques millisecondes et embaume l'espace. Mais tout cela est faux. Comme quasiment l'ensemble des forêts d'Europe, ce bois est géré par l'homme. Les arbres sont plantés, entretenus et abattus pour les bénéfices de l'industrie sylvicole. La biodiversité y est réduite à son minimum. Bien souvent, une seule essence y est semée. Pour augmenter les rendements, on ne laisse pas les troncs atteindre des âges centenaires et encore moins millénaires.

Ces forêts offrent des avantages. La pousse rapide et maîtrisée de la végétation permet d'alimenter les scieries et les usines de carton ou de papiers de manière durable. En France, les zones boisées ne reculent plus. On en prend soin. On les entretient, on les cajole. Mais la biodiversité a disparu. Les arbres sont bien frêles.

La vraie richesse de la faune et de la flore réside aujourd'hui dans les quelques forêts primaires qui arrivent tant bien que mal à résister aux pressions économiques. L'Amazonie abrite la plus grande surface de forêt primaire[43], mais chaque année elle s'érode sous le coup du déboisement et d'incendies de plus en plus violents liés au dérèglement climatique. Or, une forêt primaire détruite est à jamais perdue. La forêt secondaire qui, dans le meilleur des cas, prend la suite, est plus pauvre en biodiversité ou mettrait des millénaires à retrouver une forme primaire. Il est donc essentiel de préserver ces biens naturels.

La Malaisie conserve quelques jungles primaires, dont celle qui occupe le centre de la partie continentale où je me trouve. Mais cette forêt est en sursis. Second producteur mondial d'huile de palme, le pays déboise massivement pour y planter des palmiers à huile, originaires d'Afrique. Son voisin l'Indonésie, premier producteur planétaire, procède de manière similaire.

Une prise de conscience timide et des boycotts de quelques consommateurs, principalement occidentaux, semblent indiquer que l'état des forêts primaires préoccupe. Mais la demande mondiale est grandissante en matière grasse. L'huile de palme a prouvé qu'elle pouvait y répondre en devenant le corps gras végétal le plus produit de la planète. Sans réelle volonté du gouvernement malais de protéger ce patrimoine, la jungle pourrait bien disparaître dans les années à venir.

---

43 L'anthropologue français Philippe Descola nuance le fait que l'Amazonie soit une des dernières forêts vierges de notre planète. Mais au point de vue de la biodiversité, elle reste exceptionnelle et assimilable à une forêt vierge.

« [...] contrairement à ce que l'on pense souvent, la forêt amazonienne n'est pas le dernier espace de forêt vierge à la surface de la Terre. C'est une forêt qui est entretenue et constituée en partie comme un jardin, non pas de façon intentionnelle, mais par la pratique des Amérindiens qui l'exploitent depuis des centaines de générations. »

– Philippe Descola. *Une écologie des relations*, CNRS Éditions, 2019

32

♪ Thème traditionnel – Thèmes sur instruments du *piphat*
Thai Piphat Orchestra, Siam Society, 2010

Bruits de klaxons, pollution, trafic incessant. Je quitte les paisibles forêts malaisiennes pour rejoindre une autre jungle, celle de Bangkok, une ville infinie dont l'aire urbaine accueille plus de dix-neuf millions d'habitants.

La Thaïlande, qui jouxte le nord de la Malaisie, n'a jamais occupé le haut de la liste des destinations que je souhaite découvrir. J'ai en tête l'image d'un pays envahi par le tourisme de masse que j'aime éviter autant que possible. Cependant, Mathieu, un très proche ami présent le jour où ma vie a basculé après mon trentième anniversaire, et Perrine, sa compagne, m'ont proposé de se joindre à eux pour leur semaine de vacances.

Cela fait bientôt cinq mois que j'arpente les routes en solitaire. Comme dans toute activité, une routine s'installe. Je passe énormément de temps à lire de la littérature de voyage ou des guides touristiques pour élaborer le programme des jours à venir. Dès que j'en ai l'occasion, je récolte de l'information pratique pour sortir des sentiers battus. Chaque jour est à réinventer avec un nouveau lit ou un autre lieu pour faire ses courses. Idéalement, je sollicite des locaux sur CouchSurfing ou grâce aux contacts *El Sistema* pour un hébergement d'une nuit ou deux. À défaut, je déambule quelques heures dans une ville pour trouver un établissement qui me convienne, ou je réserve une auberge en quelques clics sur Internet. Enfin, j'essaie de dénicher un supermarché ou un petit restaurant bon marché pour me nourrir.

Dans la journée, je me déplace en transport en commun. Cela me laisse du temps pour mes lectures et pour rêver en regardant la route et les paysages défiler. Arrivé dans un lieu, je visite, je me promène ou je randonne. Je ne connais pas de jour férié ni de dimanche, et encore moins de vacances. Je suis passionné par ce voyage. Je ne m'imagine pas un seul instant m'arrêter. Une journée de repos me prive d'une nouvelle découverte. J'ai une soif sans fin de m'ouvrir au monde.

Le soir, en auberge ou chez l'habitant, j'échange avec les locaux ou les autres voyageurs pour m'imprégner de leurs ressentis, m'enquérir de bons plans et appréhender l'histoire ou la culture.

Je suis actif, curieux, attentif à chaque instant. Je vis le présent à fond en pensant au lendemain, à la planification pratique de la journée à venir ou du prochain pays, dont les codes seront à réapprendre, alors que je me suis tout juste habitué à la vie du territoire que je parcours. Mon cerveau est en ébullition. Mes sens sont en éveil permanent. Ma vue, mon ouïe et mon odorat scrutent, entendent, reniflent chaque paysage, chaque ville, chaque auberge. Je ne suis pas en vacances. J'apprends, je pense, je déduis, je grandis, je m'émerveille.

Cependant, comme tout être humain, j'ai des limites physiologiques. À un moment, il me faut me reposer et me faire porter par les flots. Ces vacances forcées sont à l'encontre de mon tempérament hyperactif. Je veux toujours continuer, avancer.

Quand Perrine et Mathieu me proposent de les rejoindre, ils ne se doutent pas qu'ils m'offrent enfin une bonne excuse pour que je lâche prise, pour que je m'impose une pause nécessaire. Mes premières vacances de ce voyage débutent.

Je retrouve Perrine et Mathieu dans une auberge de Bangkok. Le moment me paraît complètement saugrenu, improbable, fabuleux. Je n'aurai jamais imaginé une telle rencontre le jour de mon départ.

Perrine et Mathieu forment un joli couple de sportifs. Mathieu, grand brun, n'est guère passionné de voyages. Perrine, fine et élancée, aux longs cheveux châtain clair, a de son côté quelques périples à son actif. À force de persuasion, elle a convaincu Mathieu de venir en Thaïlande, pour son premier séjour en dehors de l'Europe.

Organisée, elle dispose d'une bonne idée de l'itinéraire qu'elle souhaite suivre, des visites à réaliser, des villes où dormir et des transports en commun à emprunter. Cela me convient. Je vais pouvoir me laisser porter par le programme de Perrine et profiter de leur présence pour rire, discuter et me reposer.

Pourtant, je n'arriverai pas à m'abandonner à la détente. Ce que je vois m'étonne, me surprend. Mon envie de comprendre la société, de goûter la gastronomie ou de m'imprégner de la culture me rattrape. Alors je reprends les lectures. Je discute et interroge les locaux. J'expérimente. La Thaïlande est bien loin d'être le pays touristique que j'imaginais. Elle a une âme unique qui attise ma curiosité.

33

Lorsque je pose le pied en Thaïlande, la première chose que je remarque immédiatement est l'extrême politesse des Thaïlandais. Leur manière de dire merci, en joignant les mains et en s'inclinant, et les excuses répétées me plongent dans une atmosphère bien différente des pays asiatiques que je viens de parcourir. Il y a un petit air du Japon au sein de ce royaume.

Cette nation, fière de n'avoir jamais été une colonie sous influence européenne, entretient ses propres codes culturels depuis des millénaires et se doit de respecter, plus que tout, son monarque. La royauté est une institution qui remonte à presque deux mille ans[44]. Le crime de lèse-majesté y est toujours présent et a été durci ces dernières années. Même si la Thaïlande est une monarchie parlementaire avec un Premier ministre élu, le système politique est en réalité soumis au pouvoir d'une junte militaire qui prône une monarchie plus ferme. Des conflits violents opposent depuis les années 2000 les « chemises rouges », souvent issues des classes peu aisées de la Thaïlande, et les « chemises jaunes », élites conservatrices,

---

44 Depuis le premier siècle de notre ère, le territoire thaïlandais a été occupé par une succession de royaumes dirigeant tout ou partie du Nord, du centre ou du Sud de l'actuelle Thaïlande, avec souvent des frontières élargies aux pays limitrophes de la Thaïlande. L'actuelle nation thaïlandaise est née à la fin du treizième siècle avec la fondation de la ville de Sukhotai. Celle-ci deviendra la capitale du royaume de Sukhotai qui cédera sa place au royaume d'Ayutthaya jusqu'au début du dix-huitième siècle. La dynastie Chakri, actuellement au pouvoir, établira la capitale à Bangkok.

partisanes de la monarchie et soutenues par l'armée. Bien que les « chemises rouges » aient gagné les élections de ces dernières années, mettant au pouvoir par ricochet un Premier ministre « rouge », l'armée, via un coup d'État, a rétabli un gouvernement militaire en mai 2014.

Des portraits du roi inondent les rues, les gares et les aéroports. Il m'est impossible de passer une journée sans apercevoir une photographie de Rama X en habit d'apparat. Au pouvoir depuis décembre 2016, le culte de sa personnalité rythme la vie des Thaïlandais.

Lorsque l'on évoque le tourisme en Thaïlande, une des premières pensées qui vient à l'esprit d'un Occidental est celle du tourisme sexuel. La prostitution, officiellement réprimée depuis 1960, mais dans la réalité tolérée, attire tous les ans des milliers d'Occidentaux qui s'adonnent à la fête et au sexe, principalement dans les zones balnéaires du Sud. Cette activité très lucrative représenterait un peu plus de 1 % du PIB du pays. En 2016, le ministre du Tourisme annonce un projet visant à interdire le tourisme sexuel en déclarant :

« Les touristes ne viennent pas en Thaïlande pour le sexe, mais pour notre belle culture. Nous voulons que le tourisme en Thaïlande soit de qualité, et que l'industrie du sexe disparaisse. »

Malheureusement, un an plus tard, il perd son poste. L'entreprise ne verra jamais le jour.

Alors que je rencontre pour la première fois cette culture, je ne peux qu'adhérer aux mots du ministre. Face à la gentillesse et à la politesse des Thaïlandais, une révolte intérieure s'empare de moi. Je me demande comment des Occidentaux osent profiter de femmes et d'hommes souvent soumis à des réseaux mafieux. Je remarquerai fréquemment des étrangers à la retraite se promenant avec des Thaïlandaises plus jeunes, des *escort-girls*, qui les accompagnent pour la durée de leurs vacances. J'espère que ces images n'existeront plus dans quelques années. La Thaïlande a d'autres beautés à offrir aux touristes.

La culture thaïlandaise est extrêmement riche.

Déjà conquis par quelques mets testés en Europe, je découvre une gastronomie raffinée qui marie à merveille le salé, le sucré et les épices. Je goûte avec volupté au curry rouge, au riz à la mangue ou aux insectes frits. Je passe des heures à me restaurer sur les innombrables marchés de rue qui envahissent les villes à la tombée de la nuit.

La religion occupe une place prépondérante dans la vie des habitants. Des milliers de temples bouddhistes parsèment le pays. Avec leurs formes de pagodes ou de *stūpa*, ils sont richement décorés, couverts d'or ou peints de jaune, de vert et de rouge. Entre deux édifices religieux, des statues de Bouddha envahissent les villes et les magasins. Comme pour le portrait du roi, il m'est impossible de ne pas en croiser une au cours de mes journées.

Temples et statues façonnent le paysage de la Thaïlande et lui donnent son cachet unique. Leur abondance me rappelle les ruines antiques et les églises romaines. Mais comme pour la capitale italienne, ce décor me lasse. Alors, dans de rares moments de conscience, je me surprends à observer des temples que je n'avais pas remarqués malgré mes passages répétés devant leurs parvis.

Dans le nord de la Thaïlande, aux abords de la ville de Chiang Rai, un édifice religieux ne me laisse néanmoins pas indifférent. Wat Rong Khun, aussi surnommé le temple blanc, n'est pas sans me rappeler la Sagrada Família de Barcelone. La construction de cet édifice, prévue pour être achevée dans une cinquantaine d'années, fut entreprise dans les années 1990 par un architecte thaïlandais dans un esprit résolument moderne et macabre. Loin des couleurs vives et de la gaieté usuelle du bouddhisme, ce temple me fait plus penser à un film d'horreur qu'à un paisible lieu de recueillement.

Pour pénétrer au cœur de ce complexe entièrement blanc, le fidèle est invité à franchir un pont qui surplombe une rivière de cadavres humains et d'animaux fantastiques sculptés. Des mains levées émanent du cours d'eau immobile et semblent chercher la sortie de ce qui est probablement l'enfer. Au milieu de ce temple, une statue de cire extrêmement réaliste représente Bouddha sous la forme d'un moine en tailleur au regard presque vivant, inquiétant.

Dans le centre du pays, les anciennes capitales d'Ayutthaya et de Sukhothai m'embarquent dans le passé. Des vestiges, s'étalant sur une période allant du treizième au dix-huitième siècle, s'étendent sur des dizaines d'hectares et révèlent le pouvoir de ces cités disparues. Longtemps abandonnées et laissées aux proies d'une jungle luxuriante, les ruines de centaines de temples et de statues sont aujourd'hui peu à peu redécouvertes et protégées.

Déambuler entre ces vestiges, au cœur de champs immenses à l'herbe grasse, me procure une sensation de paix. Quelques arbres centenaires se dressent avec fierté au milieu du sol verdoyant. De leur feuillage, ils offrent un peu d'ombre aux vieilles pierres qui parsèment les sites et aux pans de murs d'anciens temples aux briques encore rouges. Elles se détachent du vert de la végétation et semblent sortir de terre pour attirer l'attention et rappeler la puissance des lieux. Parfois, un serpent, apeuré par mes pas, s'enfuit d'un muret sur laquelle il se réchauffe. Au détour d'un chemin, une tête de Bouddha, à jamais emprisonnée par des racines, montre son visage. Au milieu des sites, quelques dizaines de *prang*, de grandes tours d'inspiration khmère adaptées aux rituels du bouddhisme thaïlandais, se dressent majestueusement[45]. Témoins de l'ingéniosité et de la technologie du passé, elles n'ont pas bougé depuis des siècles. Le temps de ces visites, je revis avec les moines qui officiaient dans ces temples.

Dans cette culture unique au monde, la Thaïlande ne serait pas la Thaïlande sans le tuk-tuk. Ce tricycle motorisé, emblème moderne du pays, est le moyen le plus plébiscité pour se déplacer en ville. En version deux, quatre ou dix places, il fait tour à tour office de taxi pour les amoureux, de camionnette pour le transport de marchandises, ou de mini-bus. Chaque tuk-tuk a ses attributs et certains chauffeurs n'hésitent pas à débrider les moteurs pour donner plus de puissance à leur bolide. C'est dans un de ces tuk-tuks que je suis gagné par une légère panique, mais surtout un agréable fou rire.

Un soir, avec Perrine et Mathieu, afin de rejoindre le centre-ville de Chiang Mai, nous repérons un de ces engins. Le chauffeur, la cinquantaine, propose de nous conduire. Très calme, il nous invite à monter à bord d'un magnifique

45 L'empire khmer avait, à son apogée, conquis une partie de la Thaïlande avant que le royaume de Sukhothai ne finisse par le chasser. Les architectures d'Ayutthaya et de Sukhothai se sont alors inspirées des bâtiments khmers.

tuk-tuk deux places. Un pot d'échappement chromé, rutilant, d'un diamètre hors normes, dépasse massivement à l'arrière du tricycle. Nous nous serrons sur la banquette en similicuir et nous préparons à un paisible trajet vers notre auberge.

À peine le chauffeur enfourche-t-il sa machine qu'il délaisse son caractère serein et s'immisce dans la peau d'un champion de rallyes. Le moteur vrombit et laisse entendre toute la puissance de son 2-temps. Le pot d'échappement vibre. Dans un bruit de casserole, il exprime son énergie et sa volonté d'en découdre. Les freins sont lâchés, le tuk-tuk bondit. Nous sommes projetés contre la banquette. Dans les virages, l'engin pivote sur deux roues et manque de nous expulser sur la route. Nous devons nous tenir aux barres de maintien. Notre chauffeur accélère, freine, râle sur les voitures, s'énerve, tourne, change de file et finit par nous déposer en un seul morceau devant l'auberge.

C'est à Chiang Mai, après une semaine de voyage, que je laisse Perrine et Mathieu continuer leur séjour vers le sud de la Thaïlande. Avant de les quitter, nous profitons des quelques heures qu'il nous reste ensemble pour nous échapper de l'agglomération et découvrir la campagne. Le contraste est saisissant. Les villes thaïlandaises sont modernes et grouillent d'activité. Elles ressemblent aux cités asiatiques dont la croissance a été fulgurante ces dernières décennies. Mais les campagnes sont pauvres. Les paysans travaillent d'arrache-pied dans les rizières sous une chaleur harassante pour subsister. Les maisons n'ont pas évolué depuis des siècles. Elles sont, pour la plupart, construites en bambous sur pilotis. Les voitures sont rares. La marche et le vélo sont les moyens privilégiés de la population pour se déplacer. Mais les sourires sont sur les lèvres de tous ces habitants. La pauvreté ne semble pas empêcher une certaine joie de vivre.

Dans ces campagnes, une partie de la main-d'œuvre est issue de l'immigration des États frontaliers. Plus de trois millions de Birmans, Cambodgiens et Laotiens s'épuisent à la tâche dans les champs ou, pour les plus chanceux, dans l'hôtellerie et la restauration. Ils sont parfois sans papier, ayant fui leur pays pour des raisons politiques.

Un soir, je rencontre Chandra, un apatride, qui officie en tant que réceptionniste dans une auberge de Chiang Mai.

« Je suis issu de la minorité ethnique des Shans, me raconte-t-il. Mes parents ont fui le Myanmar dans les années 1980, à la suite des conflits qui opposent les Shans aux Birmans. Je suis né en Thaïlande. Mais je ne suis ni reconnu comme citoyen birman ni comme citoyen thaïlandais. J'ai grandi sans nationalité, sans papier. Il y a quatre ans, la Thaïlande m'a attribué une carte d'identité de second rang, une carte d'identité "non-Thaï". Avec ces papiers, je suis aujourd'hui en règle vis-à-vis de mes employeurs et je bénéficie d'une assurance maladie, mais je n'ai toujours pas de nationalité. Comme beaucoup d'autres immigrés dans mon cas, nous n'avons pas les mêmes droits que les Thaïlandais. J'ai cependant la chance d'avoir un métier qui me plaît. Peut-être que j'obtiendrai un jour la nationalité thaïlandaise. »

Je tombe des nues. Il y a quelques mois, j'avais été stupéfait d'apprendre que les Tibétains ne peuvent prétendre à un passeport. En ce jour, je réalise encore plus la chance que j'ai d'être né dans un pays qui attribue nationalité et documents d'identité. Les mots de Chandra résonnent en moi comme un rappel que mon passeport est l'une des choses les plus précieuses dans ma vie. Un bout de papier synonyme de liberté qui m'est si chère.

34

Tout au nord de la Thaïlande, la ville de Chiang Rai abrite une petite merveille. En 2001, un couple de Thaïlandais y a créé une association *El Sistema*.

C'est un samedi soir, vers 18 heures, que je fais ma première rencontre avec Paramet. La quarantaine, le crâne rasé, ce professeur de violon m'accueille avec une politesse toute thaïlandaise, le visage illuminé par un grand sourire.

« Viens avec ton alto à 18 heures, m'avait-il dit au téléphone quelques jours plus tôt. J'anime une répétition de musique de chambre. Nous n'avons pas souvent l'occasion de croiser des instrumentistes étrangers. Cela serait génial si tu pouvais jouer avec nous. »

Après m'avoir salué, il m'invite à me déchausser et à entrer dans la petite école de musique qu'il a fondée avec sa femme. Le bâtiment ressemble à un établissement d'enseignement primaire avec ses quatre ou cinq salles. Dans le hall d'accueil, des violons, des altos et des violoncelles sont accrochés au mur.

Une dizaine d'adultes, que Paramet forme depuis quelques années, nous attendent avec impatience dans la salle de répétition. L'ambiance est détendue, les sourires sont, encore et toujours, sur toutes les lèvres. La hâte de produire les premières notes électrise l'air chaud et humide.

Paramet s'assied, saisit son violon, respire et donne le départ de la répétition. Un son puissant s'élève du groupe. La justesse et la rythmique sont parfaites. Pendant une heure, nous enchaînons de célèbres mélodies occidentales. Je quitte la Thaïlande. Je m'évade du voyage. La musique classique, ce langage commun que nous partageons et que nous avons acquis, nous unit. Elle prend le dessus et efface les notions d'État, de nation, de peuple ou de religion. Comme en Russie, en Mongolie ou au Népal, mon alto agit tel un liant fort avec les hommes du monde.

Lorsque la répétition s'arrête, je me rends compte que je suis passé du statut d'étranger à celui d'ami. Les langues se délient. Les questions fusent sur mon voyage. Pour fêter ma nouvelle intégration au groupe, nous prolongeons la soirée autour de quelques bières et d'un peu de cuisine thaïlandaise.

Le lendemain, Paramet m'invite à revenir dans son école. Les dimanches sont consacrés aux répétitions de l'orchestre.

« C'est le cœur de mon activité, m'explique-t-il. Lorsque je me suis lancé dans ce projet, je cherchais un moyen d'enseigner la musique classique occidentale à un maximum de jeunes. Les écoles de musique en Thaïlande sont bien trop chères pour que la plupart des familles puissent y inscrire leurs enfants. Alors j'ai décidé de créer ma structure.

« Je finance ce programme grâce à des mécènes. Ceux qui le peuvent paient également de faibles frais d'inscription. La clé du succès, c'est de ne pas dépendre de subventions de l'État, souvent aléatoires. C'est comme ça que nous existons depuis bientôt vingt ans.

« Les familles doivent seulement acheter leur instrument de musique. Pour les aider à obtenir des prix compétitifs, je fais des commandes groupées de violons ou de violoncelles directement en Chine. Parfois, je reçois des dons d'instruments que je prête aux foyers qui ne peuvent pas en acquérir.

« Nous dispensons une fois par semaine des cours gratuitement dans les écoles de la ville. L'idée est de permettre aux enfants de découvrir la musique et, si cela leur plaît, de rejoindre notre institution où nous donnons des leçons individuelles en plus de celles en orchestre. »

Lorsque Paramet me fait entrer dans la salle de la veille, il n'y a plus un centimètre carré d'espace libre. La pièce est envahie par une cinquantaine d'étudiants âgés de dix à trente ans. Une énergie folle se dégage du groupe dans le plus parfait des brouhahas qui précède toutes les répétitions du monde. Certains élèves accordent leurs instruments, d'autres révisent leurs partitions, les plus détendus se racontent les nouvelles de la semaine.

Paramet sort sa baguette de chef d'orchestre et tape trois coups secs sur son pupitre. Comme par magie, le silence se fait. Levant les bras, il indique par ce geste le début du cours. Une mélodie s'échappe instantanément des instruments en chœur.

La veille, Paramet m'a sollicité pour animer une *master class* après la répétition d'orchestre. J'ai accepté avec grand plaisir ce projet, mais je dois avouer que je suis quelque peu anxieux à l'idée de prendre le rôle de professeur. Je ne pense pas avoir beaucoup à apporter à ces élèves. Paramet et les autres enseignants de l'école les forment extrêmement bien. Cependant, après de longues minutes à écouter l'orchestre, j'identifie enfin ce que je pourrais transmettre. Le son de l'ensemble est dur. L'expressivité et les nuances musicales sont absentes. Il manque, à mon sens, une interprétation de la partition.

Devant sept étudiants, je décide de commencer une leçon sur les nuances en m'appuyant sur un thème de Beethoven qu'ils travaillent depuis quelques semaines. Celui-ci m'évoque une montagne que le violoniste qui interprète la pièce gravit puis redescend. La mélodie débute sur une nuance *pianissimo*. Il s'ensuit un grand *crescendo* qui mène à un *fortissimo* – le sommet de la montagne – avant un *decrescendo* qui se termine à nouveau sur une nuance *pianissimo*.

Mais la modulation du son est un concept difficile à appréhender pour ces jeunes Thaïlandais. Ma comparaison avec la montagne ne prend pas. Utilisant le chant pour essayer de leur faire percevoir les nuances, je rencontre un succès mitigé.

À la fin du cours, quittant la salle en premier – les élèves refusant de sortir avant moi avec un respect tout thaïlandais – je croise Paramet et lui parle de ma difficulté à enseigner les nuances. Il me rassure immédiatement :

« Le message que tu as essayé de leur transmettre est très délicat à comprendre, même pour moi, avec mes dizaines d'années de pratique instrumentale. En Asie, nous ne ressentons pas la musique comme vous la percevez en Europe. Mes interprétations sont très différentes des tiennes. Je peux jouer une œuvre en contradiction totale avec les sentiments que le compositeur souhaite communiquer. Pour toi, l'esprit d'une pièce, son caractère doux ou enjoué te paraît évident.

« J'ai souvent l'occasion d'échanger avec des musiciens occidentaux. Là où naturellement vous allez percevoir de la tristesse, je peux ressentir de la joie ou ne rien éprouver mis à part une simple rythmique qui pourrait me donner envie de danser. La musique européenne a une part de mystère qu'il m'est difficile de percer. »

J'avais toujours naïvement imaginé que les sentiments transmis par une mélodie étaient universels. Au contact de Paramet, je comprends que la musique ne se perçoit pas d'une manière uniforme dans le monde.

Je fais immédiatement le parallèle avec mon expérimentation de l'opéra chinois. J'ai écouté les mélodies, j'y ai prêté attention, mais je n'ai pas particulièrement apprécié le style musical, n'ayant jamais suivi un apprentissage de la musique chinoise et encore moins baigné dans cette culture. Les mots de Paramet me renforcent dans cette idée.

Ce qui est intéressant, dans le cas de Paramet, est le fait qu'il ait reçu un enseignement de musique classique depuis son enfance. L'éducation aurait donc dû lui fournir les clés de la compréhension de la musique occidentale. Mais il m'avoue qu'il a toujours du mal à interpréter une œuvre classique. Il n'a, en revanche, jamais eu l'occasion de résider en Occident, d'expérimenter la gastronomie, l'histoire ou la philosophie. Une culture se vit. Elle s'imprègne en nous chaque jour par des gestes, des odeurs, des images, des sons. Pour appréhender la musique, l'éducation seule ne suffit pas. Il faut élargir son champ de compréhension par lequel la musique se nourrit et s'enrichit.

En Thaïlande, la musique est traditionnellement assez sonore, sans nuance ni accent. En tant qu'Européen, je la perçois monotone et répétitive. Le rythme y joue une importance cruciale. Les *tempi* sont par exemple très stables. Paramet et ses élèves vont donc puiser dans ce qu'ils connaissent pour jouer les thèmes occidentaux. Mais finalement, n'est-ce pas cela l'interprétation ?

35

Le temps presse. Je dois quitter la Thaïlande et rejoindre Kuala Lumpur pour m'envoler vers l'Australie. Après une rapide escale dans la cité-État de Singapour, je profite de ma remontée vers la capitale malaise[46] pour m'arrêter en chemin à Malacca.

Je débarque en soirée dans cette ville historique portuaire, après d'interminables heures de bus et un passage de frontière particulièrement long. Fatigué et pressé de rejoindre mon auberge, je descends du car en y oubliant mon alto. Il me faut deux minutes pour m'en rendre compte, deux minutes de trop, le bus est déjà loin.

Une panique m'envahit. Avec un réflexe presque de survie, je consulte mon ticket et appelle les numéros de téléphone qui y sont notés. Par miracle, celui du chauffeur y est inscrit. Mais à ma plus grande déception, ce dernier est hors service. Les autres numéros renvoient, quant à eux, à des bureaux fermés en cette heure tardive. Je suis en colère contre moi-même, contre ma négligence. Énervé, je marche vers mon auberge.

Avant de me coucher, j'écris un courriel à la compagnie de bus, en espérant qu'elle pourra retrouver mon instrument.

---

46 La Malaisie possède en réalité deux capitales : Kuala Lumpur, la capitale historique, industrielle, financière et culturelle du pays et Putrajaya, la capitale administrative. Les deux villes sont distantes de seulement 20 kilomètres.

Je passe une nuit épouvantable, me reprochant mon erreur impardonnable. Je voyage avec peu de bagages. Je vérifie toujours la présence de l'ensemble de mes affaires. J'ai bien évidemment déjà perdu quelques vêtements délaissés çà et là, mais jamais je n'avais encore oublié mon alto, un de mes plus fidèles compagnons de route. La tristesse se mêle à la colère.

Au petit matin, alors que l'aurore pointe le bout de son nez, je me lève et appelle la gare routière. Malheureusement, aucun bagage abandonné ne correspond à la description de mon alto. La compagnie de bus n'est, pour sa part, pas encore ouverte en cette heure matinale. Je bous d'impatience et les rappelle quelques heures plus tard. Une employée très aimable me répond. Je lui décris ma situation. Elle prend en note ma réclamation quand, soudainement, la communication coupe. Je n'ai plus de crédit, la malchance me poursuit. Courant au supermarché le plus proche, je rachète des unités et rappelle la société de transport. Un agent décroche et me rassure immédiatement. Il a reçu mon courriel et vient d'échanger avec Ahmad, le conducteur du bus. Celui-ci a retrouvé mon alto. Avant de mettre fin à la conversation, il me transmet les coordonnées du chauffeur avec lequel je fixe un rendez-vous en centre-ville en soirée. Mon moral remonte en flèche. Mon instrument est quelque part. J'ai bon espoir de le récupérer.

J'ai découvert l'alto par hasard. Vers l'âge de six ans, je voulais jouer de la trompette, mais pour des questions morphologiques, la pratique des cuivres m'était impossible. J'avais encore de belles dents de lait[47]. Obstiné, j'insistai auprès de ma famille pour apprendre un autre instrument. Ma mère réussit alors à m'inscrire à une classe de violon avec mon frère. Ce n'était pas le cours de mes rêves, néanmoins il me permettait d'appréhender la musique et de laisser mes parents en paix. On me fournit un minuscule violon – un des plus petits modèles existant, huit fois moins grand que ceux destinés aux adultes – et je commençai les leçons avec assiduité. Après un an de pratique, le directeur du conservatoire municipal, probablement rassuré par mon travail et ma

---

47 Il est conseillé d'attendre la pousse de la dentition définitive pour commencer la trompette. En effet, cet instrument se joue avec l'aide des lèvres, mais aussi des dents.

persévérance, m'autorisa à suivre seul les cours et me suggéra de m'essayer à l'alto.

Je n'avais jamais entendu parler de ce violon ténébreux qui se ravit de son anonymat, à l'opposé de son petit frère qui affectionne sa célébrité. Mélancolique et un brin farceur, il attire des instrumentistes qui lui correspondent. De fait, les altistes aiment à s'amuser des violonistes virtuoses et travailleurs qui inlassablement répètent pour être inégalables. En orchestre, les musiciens du modeste pupitre des altos – encerclés par d'imposants violoncelles et d'innombrables violons – pratiquent également avec malice l'autodérision et acceptent volontiers les railleries récurrentes dont ils sont les victimes. En effet, les altistes agacent les violonistes. Loin de l'esprit de compétition et de l'individualisme de ces derniers, ils constituent une petite famille joyeuse et détendue qui parfois m'évoque les trompettistes. Est-ce pour cela que, ce jour-là, j'adoptai l'alto ?

Avec l'âge, mon instrument grandit et devint adulte. J'avais treize ans lorsqu'il commença ses premiers voyages en train. Ensemble, nous allions au conservatoire régional suivre des cours, à une centaine de kilomètres du domicile parental. Jamais, pendant ces dizaines d'années de transport, je ne l'avais abandonné.

En cette journée longue d'attente, je ne pense qu'à une seule chose : le retrouver. Alors, pour faire passer le temps, j'essaie de profiter de Malacca, il faut l'avouer, sans grand succès. Cette ville est chargée de plus de cinq cents ans d'histoire, mais pour une fois, je n'arrive pas à y attacher de l'importance. Je parviens uniquement à visiter quelques mosquées, un temple bouddhiste et l'église anglicane bâtie par les Britanniques au milieu du dix-huitième siècle. Celle-ci est simple, habillée de rouge à l'extérieur et parée de blanc à l'intérieur. Son atmosphère et sa fraîcheur sont reposantes. J'y reste de longues minutes, assis sur un banc. Je me sens bien dans ce bâtiment qui me rappelle mes racines européennes. Je m'apaise en retrouvant un peu de chez moi au bout du monde, dans cette situation stressante.

En fin de journée, je gravis la petite colline qui surplombe la ville et sur laquelle trônent les ruines d'un ancien fort portugais aux pierres noires et aux murs blancs. Alors que je promène mon regard sur ces vestiges, la tête encombrée par mon alto, un magnifique coucher de soleil vient, de ses rayons, colorer le site d'un orange vif. Il me fait, un instant, oublier l'attente.

À 22 heures, je me rends à l'arrêt de bus et préviens Ahmad. Il m'informe qu'il devrait être sur place d'ici une trentaine de minutes. Une heure plus tard, je n'ai reçu aucune nouvelle de sa part. Je patiente, un peu angoissé. Et s'il ne venait pas ? Finalement, la chance me sourit. Ahmad s'arrête, ouvre la porte de son car et, sans quitter son siège ni même m'adresser un mot, probablement agacé d'avoir fait un détour, me fait signe de récupérer ma boîte qu'il a posée à ses côtés. Je ne me fais pas prier deux fois. Je me saisis de mon alto et le remercie vivement en lui tendant un billet qui ne semble ni le surprendre ni le réjouir. Ahmad ne parlera pas ce soir.

Sur le trottoir, la pression retombe. Marchant, apaisé, vers mon auberge, je me fais la promesse d'être plus vigilant à l'avenir. La fortune pourrait ne pas m'accompagner une seconde fois.

Je termine cette boucle en Asie du Sud-Est en regagnant Kuala Lumpur. En compétition permanente avec sa rivale Singapour, cette cité reste avant tout une ville malaise à part entière, avec ses restaurants de rue et ses nombreuses petites échoppes.

Les tours jumelles Petronas constituent l'attraction phare de cette capitale et le symbole de la Malaisie. Les touristes s'y donnent rendez-vous en soirée pour profiter de l'éclairage de ces deux cylindres hauts de plus de 400 mètres.

Depuis la fin des années quatre-vingt-dix, l'architecture des tours a bien vieilli. Si elles sont impressionnantes de gigantisme, je trouve leur design démodé. Elles sont dans cet entre-deux au moderne et à l'ancien qui ne procure ni sentiment de nouveauté ni charme du passé.

Jouer devant un lieu mythique pour marquer le point d'orgue de ma visite d'un pays fait désormais partie de mon rituel. Ces mastodontes de béton et de verre m'apparaissent comme le site évident. Mais, une minute à peine après mes premières notes, un agent de la sécurité débarque et m'adresse ces mots de manière sèche :

« Il est interdit de jouer ! Veuillez remballer vos affaires. »

Si les Malaisiens sont friands de nourriture de rue, il n'en est pas de même pour la musique urbaine. Ce soir, mon alto ne m'ouvre pas de portes à de belles rencontres. Penaud, je range mon instrument et tourne le dos aux tours.

Regagnant mon auberge tel un malandrin protégé par la pénombre de la nuit, je visionne la courte vidéo de ma brève et illégale prestation. Ces quelques images musicales volées me procurent un léger sentiment de rébellion mêlé à de la satisfaction.

À Kazan, Oksana m'avait demandé de l'accompagner à l'alto devant la mosquée Qolsharif où elle rêvait de chanter, son ukulélé à la main. Au cours de cette représentation, une révélation l'avait gagnée et elle s'était écriée :

« Christophe, tu dois jouer de l'alto et te filmer dans les lieux que tu parcours. Ça serait tellement bien de te voir aux quatre coins du monde, ton alto à la main ! »

Puis elle m'avait prié d'interpréter quelques notes, son téléphone prêt à capturer ce moment. Pris au dépourvu, j'avais entamé le prélude de la première des six *suites pour violoncelle seul* de Bach, une œuvre qui m'accompagne depuis un premier concert devant mes camarades au collège. Bien qu'écrite pour violoncelle, elle se transcrit merveilleusement bien à l'alto et est l'une de mes pièces favorites.

Sans trop savoir pourquoi, j'avais ensuite rejoué cette œuvre en me filmant au bord du lac Baïkal puis dans le désert de Gobi, avant que cette pratique ne finisse par devenir un rituel. De retour en France, je réalisai un vidéo-montage de trois minutes de l'interprétation du prélude de Bach dans vingt-trois lieux différents que je nommai *Bach around the world*. Ce film est aujourd'hui l'un de mes plus chers souvenirs de voyage que j'aime à regarder, envahi d'une douce et paisible mélancolie[48].

48 La vidéo peut être visionnée sur https://www.viola-around.com/video-tdm/ ou via le QR code

Épisode 2

ESCAPADES EN OCÉANIE

36

♪ Banjo Paterson – *Waltzing Matilda*
Slim Dusty, 1998

La tête embrumée par une courte nuit, je sors de l'avion suffisamment conscient pour ne pas y oublier mon alto. Je tiens en main ma carte d'immigration soigneusement remplie. J'y ai indiqué ne pas être en possession d'alcool, de drogue ni de cigarettes. J'ai simplement précisé, pour les contrôles sanitaires, transporter des produits végétaux. Mon instrument de musique est en effet fabriqué majoritairement à partir de bois.

Le pied à peine posé sur le tarmac, un officier des douanes vient à ma rencontre. Il me demande ma carte d'immigration, la lit, et entoure les cases liées à l'alcool et la drogue. Il y annote au-dessus un code, me la rend et m'invite à continuer ma route.

Je franchis le contrôle aux frontières avec succès, mais tristesse. L'Australie ne délivre plus de tampon sur les passeports. Elle a opté pour un système de visa électronique qui tend à se répandre un peu partout dans le monde. Une page de l'histoire du voyage se tourne.

Avant de quitter l'aéroport de Melbourne, je dois récupérer mon sac et m'assurer que mon alto respecte les règles sanitaires australiennes. M'approchant du carrousel à bagages, une officière des douanes me sollicite pour contrôler à nouveau ma carte d'immigration. Je la lui tends. Elle la parcourt rapidement et m'invite à poursuivre mon chemin, le visage dur. Mais qu'ont-ils tous ? Attendant patiemment mon sac, je la vois traîner autour de moi, tel un vautour affamé. Je sens la pression qui monte. Que me veut-elle ?

Je l'oublie un instant, repérant mon bagage qui parvient des soutes. Aussitôt ce dernier saisi, un chien de détection de drogue vient le renifler et s'en éloigne.

Au comptoir des douanes, patientant pour déclarer mon alto, l'officière qui tournait autour de moi depuis de longues minutes me tire de la file d'attente et m'adresse ces mots fermes :

« Monsieur, veuillez me suivre. »

Ces propos ne m'étonnent guère. Je crois que je m'y attendais. Je sentais depuis ma sortie de l'avion que j'allais avoir le droit à un contrôle poussé, probablement parce que je suis le seul Européen à débarquer en provenance de Malaisie.

La douanière me demande de vider mes poches et de déposer mes bagages sur une table. Elle prend ma carte d'immigration et déclare de manière très solennelle, tel un juge d'instruction :

« Êtes-vous conscient que vos réponses au questionnaire sont de nature légale et que toute déclaration erronée constitue une infraction passible d'amende ou de prison ?

– Euh, oui.

– Avez-vous fait vous-même vos bagages ?

– Oui. »

À cet instant du contrôle, je commence à m'imaginer qu'un individu a déposé un objet illégal dans mes effets personnels, qu'elle est au courant, et que je me trouve dans une bien mauvaise situation.

Tous les ans, des touristes sont arrêtés, transportant de la drogue à leur insu. Par précaution, j'ai vidé et entièrement refait mon sac en quittant la Malaisie. Je me rassure en me disant qu'il n'y a pas de raison qu'il y ait une substance interdite dans mes affaires. Elle enchaîne :

« Très bien. Dans ce cas, nous allons procéder à la vérification de vos bagages. »

Elle commence un interrogatoire sur ma vie pendant qu'elle regarde tous les effets que j'avais dans mes poches et inspecte ma boîte d'alto. Je réponds honnêtement, parlant de mon tour du monde, de la rencontre des programmes *El Sistema*. Je me lance dans une explication de ce que sont les associations, me disant que leur cause humanitaire pourrait adoucir le caractère sec de cette dame. Je ne sais pas si ces mots la rassurent, mais après quelques minutes, elle me déclare sur un ton plus délicat :

« C'est bon, on arrête là. Je vais juste passer votre sac au scanneur, pas besoin de le défaire. »

À ces mots, je me détends, me sentant néanmoins envahi d'une pointe de frustration. Je crois que j'aurais aimé lui montrer à quel point mon bagage est optimisé. Dans un peu plus de huit kilogrammes et trente-six litres, j'ai réuni l'indispensable. Cette sélection d'effets personnels, fruit de longues heures de réflexion avant mon départ, avait d'ailleurs grandement amusé mes proches. J'avais listé puis pesé chaque objet pour ne retenir que le strict nécessaire, allant jusqu'à découper – sur les conseils de mon frère – l'intégralité des étiquettes de mes vêtements afin de gagner quelques grammes[49].

Dans le train de banlieue qui m'amène en centre-ville, je suis soudain envahi d'un profond malaise. Après des mois à parcourir la Russie et l'Asie, l'Australie me heurte. J'ai l'impression de revenir en région parisienne, de reprendre une routine faite de métro et de travail. L'apprentissage de ces derniers mois à voyager pourrait-il être aussi facilement balayé d'un simple revers de la main ? À mon retour en France, vais-je devoir renouer avec ma vie d'avant, happé par un système qui m'interroge, sans réussir à réinventer ma route ? Mon corps se liquéfie, j'ai envie de fuir, de courir jusqu'à satiété loin de la civilisation. J'étouffe dans ce train bondé où les gens ne se parlent pas et regardent leur téléphone. Provenant de pays où les habitants prennent le temps d'échanger avec leurs voisins, cette plongée dans un mode de fonctionnement plus individuel, aseptisé, me frappe. Il me faudra quelques semaines pour me réaccoutumer à ce quotidien à l'occidentale, me questionnant sur le progrès humain de nos sociétés dites modernes qui ont oublié que les contacts sociaux sont peut-être plus importants que la technologie.

L'autre réalité de l'Australie, qui va me désorienter pendant quelques jours, est le coût de la vie. Je dois m'habituer à payer en moyenne cinq fois plus cher un repas ou un lit. Cette différence extrême m'amène à m'interroger. Pourquoi est-il plus onéreux de manger en Australie qu'en Thaïlande ?

Deux économistes, Béla Balassa et Paul Samuelson expliquent ces effets dans une théorie qui aujourd'hui porte leurs noms. Encore qu'elle présente quelques limites,

49 Je livre au lecteur curieux, en annexe, la liste de mon équipement avec les masses associées.

elle permet de comprendre que ce qui fixe le coût de la vie est le secteur des biens et services échangeables, tels que l'or ou le pétrole. Ceux-ci, du fait de leur commerce, imposent des prix de marché mondialisés. Or, plus un pays est industrialisé et productif, moins il a besoin de main-d'œuvre. Il peut donc rémunérer plus gracieusement ses travailleurs ce qui, par le mécanisme de l'offre et de la demande, amène une uniformisation des salaires y compris dans les secteurs comme celui de la restauration. Ce que disent en somme Balassa et Samuelson, c'est que mes dépenses sont plus importantes en Australie simplement parce que ce pays est l'un des premiers producteurs de charbon, de fer et d'uranium et qu'il le fait de manière automatisée, dégageant de gros profits. Par ricochet, il impose des salaires et donc un coût de la vie élevés. Je découvre une nation qui se soucie peu de l'environnement, mais qui dispose de l'un des PIB par habitant les plus hauts au monde et qui contribue, je dois le reconnaître, une fois le choc des premières semaines passé, à un cadre de vie fort plaisant.

Le centre de Melbourne a un petit air étasunien, avec ses grands immeubles et ses quelques bâtiments de l'époque victorienne. Quoique cette architecture ne soit guère remarquable, la deuxième agglomération urbaine du pays offre de nombreux avantages qui la placent régulièrement en tête des classements mondiaux des villes les plus agréables où résider. Les immenses parcs municipaux contribuent fortement à ce bien vivre. Sous un climat doux et sec qui me fait oublier la chaleur humide et épuisante de l'Asie du Sud-Est, je me délecte avec bonheur de promenades dans ces espaces verts. La magie des hémisphères terrestres joue également en ma faveur. En ce début du mois d'octobre, je commence mon second printemps de l'année et profite à nouveau de l'éclosion de la nature.

Melbourne est souvent considérée par les Australiens comme la plus européenne de leurs cités. La culture occidentale y est extrêmement développée, du fait de l'énorme influence du Royaume-Uni sur ces terres. Salles de concerts, orchestres philharmoniques, théâtres ou musées, la ville regorge d'infrastructures qui ne la différencient en rien du Vieux Continent. Les artistes australiens, pour la plupart élevés dans la culture anglo-saxonne, y ont imaginé au cours des siècles passés des œuvres inspirées des mouvements occidentaux tels que l'impressionnisme ou le modernisme.

Pourtant, et de manière presque inespérée, dans les années 1960, un tournant historique et culturel émerge. Dans un pays alors dominé par une pensée britannique conservatrice qui rejette les aborigènes et présente leurs créations dans les musées ethnologiques, le conservateur de la National Gallery de Sydney défend l'idée progressiste que l'art aborigène est un art actuel et non premier. Malgré de nombreuses oppositions, il parvient à lui donner une place au cœur de son musée. Pour la première fois de l'histoire australienne, les artistes aborigènes sont valorisés à pied d'égalité avec leurs homologues d'origine européenne.

De nos jours, l'Australie continue de se détacher peu à peu de l'influence britannique et met en lumière ses talents millénaires. Dans les National Galleries de Melbourne ou de Sydney, je découvre avec plaisir des œuvres contemporaines de peintures aborigènes sur écorce ou de sculptures sur bois. Parfois complexes et colorées, représentant des motifs ou des animaux, d'autres fois plus sombres et simples, elles sont unies par une réelle maîtrise de la matière végétale. Mais je perçois cette tendance comme fragile. La création d'une culture unifiée est un processus en maturation.

La plus culturelle des villes australiennes a vu la naissance de la première association *El Sistema* du pays. Erica, la directrice, me reçoit dans les locaux du collège où elle enseigne. Cet établissement est situé dans une banlieue de Melbourne défavorisée. Néanmoins, comme lors de mes visites des programmes scandinaves, le lieu me paraît plutôt aisé. Même si le niveau de vie y est probablement plus faible que celui de la moyenne nationale, le quartier reste moderne, propre, avec des infrastructures qui feraient envie à plus d'un habitant de la planète.

Erica est une percussionniste aux longs cheveux roux et au teint très clair. Après des études supérieures au Canada, elle est revenue s'installer en Australie pour commencer une carrière de concertiste. En parallèle, elle s'est investie pour l'avenir de jeunes défavorisés. Aujourd'hui, elle dirige *Crashendo!*, une association inspirée d'*El Sistema*, et emploie six professeurs qui l'aident dans ses activités.

Après la Suède, c'est le plus grand programme que je visite de ce voyage. Plus de soixante élèves assistent, un après-midi par semaine, à des cours de violon, de violoncelle, d'alto, de flûte ou de clarinette. Je me promène de salle de classe en salle de classe, émerveillé, découvrant les professeurs, mais surtout les collégiens d'origines très différentes. Certains descendent de parents aborigènes. D'autres sont issus de familles européennes ou asiatiques installées depuis une ou plusieurs générations. Enfin, quelques jeunes ont récemment immigré de pays en guerre. Parmi eux, des enfants de Birmans qui ont fui le Myanmar. Même si Erica reste très discrète, elle m'explique brièvement leur histoire.

« Beaucoup de ces jeunes ont eu une enfance très traumatisante. Certains sont des Rohingyas qui ont été persécutés pendant des années et que l'Australie a accueillis. Je ne parle jamais de leur passé aux enseignants, car cela appartient à l'enfant. Je crois également que chaque professeur doit transmettre aux élèves de manière identique, sans tenir compte des antécédents, pour favoriser l'intégration sociale. »

Observant ces collégiens, ils me semblent heureux de participer à ces cours de musique. À l'instar de tous les enfants sur mon parcours, ils sont curieux et avides de me montrer ce qu'ils savent jouer. Je suis sollicité pour répondre à de nombreuses questions sur mon voyage. Comme dans chaque visite d'un programme *El Sistema*, je prends un immense plaisir à partager avec eux.

En fin de répétition, Erica simule un jury de concours pour certains grands élèves. Elle leur met une pression similaire à celle que l'on retrouve dans les conservatoires européens, mélange d'élitisme et de perfectionnisme. Je doute parfois de cette méthode qui m'a démotivé vers mes dix-huit ans. En se concentrant essentiellement sur la technique et la performance, ces institutions font perdre les objectifs principaux de la musique : divertir et transmettre des sensations et des sentiments. Erica me justifie sa méthode d'enseignement :

« Les attentes australiennes sont identiques à celles européennes et les processus nationaux de sélection en musique classique m'obligent à fonctionner ainsi, à préparer les élèves à cette pression des concours. »

Dans ce pays qui renvoie une image détendue, les travers de la musique classique occidentale semblent avoir conquis les organes de décision. Je suis surpris et quelque peu déçu. Mais si tel est le chemin que devront parcourir de potentiels futurs professionnels, je trouve encourageant qu'Erica les instruise ainsi. Les objectifs d'*El Sistema* sont aussi de former des musiciens qui en feront leur métier.

37

L'Australie s'étend sur un immense territoire à peine plus petit que ceux de la Chine, des États-Unis ou du Brésil. Avec une population d'environ vingt-cinq millions d'habitants, elle fait également partie des pays les moins densément peuplés de notre planète. Cependant, le climat désertique, qui prédomine dans la majeure fraction des terres, a amené les Australiens à se concentrer naturellement dans les zones tempérées et subtropicales de la côte Est. Cette dernière a connu un essor fulgurant au cours des deux siècles passés. La grande épopée ferroviaire américaine du dix-neuvième inspire, à la même époque, les colons australiens. Des chemins de fer sont bâtis à travers le pays. De nos jours, une ligne de plus de 3500 kilomètres dessert les villes majeures de la côte Est, de Melbourne jusqu'à Cairns.

Ayant pour objectif principal de me rendre sur la grande barrière de corail située au large de la partie nord-est de l'Australie, je décide naturellement – ayant probablement attrapé le virus de la ferrovipathie de ce Tchèque entre Oulan-Oude et Oulan-Bator – d'opter pour la découverte par voie ferrée de la côte Est.

Mais avant de m'enfermer pour des dizaines d'heures dans un wagon, dans un éclair de lucidité entre deux pics de fièvre, j'aspire à un détour par les terres verdoyantes de la région de Melbourne. Malheureusement, dans cet immense pays, sans véhicule, il m'est impossible de gagner les parcs et autres espaces naturels. Mais un matin, par chance, je tombe sur une petite annonce fort à propos que je saisis avec empressement. Il s'agit de convoyer un camping-car depuis Melbourne et de le déposer sous trois jours à Sydney.

Les premiers kilomètres en zone urbaine sont stressants, accentués par la difficulté de la conduite à gauche. Heureusement, à mesure que je m'éloigne de Melbourne, je me détends, transporté par les paysages apaisants qui s'offrent à moi. Je navigue au milieu de forêts d'eucalyptus à perte de vue. Cet arbre immense, endémique d'Australie, occupe à lui seul près de 95 % des espaces boisés. Le vent frais qui s'engouffre par la fenêtre embaume l'habitacle de l'odeur de cette essence si singulière.

Pour ma première soirée sur les routes, je campe au cœur de la forêt, en bordure d'un fjord. La nuit s'installe. À travers le pare-brise de mon van, j'observe les étoiles qui émergent. Je ne résiste pas longtemps à la tentation d'aller contempler la voûte céleste. À l'extérieur, un des plus beaux ciels de ma vie se dévoile devant mes yeux. La Voie lactée transperce le bleu profond de son halo blanchâtre.

Ce spectacle me saisit chaque fois que je l'observe. Je l'ai découvert sur les chemins de Saint-Jacques-de-Compostelle, par une douce nuit au cœur des Pyrénées. Depuis, ces brèves rencontres avec l'univers se gravent à jamais dans ma mémoire tels des instants marquants d'une vie impossibles à oublier. Des étoiles plein les yeux, je peine à quitter du regard ce ciel. Finalement, emporté par la fatigue, je décide de retourner dans mon camping-car. Il y fera très froid. Mon duvet ne sera pas suffisant. Je dormirai, habillé, recroquevillé sur moi-même, heureux de voir le soleil apparaître et réchauffer l'habitacle de ses rayons.

Au petit matin, une légère brume recouvre le fjord. Au milieu de la forêt d'eucalyptus, des milliers de fougères arborescentes entourent, tels des bras de verdure, la mer. Des canards entament leur promenade aux côtés de deux pélicans. Un air mystique se dégage de l'endroit.

C'est la première fois de ma vie que j'observe cet oiseau gigantesque. Son vol, au ras de l'eau, élégant, semble facile. Le lieu est paisible. Il n'y a aucun bruit autre que les chants des animaux. Ma journée commence agréablement. Je m'imprègne de cet instant.

Reprenant la route, je croise des centaines de kangourous. Ils traînent sur le bas-côté, morts. Cet animal nocturne se fait fréquemment percuter pas des véhicules au crépuscule.

Les automobilistes australiens ne les aiment guère. Ils expliquent volontiers que les bovidés sont bien plus intelligents.

« Les vaches ont appris à traverser les routes ! Mais ces fichus kangourous, ils se jettent sous nos roues ! »

Un kangourou saute toujours devant lui. Il ne peut pas aller en arrière ou sur le côté. Il n'est pas bête, juste limité dans ses déplacements. Effrayé par une voiture, il bondit et percute tristement l'engin.

Un peu plus au nord, la ville côtière d'Eden prend racine dans une anse recouverte d'une immense et belle plage sauvage. En arrière-plan, des petites montagnes surplombent la commune. L'espace d'un instant, j'ai l'impression de me trouver au cœur du roman de Jules Verne, *L'Île mystérieuse*. Le capitaine Nemo pourrait débarquer sur la plage que je ne m'en étonnerais guère.

Un phare signale la présence de rochers. Au pied de cette tour, je dispose d'une vue sur la mer à 180 degrés. Je rêve, avec un peu de chance, d'apercevoir des baleines de passage au large. Je demeure de longues minutes à scruter l'océan. Mais la surface de l'eau reste désespérément calme. À contrecœur, je finis par quitter le lieu pour reprendre mon interminable et monotone traversée des forêts d'eucalyptus. Même si j'aime cet arbre dont l'écorce pèle en permanence, j'ai l'impression de revivre mes journées à bord du Transsibérien. L'eucalyptus est à l'Australie ce que le bouleau est à la Russie.

Avant d'atteindre Sydney, je profite de mes dernières heures au cœur de cette nature pour admirer les chutes Fitzroy. Elles forment un ensemble de cascades qui se jettent, depuis un haut plateau, dans une vallée envahie d'une forêt qui me semble infinie. Ces paysages à perte de vue m'habitent. J'affectionne chaque jour un peu plus ces espaces vierges de toute présence humaine. La sensation qui se dégage d'une telle contemplation est unique. Je ne l'ai expérimentée que quelques fois dans ce voyage, au bord du lac Baïkal ou dans les steppes de Mongolie. Je me sens tout petit dans un si vaste environnement, frêle et vulnérable, mais pour autant serein. Dans cette nature laissée à elle-même, mes pensées s'estompent, mes doutes me quittent, mon corps se relâche. Serais-je en train d'identifier un remède à ce sentiment de solitude et d'angoisse dévorante qui parfois envahit ma vie ?

38

La plus grande ville du pays est multiculturelle. Si le passé britannique prédomine, en particulier dans le centre historique de style victorien, les immigrés venus d'Asie n'ont pas oublié d'apporter une partie de leurs racines. Les artères de Sydney se refaçonnent avec l'installation de nombreux restaurants asiatiques et de marchés de nourriture de rue. Cette nouvelle gastronomie fait le bonheur des Australiens qui avouent volontiers que la cuisine n'est pas le fort de leur nation.

Le plus fameux bâtiment de ville, particulièrement lorsque l'on est musicien, est l'opéra. Inauguré en 1973, après quatorze longues années de construction, il se classe aujourd'hui au rang des plus grands chefs-d'œuvre architecturaux du vingtième siècle.

Dans ce tour du monde musical, je ne peux évidemment pas m'arrêter à Sydney sans assister à une représentation au sein de cette institution mythique qui abrite non pas une, mais cinq salles de concert. Hélas, en ce début de printemps, le *Joan Sutherland Theatre* – la salle des ballets et opéras – est réservé à la production d'une comédie musicale anglaise. Je suis peut-être un peu puriste, mais aller à l'opéra de Sydney pour voir une comédie musicale me fait l'effet de me rendre au stade de Maracaña au Brésil pour participer à une compétition de curling. Heureusement, pour mon plus grand bonheur, le *Concert Hall* – la salle philharmonique – propose un récital consacré aux airs classiques les plus connus.

À nouveau, je franchis le perron d'un opéra vêtu de mon pantalon de randonnée et de mes chaussures de marche, seule tenue de ce voyage. Si je détonne par rapport à certains Sydnéens parés de leurs plus beaux smokings et accompagnés de femmes aux longues robes, j'arrive subtilement à m'effacer dans cette foule. La plupart des spectateurs sont habillés avec simplicité, à l'image du pays.

Au-dessus de moi, un éclairage met en valeur les toitures blanches du bâtiment, aux formes arrondies, telles les voiles d'un vaisseau fantôme amarré pour l'éternité dans le port de Sydney.

Au cœur de l'édifice, les murs du *Concert Hall* sont recouverts de bois. Des caissons sont suspendus au plafond et me font penser aux couples d'une coque de bateau que l'on aurait renversée. Derrière la scène, le plus grand orgue mécanique du monde trône fièrement. L'atmosphère est chaleureuse.

Le concert est présenté par Dame Edna Everage, un personnage féminin incarné depuis soixante ans par un des plus célèbres humoristes australiens, pour une soirée qui mêle intermèdes comiques et musique classique.

Aux premiers mots de Dame Edna Everage, les spectateurs exultent. Un fou rire embrase la salle. Je ne maîtrise que trop peu la culture australienne, les personnalités politiques, les petits secrets ou les dernières actualités croustillantes du pays pour comprendre et apprécier à leur juste valeur les plaisanteries. Mais la joie communicative qui émane de mes voisins m'anime de bonheur. Enfin, les premières notes des excellents solistes et de l'orchestre de l'opéra de Sydney s'échappent de scène. Tous les ingrédients sont réunis pour m'emporter vers l'une des plus belles soirées musicales de ce voyage.

Soudainement, l'excitation qui s'était emparée de moi, accentuée par ma présence dans l'une des plus incroyables salles du monde, s'envole. L'acoustique est décevante. J'entends à peine l'orchestre. Les chanteurs doivent être amplifiés avec un microphone. J'en tombe presque de mon siège.

Quelques jours plus tard, au détour d'une promenade dans les rues d'un village au cœur des Blue Mountains, dans l'arrière-pays de Sydney, je fais la rencontre de James, un musicien et luthier spécialisé dans les guitares et banjos construits à partir de boîtes à cigares. Alors que je regarde la devanture de son magasin avec curiosité, James m'invite à entrer. Il saisit un banjo de sa fabrication, s'installe sur un tabouret, et se met à jouer. Le son qui s'en dégage est doux, agréable.

« Cet instrument a été inventé aux États-Unis au milieu du dix-neuvième siècle. Pendant la Grande Dépression des années 1930, à une époque où les guitares étaient très onéreuses, les *cigar box guitars* ont commencé à conquérir les foyers. Les musiciens les fabriquaient en récupérant une boîte à cigares et le manche d'un balai. Puis ils chantaient leur blues, accompagnés de cet instrument rustique», m'explique James.

Proche de la retraite, James est un passionné de musique. Il me parle, le regard rempli d'émotion, d'un concert de Django Reinhardt auquel il a assisté quand il était jeune.

Quand je lui évoque ma surprise relative à l'acoustique de l'opéra de Sydney, il acquiesce à mes propos et ajoute:

«L'acoustique n'est pas digne d'une telle salle. Tous les musiciens le disent depuis des années. Il y a bien eu des travaux pour essayer de l'améliorer, mais les spécialistes n'y sont jusqu'à présent pas parvenus[50].»

Laissant passer un long silence, il me tend son instrument.

«C'est à ton tour de jouer», me lâche-t-il.

39

Dans un tracé de plus de 3000 kilomètres au milieu de champs et de forêts d'eucalyptus, le chemin de fer suit la côte jusqu'à Cairns. Le parcours est monotone. Seuls quelques kangourous, effrayés par le train, parviennent à me distraire de leurs sauts prodigieux.

Comme en Russie, je décide de découper ce trajet par étapes. Chaque arrêt est l'occasion de rencontres qui me permettent de mieux appréhender le pays.

Jayden est un ancien fermier à la peau usée par le soleil qui a cultivé pendant des dizaines d'années l'ananas, et qui gère aujourd'hui l'auberge d'un ami dans la petite station balnéaire de Yeppoon. Dans un pays où 95% des énergies produites sont tirées des ressources fossiles, il fait partie de cette large

50 Un an après mon passage, l'opéra sera fermé pour plus de deux ans de travaux titanesques afin d'améliorer de manière significative l'acoustique.

majorité de la population qui rejette le changement climatique et perçoit les richesses des terres australiennes comme infinies.

« J'ai vendu ma ferme il y a quelques années, car le travail des champs est extrêmement difficile et que, passé cinquante ans, ma santé ne me permettait plus de tenir le choc, m'explique-t-il. En trente ans de métier, j'ai connu des années avec de grandes variations météorologiques. Parfois, il ne pleuvait pas beaucoup, et puis l'année d'après nous avions énormément d'averses. Le climat a toujours été capricieux dans ces terres. Ça ne change pas de ce que l'on vit aujourd'hui. »

Pourtant, entre la barrière de corail qui meurt à un rythme soutenu, les koalas qui s'éteignent à vue d'œil avec la disparition des forêts d'eucalyptus provoquée par la pression de l'homme[51] et les incendies[52], les signes sont alarmants.

À Brisbane, Marcus, un steward trentenaire qui a parcouru, sac au dos, l'Amérique du Sud pendant un an, représente à l'inverse une jeunesse qui souhaite que l'Australie prenne un nouveau virage et s'engage envers le climat. Depuis son retour dans cette ville dynamique dont le soleil attire chaque année des milliers d'arrivants, il a décidé d'animer un club qui prône le minimalisme. Via son association, il incite les habitants à s'éloigner peu à peu du consumérisme. L'objectif est double : réduire l'impact sur la planète tout en expérimentant une vie moins stressante.

« Les objets inutiles du quotidien sont malgré eux sources d'angoisses, ne serait-ce que par l'entretien qu'ils demandent ou la convoitise qu'ils suscitent, m'explique Marcus. Certains minimalistes vivent ainsi avec seulement une quinzaine d'effets personnels.

---

51 Le koala a perdu près de 80 % de son habitat d'origine.

52 Entre décembre 2019 et janvier 2020, soit six mois après mon séjour, de terribles incendies détruisent plus de 18 millions d'hectares de forêts. Cela représente, à titre de comparaison, l'équivalent d'un tiers de la surface de la France. En parallèle de ce désastre végétal, plus d'un milliard d'animaux auraient perdu la vie, amenant des espèces déjà en danger sur la voie de l'extinction.

« Je ne suis pas aussi extrême, mais si chacun pouvait réduire ses achats impulsifs ou prêter sa perceuse à son voisin, qui n'aurait ainsi pas besoin d'en acquérir une, nous limiterions grandement l'utilisation des ressources naturelles tout en nous allégeant l'esprit. »

Tous les mois, les membres de son association se réunissent pour partager leurs découvertes ou leurs pensées. À les écouter, je prends progressivement conscience que j'expérimente à ma façon le minimalisme depuis six mois. Je mène une existence avec un simple sac à dos et une soixantaine d'items – dont la majorité est constituée par mes habits. Or, je n'ai jamais ressenti de quelconque manque depuis le début de ce voyage. En revanche, lorsque je pense à tous les objets qui sont entassés dans ma cave et qui attendent mon retour, une légère angoisse resurgit. Je me sens comme prisonnier de ces effets qui m'imposent un point d'ancrage, freinent ma mobilité et m'accaparent une part de mon cerveau. L'une des formes du minimalisme pourrait-elle être l'un des chemins vers l'apaisement que je recherche ?

40

Après plus de quarante heures de voyage en train, je débarque à Cairns, ultime étape de ce séjour. Depuis quelques jours déjà, le climat a énormément évolué. Je me suis éloigné des zones tempérées et subtropicales de l'île pour gagner le Nord-Est tropical. Les forêts d'eucalyptus ont peu à peu laissé la place à une végétation luxuriante très diversifiée. Les champs ont été remplacés par une monoculture de canne à sucre atteignant des proportions inhumaines. Un réseau de petits trains a même été construit pour industrialiser les exploitations. Le *cane-train* parcourt 850 kilomètres sur un chemin de fer dédié et transporte la précieuse cargaison vers les usines sucrières.

Cette zone de l'Australie abrite un nombre incalculable d'espèces animales, parmi lesquelles on compte les plus dangereuses au monde. La plus redoutée est le crocodile marin. Prédateur aguerri, aussi à l'aise en eau douce que dans l'océan, les Australiens l'évitent autant que possible, préférant nager en piscine plutôt que de se baigner en mer. Serpents ou araignées font également le quotidien des habitants de cette région de la planète qui ont dû apprendre à vivre avec ces animaux parfois mortels. Les maisons sont ainsi construites sur pilotis pour limiter l'intrusion des reptiles.

C'est dans une de ces belles bâtisses en bois que Peyton, une Australienne d'origine malaisienne, la trentaine, aux longs cheveux bouclés d'un noir profond et au visage souriant, m'accueille. Elle y habite avec Marta, une compositrice et actrice de théâtre australienne proche de la retraite. Marta et Peyton sont deux femmes calmes. Elles ont mis en place un certain nombre de règles qui leur permettent de vivre plus sereinement avec les animaux sauvages. Peyton me les explique dès mon arrivée.

« Pense à enfermer les fruits dans le four la nuit. Les bandicoots, des petits rats marsupiaux, rodent le soir et les mangent s'ils sont sortis. Dans le fond du jardin, fais attention aux araignées venimeuses, mais également aux crapauds-buffles qui sécrètent un poison mortel.

« Bon normalement tu ne devrais pas y toucher, mais c'est une plaie. Ils viennent d'Amérique. Ils ont été importés pour dévorer les insectes nuisibles aux plantations de canne, et ainsi éviter les pesticides, mais ils n'ont pas de prédateurs. Alors ils pullulent. Il y a bien quelques chiens qui ont essayé d'en manger, mais ils sont morts empoisonnés. »

Aux mots de Peyton, je me demande bien ce que je suis venu faire dans cette région du monde. Il faut être fou pour habiter par ici. La bonne nouvelle c'est que malgré mes racines françaises, je n'ai pas prévu de déguster des pattes de crapauds et que si j'évite les araignées, je devrais survivre.

Peyton est une amoureuse de la nature. Dès mon arrivée, elle m'embarque en voiture pour une promenade dans la jungle environnante. En chemin, elle me raconte l'histoire de ces espaces.

« Cette forêt tropicale est l'une des dernières encore préservées de notre planète et parmi les plus riches du monde en matière de biodiversité. La flore et la faune sont les descendantes directes des forêts du Gondwana. Il y a cent cinquante millions d'années, ce supercontinent, qui incluait entre autres l'Antarctique, l'Afrique, l'Inde et l'Amérique du Sud, a commencé à se fracturer. La flore et la faune ont évolué différemment, mais on retrouve des racines communes. Il y a des essences dans cette partie de l'Australie qui sont par exemple très proches de celles que tu as en Patagonie.

« Dans cette jungle, tu y trouves aussi des animaux rares comme le casoar, un oiseau qui ne peut pas voler, une sorte d'autruche si tu veux. Il y a également des milliers de papillons, dont certains atteignent la taille de tes deux mains. »

En sortant de la voiture, je plonge dans une immense forêt tropicale aux arbres gigantesques qui doivent, pour certains, avoir des centaines d'années. Le lieu me rappelle Cameron Highlands. Au sol, dans les herbes denses, Peyton me montre un kangourou-rat musqué. C'est le plus petit marsupial connu et un des seuls diurnes. Il ressemble à un rongeur avec une minuscule tête de kangourou.

Au milieu de cette jungle serpente une rivière. Elle débouche sur un lac. Des lianes tombent des arbres. Peyton me propose de me baigner. Je ne suis pas très rassuré. Des animaux mortels nous entourent. Par bonheur, j'aperçois quelques locaux qui ne semblent nullement préoccupés par un quelconque risque. Ils me convainquent de suivre Peyton. L'eau est fraîche et contraste avec l'air chaud et humide. Je me sens bien. J'apprécie cette nature vierge, où la présence de l'homme est réduite à son minimum.

Quelques jours plus tard, le rêve tant attendu de mon séjour australien se réalise. J'ai réservé une place à bord d'un petit catamaran à voile qui part naviguer sur la grande barrière de corail. Au port, je ne regrette pas mon choix de mode de transport. Des milliers de touristes embarquent sur de gigantesques bateaux à moteur qui accueillent, chacun, une centaine de passagers. Afin de gérer ce flot de visiteurs, la municipalité a construit un terminal similaire à ceux des aéroports. Les cars défilent et déversent leurs occupants. La grande barrière de corail est devenue une attraction incontournable à l'échelle mondiale.

Le catamaran sur lequel je monte est amarré à un petit ponton, loin de cette foule. Il s'élance pour deux longues heures de navigation avant d'atteindre les premiers coraux. Je suis étonné de voguer autant vers le large. Je ne vois déjà plus trace de la côte depuis une heure à la minute où nous mouillons pour la première plongée. Les récifs coralliens sont étonnamment loin des terres émergées. L'écosystème est très différent de celui des lagons dont on a bien souvent les images en tête. La grande barrière prend racine au milieu de l'océan. Elle semble comme avoir été chassée par un dieu qui la trouvait trop proche des côtes.

En arrivant sur site, le bleu intense et sombre de la mer se transforme rapidement en un azur paradisiaque. Le fond de l'océan, que je ne voyais plus, remonte subitement pour atteindre des profondeurs de seulement quelques mètres. Les coraux apparaissent. Les vagues se taisent, comme apaisées par cette beauté, brisées par ces hauts-fonds. Je me trouve en pleine mer, à quelques milles marins des terres, et pourtant j'ai l'impression de naviguer dans un atoll d'une petite île du Pacifique.

J'enfile un masque, un tuba et des palmes, et je saute à l'eau. Le capitaine du navire nous prévient, sur un ton sec et dissuasif :

« S'il y en a un seul d'entre vous qui touche à un corail ou pire, s'il se redresse dessus et se repose, je le sors immédiatement de l'eau. Vous verrez probablement des avions passer au-dessus de nous. Nous sommes très contrôlés et vous devez protéger ce lieu. Je veux que mes petits-enfants puissent en profiter. »

Malgré ces précautions adoptées par le gouvernement, la grande barrière se meurt. En 2016, été particulièrement chaud, environ 30 % des coraux ont péri en l'espace de neuf mois. Selon les spécialistes, la cause principale est une augmentation anormale de la température de l'eau[53]. En effet, sous l'action des modifications climatiques, les zooxanthelles, des microalgues qui s'associent en symbiose avec les coraux, dégénèrent et sont expulsées de leurs hôtes. Ces derniers, bien qu'encore vivants, sont alors fragilisés. C'est ce que l'on appelle le blanchiment des coraux. Le phénomène n'est pas irréversible. Si les conditions climatiques retrouvent leur seuil habituel, les coraux peuvent réabsorber les zooxanthelles et reprendre leur croissance. Néanmoins, si le laps de temps

53 Voir par exemple les papiers de Laetitia Hédouin, chargée de recherche au CNRS et spécialiste des coraux.

de retour à la normale est trop long, ils sont privés d'apports nutritifs essentiels, d'ordinaire fournis par les zooxanthelles, et meurent. C'est ce qui a été observé en 2016, dans les quelques mois suivant l'été.

Un an après ma visite, l'Australie subit sa pire canicule. À la fin de cette période anormalement chaude, les biologistes de l'université James Cook annoncent que près de 93 % des récifs sont victimes de blanchiment. En octobre 2020, le *Centre of Excellence for Coral Reef Studies* dresse le bilan : 50 % des coraux de la grande barrière ont péri en l'espace de vingt-cinq ans.

Au cours des trois plongées que je ferai dans la journée, le spectacle n'en reste pas moins magique. Je nage au milieu de centaines de poissons multicolores. Inopinément, il m'arrive de repérer des coraux en bonne santé. Je suis alors charmé. Je les observe, happé par leur beauté, leur souhaitant une longue existence. Un napoléon, avec son front avancé qui rappelle le bicorne, passe lentement à mes côtés. Au-dessous, un requin-corail, à l'arrêt, semble se reposer. Il fait partie de ces rares squales qui peuvent rester immobiles sans s'asphyxier. J'ai l'impression de nager dans un aquarium géant. Les plongées passent trop vite. Je ne me lasse pas de ces splendeurs océaniques. Ce sont les plus belles images de fonds marins que j'observe depuis ma naissance. Je veux les emporter avec moi.

Sur la navigation du retour, je regarde l'océan. Je n'ai pas envie de discuter avec les autres passagers. J'aime la mer. Je ne me lasse pas de l'observer. J'ai réalisé avec succès mon rêve australien, mais il sonne comme un adieu à cette merveille qui va probablement disparaître.

À la maison, Marta me questionne immédiatement sur l'état de la grande barrière. Elle n'y est pas allée depuis quelques années, mais elle sait qu'elle est en mauvaise santé. À m'écouter, je ne crois pas qu'elle ait envie d'y retourner. Elle m'évoque ses dernières plongées il y a une dizaine d'années, des couleurs partout.

Une mélancolie nous saisit. Elle s'assied au piano. Je sors mon alto. Nous commençons à improviser. Un courant musical s'installe immédiatement. Nous nous comprenons. Nous naviguons sur le thème de la mer. Nous rions. La magie opère, des mélodies splendides se créent en direct. C'est la première fois de mon histoire que je trouve une telle fusion avec un musicien. La soirée s'écoule, je joue mes dernières notes en pensant à la grande barrière de corail.

À ma sortie de l'Australie, je remarque que mon regard a définitivement changé sur mon futur mode de vie, mais plus encore sur notre environnement, notre planète. Je suis, chaque jour, un peu plus charmé par la nature. Je m'interroge sur les réels bénéfices d'un quotidien au cœur d'une agglomération urbaine. Je comprends que mon métier devra s'articuler en accord avec notre écosystème.

Il me reste encore de longues semaines de voyage pour ébaucher une nouvelle vie, mais pour l'heure, actif quasiment sept jours sur sept depuis six mois, je commence à éprouver une certaine fatigue physique. J'ai toujours cette envie de poursuivre, de découvrir le monde, mais je ressens le besoin de me renfermer un peu sur moi-même pendant quelque temps, de me tenir plus loin des hommes et plus proche de la nature.

41

♪ Wayne Maso – ***Nature***
The Fourmyula, 1969

La Nouvelle-Zélande est formée de deux îles principales. Géographiquement, elle matérialise un des trois points du triangle polynésien dont les sommets opposés sont occupés par l'île de Pâques et Hawaï. Ce polygone regroupe une grande partie des îles de l'océan Pacifique et quasiment l'ensemble des peuples de culture polynésienne. La Polynésie française se trouve en son centre.

La langue polynésienne néo-zélandaise est le *māori* qui est reconnu, au même titre que l'anglais, comme l'une des deux langues officielles du pays. Dans ce langage aux sons charmeurs, la Nouvelle-Zélande s'appelle *Aotearoa*, l'île du

Nord, *Te Ika-a-Māui* – le poisson de Maui[54] – et l'île du Sud, *Te Wāhipounamu* – les eaux de la pierre verte[55]. Débarquant d'une Australie qui peine à valoriser la culture aborigène, cette cohabitation me surprend. À l'inverse de sa voisine, la Nouvelle-Zélande affiche clairement l'attachement à ses racines indigènes.

Je rêve de Nouvelle-Zélande depuis des années. J'ai en tête les images d'une nature sauvage relayées en Occident par l'excellent service marketing du ministère du Tourisme. Je souhaite découvrir chaque forêt, chaque glacier. Je veux randonner à n'en plus pouvoir.

Depuis le début de ce voyage, j'affectionne les transports en commun, car, tout en me permettant de me déplacer, ils m'autorisent à loisir l'observation du paysage, mais également la vie à bord qui est souvent une image prismatique, mais relativement fidèle, des sociétés que je parcours. Comme l'écrit très bien Jean-Didier Urbain à propos du train[56] :

« Le train est [...] bien plus qu'un moyen de transport. Lieu utopique, univers suspendu, c'est un espace initiatique où nul n'est vraiment chez lui, ni l'étranger ni l'autochtone. Tous emportés par le même mouvement, tous "condamnés" à vivre dans le même intervalle : un espace restreint à partager [...]. Le train est un salon-mobile-avec-vue qui isole ses passagers de tout, sauf d'eux-mêmes. Ici s'accumulent, en une intimité contrainte et momentanée, des signes à voir, des signes à échanger : des gestes, des costumes, des regards, des sourires, des odeurs, des voix, des mots ; et puis, de l'autre côté de la vitre, le spectacle du vaste monde toujours recommencé... »

Cependant, pour combler mes désirs de nature, je dois faire une concession. Les rares lignes d'autobus desservent uniquement les grands lieux touristiques, mais fort peu les espaces reculés qui m'attirent. Par ailleurs, le chemin de fer de l'île du Sud a subi des dommages conséquents à la suite du terrible séisme de 2010 et n'a pas encore rouvert. Je décide donc de louer une petite voiture, un choix qui s'avérera opportun en

54 Un des héros de la littérature orale polynésienne.

55 En référence au jade que l'on trouve dans les montagnes de l'île du Sud.

56 Jean-Didier Urbain. *L'idiot du voyage*, Plon, 1991.

m'évitant plus d'une fois de dormir à la belle étoile sous un déluge de pluie, faute de trouver un lit en auberge.

À ma sortie de l'aéroport d'Auckland, je prends la direction du cap Reinga, situé à l'extrême nord-ouest du pays, où la mer de Tasman[57] rencontre l'océan Pacifique. Pour les Maoris, cette terre accueille les âmes des morts sur leur chemin vers l'au-delà.

En ce milieu de printemps, la Nouvelle-Zélande est incroyablement verte. J'ai hâte de m'enfoncer dans les immenses forêts primaires luxuriantes. Mais pour l'heure, je traverse des pâturages où paissent des milliers de vaches et de moutons. Sur ma route, je longe une côte aux petites falaises et à la mer bleutée, qui prend des reflets très clairs lorsque le soleil perce à travers les nuages. J'ai l'impression de me promener en Normandie, en Bretagne ou dans le sud de l'Angleterre. Le peu d'habitations – souvent bâties en bois pour résister aux tremblements de terre – rendent le lieu empreint d'un charme désuet. La région, très pluvieuse, est parcourue par de nombreuses rivières et cascades. Les bosquets sauvages, qui entourent les champs, sont constitués de mousses et de fougères arborescentes. Je chéris cette plante quasi immuable depuis la préhistoire. Sa forme s'apparente à celle d'un palmier hirsute et lui donne un petit air comique. Rien qu'à la regarder, mon esprit vagabonde au temps des dinosaures. Même si je ne parcours pas une nature sauvage telle que je l'imaginais, le calme de la région et les rares habitants et visiteurs que je croise rendent ces jours paisibles.

Quelques nuits, lorsque ma bonne étoile m'éclaire, je m'autorise un repos dans des auberges. Un soir, c'est un couple d'agriculteurs qui me reçoit dans leur ferme d'élevage de bovins. Jane et Andrew ont la cinquantaine et ont vendu leur plantation d'avocats, il y a cinq ans, pour reprendre une exploitation de vaches à viande. Ils voulaient découvrir un autre métier avant leur retraite et se rapprocher de leurs enfants. Comme nombre de fermiers que je croiserai, ils sont simples et aiment leur travail. Leur philosophie est très

57 Abel Tasman fut le premier Européen, d'origine néerlandaise, à explorer en 1642 la Nouvelle-Zélande ainsi que l'île de Tasmanie – rattachée aujourd'hui à l'Australie – qui prend son nom.

différente de celle de leurs voisins australiens. Ils préfèrent de petits élevages produisant une viande et un lait de qualité à une agriculture intensive telle que pratiquée en Australie. Ils sont par ailleurs extrêmement sensibles à la protection de l'environnement. Alors qu'Andrew me fait visiter ses terres, il m'amène dans une parcelle occupée par un morceau de forêt primaire envahi par des fougères arborescentes centenaires. Je lui demande ce qu'il compte faire de cette végétation.

« Je n'y touche pas. Je laisse ce terrain à la nature. J'ai assez d'espace pour mes vaches. Je n'ai pas besoin de plus d'argent, ce que je gagne me suffit et j'ai assez pour ma retraite », me répond-il, paisiblement, d'une voix grave au fort accent néo-zélandais.

Le cap Reinga est un promontoire très découpé, dominé par un phare qui surplombe la mer déchaînée. D'immenses dunes se dressent sur sa gauche. Lorsque je sors de ma voiture, une petite bruine s'abat. Je profite de ce lieu calme pour marcher. Entre deux grains de pluie, le soleil perce les nuages. Le vent souffle très fort. Je peine à me tenir par endroits. La sensation est agréable.

En quittant le cap, je m'octroie une halte sur la plus vaste plage du pays – d'une longueur de 150 kilomètres – qui dessine l'intégralité de la pointe. Je suis seul, des rafales dressent mes cheveux sur ma tête. Le ciel est gris. Je me mets à courir comme un fou contre le vent jusqu'à épuisement. Les forces de la nature, les bourrasques, le sable et la mer me font me sentir vivant. Je reçois cet instant avec intensité et émerveillement. Les sensations me rappellent mon enfance, les tempêtes déchaînées sur l'océan Atlantique, les gerbes d'eau qui volent au-dessus des digues du port, la lutte contre les rafales pour avancer d'un pas.

Un peu plus à l'est, sur une autre plage de l'île du Nord, un phénomène physique singulier se produit tous les jours à marée basse. Une source d'eau chaude, à 60°C, filtre à travers le sable et se déverse dans la mer. Avec un peu d'imagination, de patience et surtout d'efforts, il est possible de construire son propre spa. Pour cela, il suffit de creuser un trou assez grand dans le sable. Celui-ci retient l'eau de mer fraîche apportée par les vagues qui est réchauffée par le flux de chaleur en provenance du sous-sol.

Les sources ne jaillissent pas de manière uniforme sur l'intégralité de la plage. Il convient donc de trouver son filon. J'en identifie un et creuse une piscine à l'aide de mes mains. Je retourne en enfance pour de longues minutes. Mais lorsque je la mets en service, je comprends que l'eau est bien trop chaude. Je me brûle la peau. Je n'ai pas assez d'apports d'eau de mer fraîche. L'échec est total. Je dois réétudier l'ingénierie de mon trou.

Déjà, des habitués ont construit des piscines et s'y prélassent. Je suis débutant. J'ai encore beaucoup à apprendre. Je repère un autre filon et recommence des travaux titanesques. À cet instant, la pluie s'invite à la fête. Un déluge s'abat sur la plage. Le printemps est capricieux et la plupart des vacanciers abandonnent les lieux pour regagner leur voiture. De mon côté, tel un bernard-l'ermite, je saisis l'occasion et m'installe dans une piscine inoccupée. Je suis déjà mouillé, pourquoi partir ? Je m'allonge et profite de ma thalassothérapie. Le ciel est gris. Une forte pluie tombe. Les éléments se déchaînent. Je regarde la mer, réchauffé par l'eau qui filtre du centre de la Terre. Je me sens bien. En m'installant à Paris, aurais-je délaissé l'océan trop longtemps ? Le vent, la bruine, les tempêtes, le sable, l'iode ou les reflets du soleil couchant sur une mer d'huile ne sont-ils pas en moi ?

42

Non loin d'Auckland, un écrin de forêt primaire abrite des kauris géants. Ces conifères, endémiques de Nouvelle-Zélande, ne poussent que dans l'île du Nord.

Au milieu de cette forêt, *Tāne Mahuta* – le Seigneur de la Forêt – trône fièrement. C'est le plus grand et le plus vieux kauri géant au monde. Son âge est estimé entre 1250 ans et 2500 ans. Une garde forestière le protège en veillant à ce que les visiteurs du lieu nettoient leurs chaussures pour éviter la propagation d'un phytophage qui malheureusement les décime. Des précautions qui me paraissent bien utiles pour défendre cet ancêtre en bonne santé, mais menacé.

Il est impressionnant. Je n'ai jamais vu un arbre aussi gros de ma vie. Il n'est pas si haut – même s'il culmine à 50 mètres –, mais le tronc est extrêmement large avec une circonférence de presque 14 mètres. Je reste de longues minutes à l'observer, déroulant dans ma tête le fil de l'histoire du monde depuis qu'il est né, avant de le quitter avec respect, tel un sage, lui souhaitant une belle vie.

Cette frêle forêt sert également d'habitat à quelques kiwis. Avant de débarquer en Nouvelle-Zélande, je pensais naïvement que le kiwi n'était qu'un fruit. Mais ce terme désigne avant tout un oiseau nocturne endémique de ces terres, rondelet, muni d'un long bec courbé, incapable de voler, et dont les Néo-Zélandais ont fait leur symbole. Ce qui est étonnant, c'est que la dénomination du fruit découle de l'appellation de cet oiseau et a été introduite en 1959 par une entreprise néo-zélandaise en lieu et place de « groseille de Chine »[58]. Sous les efforts marketing néo-zélandais, le mot kiwi s'est petit à petit répandu dans le monde. La Nouvelle-Zélande est aujourd'hui le plus grand exportateur de ce fruit, juste devant l'Italie[59].

Il fait encore jour, j'ai assez peu d'espoir de croiser cet oiseau, mais je passe du temps à guetter les fourrés, escomptant un miracle. Malheureusement, le kiwi est menacé d'extinction, résultat de l'introduction de prédateurs comme le chien ou le rat qui n'existaient autrefois pas sur l'île, et de la déforestation qui a réduit son habitat. Il ne se montrera pas.

En 1840, alors que les premiers Européens sont installés depuis moins d'un siècle sur le territoire, les forêts ne représentent déjà plus qu'un peu plus de la moitié de leur surface initiale. L'industrie du bois tourne à plein régime. Elle exporte les troncs vers l'Europe et offre de nouvelles terres cultivables dont les produits sont eux aussi vendus sur le Vieux Continent. Des filons d'or sont également découverts autour de la ville de Thames, et deviennent rapidement la principale

58 L'objectif était de contourner une loi étasunienne qui imposait des droits de douane élevés sur les groseilles afin de pénétrer plus facilement le marché étasunien. Par ailleurs, dans un contexte de guerre froide, un nom qui évoquait la Chine était peu propice au commerce.

59 La Chine est le plus gros producteur au monde, mais conserve ses récoltes pour son marché interne.

source de revenus de la région. Les cicatrices de cette activité sont encore visibles. Au milieu d'une gorge envahie de mousses et de fougères, une randonnée me conduit à travers d'anciens tunnels miniers. La voûte de ces galeries brille de mille éclats. L'or a été extrait depuis longtemps, mais il a été remplacé par des vers luminescents qui y ont trouvé refuge et scintillent d'un vert phosphorescent.

De nos jours, la structure économique n'a guère changé. La Nouvelle-Zélande est avant tout un pays exportateur de matières premières, principalement agricoles, mais également minières. Les produits laitiers arrivent en tête des échanges, suivis par la viande – bovine et ovine –, le poisson – grâce à ses énormes ressources marines –, les fruits et légumes – pommes, kiwis ou avocats – et le charbon. L'or est également encore fortement exploité. Une des deux plus grandes mines à ciel ouvert du pays creuse la croûte terrestre au cœur d'un cratère de la taille de trois terrains de rugby. Je la découvre par hasard. Ce n'est pas vraiment l'attraction touristique que la Nouvelle-Zélande promeut. La mine est une brèche béante dans le sol, en forme d'ovale, dans laquelle aucune végétation ne pousse. La terre est de couleur jaunâtre. Une route circulaire, en pente douce, permet aux camions d'y accéder.

Il faut attendre 1970 pour que le gouvernement mette en œuvre un programme de protection des espaces naturels, puis de production massive et renouvelable de l'électricité par conversion des énergies hydrauliques, éoliennes et géothermiques[60].

Aujourd'hui, la surface des forêts s'est stabilisée et représente environ un tiers du territoire[61]. La Nouvelle-Zélande n'est pas le pays en majorité sauvage que j'imaginais. Je suis quelque peu désenchanté et m'en veux d'avoir été influencé par le *Seigneur des anneaux* et les vidéos promotionnelles louant les espaces vierges de ces îles.

---

60 80 % de l'énergie consommée en Nouvelle-Zélande est aujourd'hui produite de manière renouvelable.

61 Au sein de ces forêts, la forêt primaire occupe fort heureusement 80 % de la végétation.

43

L'industrie touristique néo-zélandaise est puissante. Elle génère annuellement un cinquième du PIB. Outre ses excellentes campagnes publicitaires, elle dispose de mécanismes rodés afin de tirer profit de chaque visiteur.

Au cœur des volcans de l'île du Nord, entre pâturages et champs d'arbres fruitiers, des reconstitutions de villages maoris émergent autour de sources naturelles d'eau chaude et de geysers privés. Dans ces parcs d'attractions, des Néo-Zélandais en costume folklorique dansent le haka et offrent une cuisine traditionnelle. Le tarif d'entrée est exorbitant, équivalant à ceux des plus grands parcs à thème du monde.

De l'autre côté du détroit de Cook, sur la côte Est de l'île du Sud, une colonie de manchots pygmées s'est retrouvée propulsée au rang de star nationale. Elle qui profitait d'une ancienne carrière pour nidifier en toute quiétude, voit désormais défiler des centaines de visiteurs qui s'installent confortablement sur des gradins pour les observer, moyennant une rétribution conséquente. Le lieu ressemble plus à un parc animalier qu'à une nature sauvage.

Sur les plus célèbres treks – les *great walks* – au marketing très bien pensé, un lit en refuge peut être facturé cent trente dollars néo-zélandais. Et sans réservation, impossible de parcourir les chemins. Il est interdit d'y faire du camping sauvage.

Encore plus surprenant, le gouvernement a autorisé, sur certains sentiers, la construction de refuges grand luxe, véritables *resorts* avec chambre individuelle, douche et restaurant. Les prix frisent l'indécence et atteignent les huit cents dollars néo-zélandais la nuit, mais n'empêchent pas Coréens et Japonais passionnés de randonnées tout en confort d'y séjourner. Pour ce tarif, l'assurance hélicoptère est bien évidemment incluse.

Ces pratiques économiques ne découragent pas pour autant les visiteurs. Le pays est envahi par plus de quatre millions de touristes par an, avec une croissance folle de 25 % ces quatre dernières années.

Sur le *Tongariro Alpine Crossing*, un sentier d'une vingtaine de kilomètres au cœur du parc volcanique homonyme, les randonneurs sont cinq fois plus nombreux qu'en 1993 à déambuler sur les chemins. L'affluence est tel qu'elle peut atteindre, aux beaux jours, 2000 personnes soit, en moyenne, un marcheur tous les dix mètres !

La route qui entoure les alpes et dessert les sites naturels majeurs, unique voie d'accès vers ces espaces exceptionnels, est parcourue quotidiennement par des milliers de voitures et de camping-cars qui se suivent en file indienne. Les locaux la surnomment désormais l'autoroute à touristes.

Dans les six ou sept grandes villes alpines, des hôtels ont poussé pour héberger ces flots de visiteurs. Néanmoins, j'ai beau voyager en dehors de la haute période touristique, l'afflux de vacanciers sature déjà les capacités d'accueil de l'île. Les rares auberges sont pour la plupart bondées. Je passerai la quasi-intégralité de mes nuits dans mon véhicule, à défaut de pouvoir trouver un hébergement abordable. Les refuges des *great walks* affichent pour leur part complet trois à six mois avant le début de la saison. Sur la plus convoitée des randonnées, la *Milford Track*, il convient même de louer son lit un an à l'avance !

La Nouvelle-Zélande est victime de son succès. Elle atteint son point de saturation.

Pendant des décennies, ce pays a été une terre d'aventures pour des jeunes au budget limité, voyageant avec leur tente et leur sac à dos ou à bord de vieux vans. Mais le gouvernement n'en veut plus. Probablement conscient que son territoire ne pourra guère absorber davantage de visiteurs, il mène une politique de montée en gamme. L'accès aux espaces naturels devient payant. Les hôtels prennent la place des auberges de jeunesse. Enfin, la législation se charge d'expédier les vieux vans à la casse.

Si ce mouvement présente l'avantage de permettre une augmentation des recettes à volume de visiteurs constant, je dois avouer que je vis péniblement ma découverte de la Nouvelle-Zélande. Cette typologie de voyage ne me correspond pas. Je me sens bien plus proche de l'esprit routard et laisserai la Nouvelle-Zélande derrière moi sans regret.

À trop attendre, on est souvent déçu. Fasciné par les images publicitaires visionnées avant mon départ, j'espérais arpenter un pays comparable à la Mongolie, au Tibet ou à l'Australie, envahi de paysages grandioses et vierges de toute présence humaine. J'aspirais à revivre ces sensations de liberté et de solitude qui se dégagent de l'observation de panoramas sans fin. Mais la forte affluence, qui plus est combinée à un territoire sauvage restreint, m'imposent une autre expérience du voyage quelque peu pénible.

J'ai conscience de me trouver dans une situation paradoxale. Je rêve de sites touristiques vides de visiteurs. J'ai envie d'observer les mêmes paysages, de marcher sur les mêmes sentiers, probablement de prendre les mêmes photographies que tous les vacanciers. Mais je ne veux pas faire partie de cette chorégraphie, de ce ballet millimétré trop monotone où, dans une danse continue, les mêmes mouvements sont répétés sans fin à chaque parking ou à chaque point de vue de l'espace scénique.

Je ne déplore pas le tourisme. Bien qu'il s'accompagne de contraintes, en particulier sur l'environnement, il est aussi porteur de progrès, ne serait-ce que par l'ouverture d'esprit qui gagne chaque homme qui s'est un jour éloigné de sa région natale. Néanmoins, mû par un léger rêve d'aventures, je préfère découvrir des espaces délaissés ou aller et venir à contre-courant en empruntant des chemins ou des moyens de transport alternatifs. Ce mode de voyage correspond à ma philosophie. Il laisse place à une plus grande part d'improvisation de laquelle émerge l'inattendu.

Mais surtout, particulièrement à cette étape de mon voyage, je crois que j'aspire au calme et à la sérénité. Épuisé par deux années au cours desquelles les changements ont été violents et par six mois sur les routes sans repos, je ressens un fort besoin de me tenir à distance de l'agitation du monde et d'observer la majesté des paysages qui m'apportent tant de réconfort. Je veux renouer avec la marche en solitaire, retrouver cette énergie et ce bien-être qui m'avaient apaisé sur les chemins de Saint-Jacques-de-Compostelle, au moment où ma vie basculait. Heureusement, comme l'écrit si bien Björn Larsson, il me reste une alternative :

« Pour qui veut fréquenter modérément les êtres humains et connaître en même temps la beauté et la tranquillité, il ne reste plus beaucoup d'autres destinations à choisir que celles qui ont mauvaise réputation sur le plan climatique. »[62]

---

62 Björn Larsson. *La Sagesse de la mer. Du cap de la Colère au Bout du monde*, Grasset, 2002.

44

Le climat néo-zélandais est particulièrement capricieux. Orages, averses, tempêtes et ciel bleu immaculé s'enchaînent à un rythme effréné. En cette fin de printemps, les chemins de randonnée les plus au sud sont toujours condamnés, envahis d'une épaisse couche de neige. Les sommets du parc national du Tongariro sont invisibles, enveloppés par une brume compacte qui se transforme immanquablement en pluie.

Lorsque j'arrive au cœur de cette région volcanique, le temps est maussade. Le tonnerre gronde et finit par éclater. Je me renseigne sur la météo du lendemain. Elle annonce quelques éclaircies suivies de risques d'orages dans l'après-midi. Par précaution, les gardes forestiers interdisent un départ sur les sentiers après 7 heures du matin pour éviter tous risques de se retrouver sous la tempête.

Depuis mon expérience de la mousson au Népal, j'apprécie différemment les randonnées sous la pluie. Elles sont source d'un réel plaisir, celui de sentir les éléments sur son corps et de goûter ensuite à sa juste valeur à la chaleur d'un refuge qui sèche et réchauffe. Je décide donc de me mettre en route à l'aube, dès le lendemain matin.

Le réveil est difficile, mais il ne pleut pas. Il y a bien quelques nuages çà et là, mais j'aperçois partiellement les volcans. La vision est suffisante pour m'extirper du lit. Quarante-cinq minutes plus tard, je suis au départ du *Tongariro Alpine Crossing*. Seule une vingtaine de marcheurs se sont décidés à partir. Ce nombre m'enchante et me conforte dans mon choix de faire fi du mauvais temps.

Autour de ces volcans actifs, la végétation est clairsemée. La roche, aux coloris noir et rouge, prédomine. Les terres, avec leurs allures martiennes, sont très différentes du reste de l'île.

Entre deux éclaircies, j'aperçois les sommets. Au détour d'un virage, quelques lacs à l'odeur de soufre et aux couleurs turquoise font leur apparition. Le paysage est désertique. Les nuages lui donnent un petit côté magique. La randonnée défile rapidement, paisiblement, et me réconcilie avec la Nouvelle-Zélande. Ce pays réserve de belles surprises. Il faut simplement que je m'adapte à la contrainte de l'afflux de visiteurs et que je profite de moments calmes, comme celui que je viens de vivre.

L'île du Sud est légèrement plus grande que l'île du Nord. Elle prend la forme d'un rectangle séparé dans toute sa longueur par les Alpes néo-zélandaises, une chaîne de montagnes qui culmine à plus de 3700 mètres d'altitude.

La partie est de l'île, relativement plate, abrite des milliers d'hectares de champs avec une prédominance de vignobles au nord et d'élevages ovins au sud qui fournissent la fameuse laine mérinos. À l'opposé, les paysages de l'ouest sont montagneux. Les Alpes occupent l'intégralité de cette région et s'enfoncent dans la mer de Tasman en formant des fjords. Ces terres découpées rendent la vie difficile aux hommes. Elles constituent le cœur de la réserve de forêt primaire.

Dans cette descente vers le sud, chaque kilomètre me rapproche d'une latitude toujours plus haute. Le temps se dégrade à vue d'œil. La mer, relativement froide, fait le bonheur de quelques manchots antipodes à l'œil jaune. Endémiques de Nouvelle-Zélande, ils sont en danger d'extinction. Il ne resterait que 1600 individus qui pourraient subir le même sort que les moas. Ces énormes oiseaux, inaptes au vol, furent décimés par la chasse intensive des premiers Maoris. Heureusement, à leurs côtés, des colonies d'otaries à fourrure de Nouvelle-Zélande semblent pour leur part en fort bonne santé. Des mouettes tournoient autour de ces mammifères, se nourrissant des placentas expulsés par les femelles qui viennent de mettre bas. Les mâles, atteignant pour certains deux cent cinquante kilogrammes, ressemblent à de gros lions avec leur fourrure. Ils rugissent d'un long cri profond lorsqu'un oiseau s'approche trop près des petits. J'observe ce spectacle pendant des heures. Il vaut mille reportages animaliers.

Une tempête de neige finit par s'abattre, surprenant même les Néo-Zélandais. Ils n'ont jamais vécu un tel phénomène météorologique en cette période de l'année. Le changement climatique est évoqué. Je dois m'abriter en toute urgence dans une auberge. Les sentiers de randonnée sont fermés ainsi que les refuges.

Après deux jours de tempête, les routes sont rouvertes, la vie humaine reprend doucement son cours. Je profite de cette accalmie pour gagner le fjord *Milford Sound*.

Découvert pour la première fois par un marin britannique en 1812, il faudra attendre la fin du dix-neuvième siècle pour que des chercheurs d'or, prospectant dans la région, le cartographient. Ils suggèrent alors la création d'un passage souterrain pour faciliter l'accès à ces terres, projet que le gouvernement valide en 1935. La Seconde Guerre mondiale ralentit les travaux titanesques, et ce n'est qu'en 1953 qu'un tunnel entre en service.

Je prends la route à l'aube, profitant du lever de soleil dans un décor vide de toute présence humaine. Quelques nuages font leur apparition. En chemin, je laisse sur ma gauche un petit lac sur lequel se réfléchissent les montagnes, tel un miroir. Les sommets sont dans la brume, illuminés par les rayons orangés du soleil. Le lieu est plein de poésie.

Un peu plus en altitude, des flocons de neige tombent doucement du ciel. Ils semblent danser sous l'effet du vent. La route est recouverte d'un manteau blanc, résultat de la tempête de ces derniers jours. J'atteins le tunnel permettant de franchir la chaîne de montagnes.

De l'autre côté de ces sommets enneigés, la descente est toute aussi splendide. Un ciel bleu électrique illumine la mer aux reflets imprégnés de teintes marines. Les nuages ont, comme par magie, disparu. Seules les hauteurs en sont encore chapeautées. Les montagnes plongent à la verticale et trempent leurs pieds dans l'eau salée. Elles sont recouvertes d'une végétation dense au coloris vert sombre. Quelques cascades s'écoulent du haut de ces colosses. La chance me sourit. Il est extrêmement rare de voir le fjord sous le soleil. Dans cette région du monde très humide, la pluie et la brume envahissent le site la plupart du temps.

Je passe une matinée, émerveillé, à *Milford Sound*. Ces gigantesques montagnes qui finissent leur course dans la mer, depuis plus de 2000 mètres d'altitude, lui donnent un charme particulier. L'ambiance est différente des fjords suédois que j'ai parcourus en ce début de tour du monde. Mais déjà, les nuages reviennent. Alors je quitte le lieu, heureux d'avoir pu profiter de cette éclaircie en toute quiétude.

Sur le chemin du retour, je prends le temps d'observer quelques kéas. Ces perroquets endémiques de l'île du Sud, au plumage très dense pour résister au froid de ces latitudes, sont d'une intelligence remarquable. Ils viennent faire des numéros de charme aux touristes en espérant un peu de nourriture en échange. Je saisis l'occasion pour immortaliser Georges en photo à leurs côtés. Mais au moment où je pose ma peluche à terre, un oiseau s'en empare et se réfugie sous la voiture. Un petit jeu de cache-cache commence entre lui et moi. Il gambade dans un sens et, le temps que je gagne l'autre côté du véhicule, il le retraverse dans la direction opposée. Après trois longues minutes de lutte, je désespère de ne jamais récupérer mon compagnon de voyage. Un petit morceau de cookies résoudra l'affaire. Au profit de la nourriture, le kéa délaisse Georges qui s'en sortira avec deux trous de bec dans le crâne et dans le foie.

La météo instable, difficile à prédire convenablement à plus d'une journée, réserve parfois d'agréables surprises.

Un matin, quelques jours après mon arrivée sur l'île du Sud, une fenêtre de beau temps s'ouvre sur Aoraki/mont Cook[63], le sommet de la Nouvelle-Zélande. Saisissant l'occasion, je laisse la côte derrière moi et me dirige vers les Alpes recouvertes d'une couche de neige immaculée qui contraste avec le bleu du ciel exempt de tous nuages.

Malheureusement, plus j'approche d'Aoraki/mont Cook, plus le temps se gâte. À 13 heures, lorsque j'arrive au pied des montagnes, le soleil n'est déjà plus qu'un lointain souvenir. Les sommets ont disparu, enveloppés sous un épais manteau de nuages. Le paysage se cache. Aucune randonnée n'est envisageable. La météo se joue de moi.

Au petit matin, le climat décide, après moult hésitations, comme pour me taquiner, de chasser les nuages vers l'immensité de l'océan et de m'offrir l'une de ses plus belles journées.

Je saisis cette bonne humeur matinale et prends la route qui gagne le pied d'Aoraki/mont Cook. Elle chemine au milieu d'une vallée aride, entourée de montagnes aux sommets enneigés. La végétation semble avoir oublié de pousser. Les

---

63 En 1998, dans une démarche de reconnaissance des peuples maoris, le mont Cook est rebaptisé Aoraki/mont Cook, combinaison du nom que lui donnent les Maoris et de celui attribué en 1851 par les Anglais en hommage au capitaine James Cook. Ce navigateur britannique fut le premier, dès 1770, à cartographier les côtes de la Nouvelle-Zélande.

roches prennent massivement possession de l'endroit. Un lac à la couleur azure est le seul témoin de la présence de vie.

Au fond de la vallée, le chemin s'arrête brutalement. Aoraki/mont Cook se dresse devant moi. Son sommet est couvert de neige. Des hauteurs de ce mont, finissant leur course dans des lacs au bleu pâle, deux glaciers se dessinent. Ils sont gris, recouverts d'une poussière de roche qui se dépose à leur surface, résultat de l'érosion des montagnes.

Je profite de cette magnifique journée pour marcher et décide de me rendre à un point de vue. La randonnée est signalée comme ardue et n'est par conséquent que peu parcourue. Si elle est physiquement éprouvante, je déambule néanmoins sur un sentier extrêmement bien aménagé. Plus de 2000 marches permettent une ascension en douceur. J'atteins le sommet sans grande difficulté, où une vue splendide s'offre à moi. Au loin, j'aperçois la vallée assez aride par laquelle je suis arrivé en voiture. Au premier plan, Aoraki/mont Cook se dresse avec son joli manteau de neige. À son pied, un des glaciers se jette dans un lac à la couleur bleu-gris. Il n'y a aucun nuage. Le ciel est d'un azur pâle. Je crois que j'ai rarement été aussi fasciné par un lieu.

L'après-midi est déjà bien entamé lorsque je redescends des montagnes. Le temps splendide et la beauté du site m'incitent à prolonger mon séjour. Je m'élance vers le lac Tasman où le glacier homonyme finit sa course.

Le paysage me saisit. En cette fin de journée, je me retrouve seul à contempler ces merveilles de la nature. Le glacier semble minuscule, relégué au loin derrière le lac. Ce dernier, opaque, se couvre d'un reflet bleu-gris alors que la luminosité décline. Quelques petits icebergs se promènent à la surface de l'eau.

Le glacier Tasman n'est pas la première étendue de glace à m'absorber. J'avais déjà été conquis au Tibet par l'immensité de ces taches blanches. La puissance de ces déserts me fascine. La douceur de leurs reflets me charme. Leurs couleurs m'hypnotisent. Ils m'enveloppent telle une couverture duveteuse et m'apaisent. Malheureusement, au pied de ces mastodontes de glaces, un bouleversement se joue devant mes yeux.

Depuis la fin du dix-neuvième siècle, les glaciers de Nouvelle-Zélande, comme l'intégralité de ceux de notre planète, fondent à un rythme inquiétant. Ainsi, en l'espace de seulement vingt-cinq ans, le glacier Tasman a reculé d'environ 5 kilomètres[64] et pourrait disparaître, à l'instar de l'ensemble de ceux de l'île. Cet effet est amplifié, en Nouvelle-Zélande, par la faible altitude à laquelle dorment ces masses de glace. Elles sont donc plus sensibles aux variations climatiques[65,66].

Ce constat inquiète la communauté scientifique mondiale qui tire régulièrement la sonnette d'alarme. Notre planète a toujours connu des périodes de refroidissement et de réchauffement, mais celle que nous vivons est exceptionnelle de par la vitesse de son déroulé et de son intensité.

En Europe, nous n'observons pour le moment que des épisodes ponctuels et anormaux d'inondations ou de sécheresses et de canicules. Bien qu'ils soient un peu plus marqués chaque année, ils n'affectent pas encore profondément le quotidien de la majorité des Européens[67].

---

64 En 2019, sa longueur était d'environ 23 kilomètres.

65 Les glaciers de haute montagne – comme ceux de l'Himalaya –, qualifiés de « froids » par les scientifiques, se trouvent dans des environnements dont les températures sont en général très négatives toute l'année durant – typiquement -10°C et en deçà. Ils doivent d'abord se réchauffer à une température de zéro degré Celsius avant de commencer la fusion, le passage de l'état solide à liquide. Le changement climatique doit donc être plus conséquent pour qu'un retrait soit observé par l'œil humain. Mais cela ne veut pas dire qu'ils n'évoluent pas. Leur température interne augmente et ils risquent d'entamer leur processus de retrait dans les années à venir.

66 Cette contrainte peut également être un avantage. Les glaciers néo-zélandais, de par leur faible altitude, peuvent se régénérer plus rapidement en cas de fortes chutes de neige. Néanmoins, hormis quelques périodes exceptionnelles où les glaciers ont repris de l'importance – comme entre 2004 et 2008 –, ils sont, depuis, tous en net recul.

67 Les agriculteurs européens font partie de l'une des catégories les plus touchées. Les sécheresses estivales se multiplient chaque année et pourraient avoir un impact à court terme sur notre indépendance alimentaire. Le Cirad précise qu'à l'été caniculaire 2018, « les puits de carbone en Europe ont baissé de près de 20 %, et le rendement des cultures de 40 % au nord et à l'est de l'Europe. »

– Centre de coopération internationale en recherche agronomique pour le développement (Cirad), *Changement climatique | La sécheresse réduit l'absorption du carbone et le rendement des cultures*, 21 septembre 2020.

Mais en dehors de l'Europe, les zones fragiles de notre planète sont déjà très dégradées et ne permettent plus à la vie de s'y dérouler convenablement. C'est ce que j'ai pu observer en Mongolie, où l'assèchement du sol entraîne la mort du bétail. Les famines, les mouvements de population et les conflits alimentaires pourraient donc s'accentuer dans les décennies à venir. Bien sûr, ces hypothèses, somme toute assez pessimistes, sont sujettes à débats, mais elles sont considérées comme très plausibles par la communauté politique, économique et scientifique mondiale[68].

La Nouvelle-Zélande est préoccupée par la fonte de ses glaciers. Mais elle me donne le sentiment de l'être, avant tout, pour des raisons financières plus qu'environnementales. Dans un pays qui, il faut le reconnaître, met en place des actions pour préserver ses ressources naturelles, la pression économique reste intense. Les glaciers, une des principales attractions de la région, représentent une manne financière importante. Ils servent de prétexte à la commercialisation d'activités de loisirs à forte valeur ajoutée, parmi lesquelles des vols en hélicoptère qui divertissent, chaque année, des milliers de vacanciers.

Le choix politique de continuer à autoriser une telle activité me surprend au plus haut point, particulièrement lorsque je commence à randonner dans cette région. Outre le bruit permanent qui rompt le silence de la nature, la pollution de ces engins est conséquente. Mais pis encore, sur les chemins, au moyen de grands panneaux d'information, les autorités sensibilisent les promeneurs au dérèglement climatique. Elles incitent, entre autres, à limiter l'usage de la voiture dans les déplacements quotidiens et à préférer l'utilisation des transports en commun, du vélo ou de la marche. En observant le ballet des hélicoptères au-dessus de ma tête, cette communication résonne en moi comme de belles paroles gouvernementales pour s'acheter l'image d'un pays qui se soucie de la cause environnementale. Mais encore une fois, la réalité est bien loin des messages marketing. Le capitalisme, malgré la probable bonne volonté des politiques, gagne à nouveau cette

68 Voir en particulier les rapports de l'Organisation météorologique mondiale (OMM).

guerre. En fin de compte, la nature finira vraisemblablement par l'emporter, lorsque les glaciers auront tristement disparu.

En avril 2018, quelques mois avant mon séjour, la Première ministre annonce que le gouvernement n'autorisera plus de nouvelles explorations pétrolières dans les eaux territoriales. Elle veut que son pays reprenne une direction engagée vers la protection de l'environnement. J'espère que cette décision sera durable et qu'elle amènera d'autres réformes.

Au pied du lac Tasman, inconsciemment, absorbé par les paysages, je pose la boîte de mon alto et en extrais mon archet. Je tends sa mèche en crins de cheval. J'y appose un peu de colophane. Puis je sors mon instrument que j'accorde. Enfin, dans une des plus grandes salles du monde, j'égraine les plus illustres *sol, ré, si, la, si, ré, si, ré* de la musique classique occidentale. La mélodie qui s'échappe des ouïes résonne sur les parois des montagnes. Je joue la première des *six suites pour violoncelle seul* de Bach avec félicité, comme un remède à la mélancolie qui s'empare de moi à la pensée de la fonte des glaciers.

45

Après des semaines à arpenter les routes de l'île en solitaire et à randonner quotidiennement entre quatre et huit heures, mon besoin d'isolement et de nature semble, pour un temps, comblé. Une forte envie de me reconnecter aux hommes et d'échanger sur les thématiques qui sont devenues mes sujets de prédilection – géopolitique, protection de l'environnement et culture – émerge en moi.

J'ai entrepris cette aventure comme un remède personnel à une difficulté à avancer dans ma vie. Mais, au fil des découvertes et des rencontres qui s'enchaînent, je me rends compte que mon regard sur le monde change et, de manière plus surprenante, que mes interlocuteurs semblent intéressés par la lecture que j'édifie. Ils me questionnent, sont curieux de ma vision de nos sociétés et m'incitent à leur parler de mes expériences.

J'avais essayé, en vain, lors de ma traversée de l'Europe, de me constituer un journal personnel. Cependant, je m'étais rapidement rendu compte que, sans un lecteur pour me pousser à porter sur le papier mes impressions, je n'avais pas ce désir de coucher mes notes ou mes pensées. Puis j'avais adressé, un mois après mon départ, un long courriel retraçant chacune de mes journées à Aude, une amie passionnée de littérature de voyage. Pour être honnête, je le fis avant tout pour l'impressionner, j'étais quelque peu épris d'elle. Elle le savait, et bien que ses sentiments ne fussent pas réciproques, je crois que j'espérais un retournement de situation à la suite de cette année. Probablement à raison, il ne se fit pas. J'allais par ailleurs parcourir d'autres chemins. Toujours est-il que cette première lettre insuffla une longue correspondance – souvent unilatérale, je le concède – qui me permit de synthétiser mes réflexions et constitue aujourd'hui un carnet de bord précieux. Sans que j'en prenne réellement conscience, elle contribua également à éveiller en moi le plaisir de l'écriture.

Marie et Andrew, un couple de Néo-Zélandais originaire d'Afrique du Sud, sont les premiers à me faire remarquer cette envie de partage qui naît en moi et qui conduira à ce livre. Ils m'accueillent chez eux une semaine durant, pour ce qui restera le temps fort de ce séjour en Nouvelle-Zélande, entre musique, discussions et débats.

Je les retrouve un soir, à Wellington, de retour de l'île du Sud. Ils sont venus me chercher en voiture et m'amènent chez eux, à une heure du centre-ville, au milieu de petites collines qui se jettent dans la mer. Ils habitent une belle maison chargée d'œuvres d'art et entourée d'une végétation luxuriante qui surplombe un golfe. Je me sens immédiatement serein à leur contact. Leur toit et leurs mots me donnent l'impression de réintégrer un foyer familial. Ils m'ont préparé une chambre, et Marie m'invite à rester chez eux autant de temps que je le souhaite. Son côté maternel, sa bonté et sa générosité me remplissent de joie. Elle m'accueille comme un fils, à bras ouverts.

Marie est une élégante femme de soixante ans aux cheveux blonds. Petite, pleine d'énergie et bavarde, elle débite un flot continu de paroles et de questions. En totale opposition, Andrew, un grand maigre calme aux cheveux frisés dans la même tranche d'âge aime aller se poser pour fumer et regarder la mer lorsque sa femme parle trop. Ils ont en commun de chérir la musique, d'être d'une générosité sans limites et d'avoir fondé une association *El Sistema* à Porirua, une banlieue défavorisée de la capitale néo-zélandaise.

« Nous sommes nés et avons grandi en Afrique du Sud. Andrew était clarinettiste professionnel dans un orchestre sud-africain et je venais de commencer l'apprentissage de la flûte traversière quand nous nous sommes rencontrés, me raconte Marie, confortablement installée dans un canapé.

« Un jour, je suis tombée enceinte. C'est arrivé plus vite que prévu, ajoute-t-elle avec un grand sourire. Nous étions au début des années 1990. L'Afrique du Sud avait juste aboli les dernières lois de l'apartheid. La criminalité envers les blancs explosait, des fermiers se faisaient assassiner. Nous avons eu peur. Nous n'imaginions pas élever notre fils dans une terre de violence, avec la crainte, chaque jour, du pire. Alors nous avons cherché à partir. Le plus simple était d'émigrer vers le Royaume-Uni, l'Australie ou la Nouvelle-Zélande.

« C'est finalement la Nouvelle-Zélande qui nous a accueillis. Mon frère s'est, de son côté, rendu en Angleterre. Nos parents n'ont pas voulu quitter leur pays et sont restés en Afrique du Sud. Nos familles ont été éclatées. Mais même si ça a été dur, nous ne regrettons pas notre choix. Et puis la mère d'Andrew a pu venir finir sa vie ici, avec nous.

« Les premières années, malgré le fait que la Nouvelle-Zélande ait été très arrangeante, cela n'a pas été facile. Andrew ne trouvait pas de place en tant que musicien. Il est donc retourné sur les bancs de l'université et est devenu professeur d'informatique. J'ai également mis de côté les espoirs de faire de la flûte mon métier pour enseigner en école primaire.

« Un jour, j'ai eu envie d'apprendre la musique à mes élèves. J'ai commencé à donner des leçons de guitare, de flûte à bec et de flûte traversière à des enfants volontaires, en plus des cours de langue ou de mathématiques. J'ai toujours travaillé dans des quartiers *low decile*[69]. Aucun élève n'avait

---

69 Que l'on pourrait traduire par « décile bas ». Le décile est une mesure socio-économique inventée en 1995 et utilisée pour le système éducatif néo-zélandais afin de qualifier les établissements scolaires. Un décile bas correspond à établissement situé dans un milieu socio-économique

les moyens financiers de suivre des enseignements de musique en dehors de l'école. Le projet a bien plu. C'est comme ça que nous avons commencé. »

Elle regarde au loin, comme pour se remémorer ses débuts. Andrew vient s'asseoir à côté d'elle. Puis elle reprend.

« Andrew a toujours continué à faire de la clarinette pour son plaisir et à réaliser des arrangements musicaux. Tous les deux ans, il ne manque jamais un festival de clarinette. C'est comme ça que tu as découvert *El Sistema*, n'est-ce pas, Andrew ? »

Elle se tourne vers lui pour le laisser parler. Il est avachi dans le canapé, mais tout à coup ses yeux s'illuminent. Il revoit probablement les images de ce festival de clarinette. Et d'une voix grave, il prend la parole.

« En 2014, j'étais à Los Angeles pour cette conférence. Les animateurs d'*El Sistema* Los Angeles sont venus présenter ce qu'ils faisaient avec les enfants. Quand je suis revenu, j'en ai parlé à Marie, et ça nous a donné envie de faire la même chose.

– Oui, c'était génial. On a beaucoup lu sur le sujet, en particulier *Changing Lives* de Tricia Tunstall, un livre qui nous a inspirés et que je te recommande. Aujourd'hui, nous enseignons dans deux établissements. Nous sommes à la retraite et nous avons plus de temps. Andrew s'occupe des élèves qui veulent apprendre la clarinette, et moi, de ceux qui font de la flûte. Nous avons également recruté un jeune percussionniste japonais qui vient donner des cours. Et le plus excitant dans tout ça, c'est que nous avons pu créer un orchestre dans lequel Andrew s'investit énormément.

– Oui, je fais tous les arrangements musicaux. J'ai remarqué que les enfants s'épanouissent bien plus s'ils jouent des morceaux qu'ils connaissent plutôt que des pièces abstraites. Alors je prends des thèmes célèbres de musique classique ou de films et j'en crée des partitions simplifiées pour tous les niveaux, adaptées aux instruments que l'on a. C'est très chronophage, mais j'aime ça. Notre philosophie est de permettre au plus grand nombre d'approcher la musique classique pour

faible. Cette mesure permet de répartir les fonds destinés à l'éducation. Un établissement en décile bas reçoit un soutien financier plus important de la part du gouvernement.

leur donner cette envie d'en apprendre plus, et pourquoi pas, plus tard, de continuer à jouer de leur instrument ou d'en découvrir un autre. On a une ancienne élève qui est maintenant au collège et qui s'est mise au violoncelle. Nous en sommes très fiers !

– Et ce que ne dit pas Andrew, c'est qu'il s'est aussi improvisé facteur d'instruments. Nous n'avons pas beaucoup de ressources financières, alors Andrew rachète de vieilles clarinettes et flûtes sur Internet, les répare et les prête aux élèves. Il est très doué pour faire ça. Les enfants n'auraient pas les moyens d'avoir un instrument sans lui. »

Je suis impressionné par leur investissement dans ce projet. Ils ne sont que deux, mais semblent produire le travail de quatre personnes. En vivant leur quotidien, je me rends compte qu'Andrew passe un temps conséquent à arranger des partitions. Après le dîner et l'irish-coffee dont il est le maître incontesté, il s'enferme dans son studio de musique jusqu'au milieu de la nuit.

Le samedi d'avant les vacances de Noël, Marie m'emmène dans une jardinerie de la ville. Elle y organise un concert avec ses élèves pour les habituer à la scène. En chemin, elle s'arrête de maison en maison récupérer les enfants dont les parents n'ont pas le temps ou les moyens de les conduire. Je découvre avec elle des quartiers de la ville peu aisés, néanmoins agréables, constitués de petits immeubles entourés de massifs de fleurs.

« Les familles qui habitent ici sont principalement d'origine maorie ou issues de l'immigration des îles du Pacifique. La Nouvelle-Zélande attire beaucoup de femmes et d'hommes qui n'ont pas beaucoup d'avenir dans les îles pauvres de l'océan Pacifique. Alors ils viennent ici », m'explique-t-elle.

L'océan Pacifique regroupe quelques-uns des pays les plus défavorisés de la planète. Les États fédérés de Micronésie, Palaos, les îles Marshall, Kiribati, Nauru ou Tuvalu, ces pays, dont les noms font parfois rêver dans l'imaginaire collectif, occupent sempiternellement le bas de la liste des nations au PIB par habitant les plus faibles du monde. Alors, dans l'espoir d'une vie meilleure, des Polynésiens et Micronésiens de ces États émigrent vers la Nouvelle-Zélande. Ils sont accueillis au cœur de ces quartiers défavorisés, aux côtés d'un grand nombre de Néo-Zélandais d'origine maorie. Cette dernière particularité m'interroge.

Les Maoris seraient arrivés depuis la Polynésie entre 1000 et 1300 de notre ère. Dans ces terres fertiles, la population croît rapidement et donne naissance à de nombreuses tribus, souvent rivales, qui s'affrontent dans de sanglantes guerres de territoires.

Les premières rencontres avec les Européens sont également meurtrières. Des conflits opposent les Maoris et les membres d'équipage des explorateurs Abel Tasman ou James Cook et conduisent à des pertes humaines dans les deux camps. Le navigateur français Marc Joseph Marion du Fresne y périt en 1772, tué par un Maori.

C'est au début du dix-neuvième siècle que les Européens s'installent réellement en Nouvelle-Zélande. La cohabitation se fait plus pacifique. Les Maoris et Européens échangent leurs connaissances culturelles et techniques. L'écriture se répand, mais également les armes, comme le mousquet. Cet ancêtre du fusil donne lieu aux guerres des mousquets, un conflit de trente années qui oppose plusieurs tribus maories et provoque la mort de plus de 20 000 d'entre eux. En 1840, la puissance maorie est affaiblie. Les Britanniques profitent de cet avantage pour signer le traité de Waitangi par lequel la Nouvelle-Zélande devient une colonie de la couronne anglaise et les Maoris, des sujets britanniques.

Après quelques années de paix relative, la pression des Européens pour acquérir les terres mène à une série de guerres qui opposent les forces britanniques aux Maoris entre 1845 et 1872. Au sortir de ces conflits, la population maorie est estimée à 40 000 individus contre plus de 700 000 Européens qui détiennent la majorité du territoire. On évoque alors la disparition des Maoris. Mais depuis 1960, leur culture revit. Le peuple maori se bat pour la faire reconnaître. Leur langue gagne son statut officiel en 1987.

Malgré ces progrès sociaux récents, plus de 50 % des Maoris vivent dans des quartiers de décile bas et font face à un fort taux de chômage et à des conditions de vie difficiles. Les inégalités créées par un siècle de domination européenne ne sont pas encore effacées.

Dans la voiture, deux enfants viennent de nous rejoindre. À les regarder, je fais le vœu que les projets comme ceux de Marie et Andrew puissent aider à réduire les écarts.

Au sortir du concert, je quitte avec tristesse Marie et Andrew pour reprendre la route. Leur accueil m'a délicatement réconcilié avec la Nouvelle-Zélande.

46

♪ Émile Sham Koua – **Pahoho**
Te Ava Piti, 1992

Avant mon départ, une année à voyager m'apparaissait comme une éternité. Mais après huit mois sur les routes, je dois me rendre à l'évidence, les journées défilent trop vite. Chaque heure apporte son lot de merveilles et de découvertes qui semblent accélérer le temps. Je m'apprête à basculer dans une nouvelle année calendaire et je comprends que la date du retour va venir trop rapidement. Comme pour me protéger de l'angoisse de la fin de ce voyage, je décide d'oublier le futur et de me concentrer sur le présent. J'apprends à profiter de chaque jour avec intensité. Je comprends pour la première fois de ma vie les vers d'Horace « *Carpe diem, quam minimum credula postero* » dont l'essence me paraissait si brumeuse en cours de philosophie au lycée.

Dans cette constatation de l'instant qui court, l'univers semble m'entendre et me donne un petit répit. L'avion que j'emprunte pour relier le chef-lieu de la Polynésie française se transforme en une machine à remonter le temps. J'atterris à Papeete, la veille de mon départ d'Auckland.

La réalité scientifique derrière cette faille temporelle est bien moins poétique. J'ai simplement franchi la ligne imaginaire de changement de date. Ce concept définit, de part et d'autre des environs du cent quatre-vingtième méridien, des jours différents décalés de vingt-quatre heures, pour permettre au système de temps universel coordonné de fonctionner.

Voyageant vers l'est, j'ai remonté le temps et expérimenté ce changement de date qui offrit à Phileas Fogg, dans un retournement de situation de dernière minute, de remporter son pari.

La Polynésie française est un immense territoire, ou plutôt *meritoire*, qui s'étale sur une surface équivalente à celle de l'Union européenne. Elle comprend un ensemble de cinq archipels regroupant cent dix-huit îles au climat et à la biodiversité très variés. Il faut une vie pour parcourir ces mers et ces terres. Je décide donc de limiter mon séjour aux deux principales îles : Tahiti et Moorea.

Cette destination lointaine, isolée et onéreuse, accueille chaque année environ 200 000 vacanciers en quête de lunes de miel inoubliables dans des structures hôtelières dignes des plus grands palaces, au bord de plages paradisiaques.

Si ces hébergements sont inaccessibles à ma bourse et vont me contraindre à faire preuve d'un peu d'imagination, j'apprécie, après les flots de touristes de Nouvelle-Zélande, d'arriver dans une région du monde peu visitée. Bien que fragile, elle va également s'avérer l'une des plus préservées de mon périple.

En sortant de l'avion, je suis immédiatement marqué par l'influence de la métropole sur cette région lointaine. La langue française au charmant accent polynésien, la police et les pompiers aux couleurs de la République, ou les panneaux de circulation identiques à ceux des routes de l'hexagone me rappellent que je pose le pied sur un territoire français.

En ce mois de décembre, la saison des pluies commence timidement, mais le climat est déjà lourd, chaud et humide. Les nuages recouvrent les sommets de l'île, envahis d'une végétation luxuriante d'un vert profond et intense. Tahiti est constituée de deux anciens volcans accolés l'un à l'autre, dont le plus important dépasse les 2200 mètres d'altitude. Une barrière de corail entoure partiellement l'île et forme des lagons à l'eau transparente et chaude.

J'ai prévu de séjourner un mois en Polynésie française. Afin de rentrer dans mon budget, je dois jouer la débrouille. Par chance, quelques jours avant de quitter la Nouvelle-Zélande, une couchsurfeuse polynésienne, enchantée par mon projet de voyage musical, propose de m'héberger sur l'île de Tahiti.

Valentine est une Franco-Étasunienne Polynésienne d'origine chinoise d'une quarantaine d'années. Elle est, à elle seule, un résumé de la diversité polynésienne et de la difficulté croissante qu'ont les femmes et les hommes de notre planète à se rattacher à une nation. Ce point m'avait déjà marqué au cours de ces derniers mois. J'ai croisé la route de nombreux terriens aux racines complexes qui peinent à se définir par une nationalité. Ils sont nés dans un pays, ont grandi dans un autre et travaillent dans un troisième, mais ne se sentent pas vraiment attachés à un État en particulier.

Cet étonnement m'amène à m'interroger sur le concept de nationalité et, plus profondément, sur le sentiment d'appartenance à une nation qui prend sa source dans la philosophie des Lumières et se caractérise par le droit du sang ou du sol. Dans un mode de vie mondialisé, où les hommes n'ont jamais autant bougé, la nationalité ne se résume plus au bout de papier qu'est le passeport. Elle est bien plus complexe et s'enracine dans le mixte culturel vécu par un individu, que les frontières d'un État, bien trop limitées, ne peuvent pas englober. La question, «de quelle nationalité es-tu?» devrait être remplacée par «à quelles nations ou cultures te sens-tu rattaché?».

Je fais partie de ces humains qui peuvent encore répondre à la première interrogation. Je suis né en France, de parents français. J'ai grandi en France. J'habitais et travaillais en France, avant mon voyage. Mais pour Valentine, cette question n'a pas de sens.

Valentine est née à Hawaï, de parents chinois. Elle a grandi en Polynésie française qui, bien que juridiquement rattachée à la République française, est d'une tout autre culture. Elle a vécu et étudié en métropole et aux États-Unis et travaille aujourd'hui en Polynésie française. Légalement, elle est reconnue comme franco-étasunienne par ses deux passeports. Mais elle ne se sent ni vraiment de l'un ni vraiment de l'autre. Lorsque je lui pose la question, «à quelles nations ou cultures t'identifies-tu?», elle me répond avec un grand rire.

«Cela dépend d'où je suis. En métropole, je suis polynésienne. À l'étranger, je me sens plutôt française, et en Polynésie, je suis chinoise. Je t'explique. Ici, en Polynésie, je fréquente principalement la communauté chinoise parce que j'y ai grandi. Ce sont les ancêtres communs qui nous réunissent et une certaine manière de penser, mais pas vraiment la langue ou les traditions. J'ai avant tout été élevée dans la culture polynésienne. Alors, en métropole, mes racines, c'est la Polynésie, ses danses, son mode de vie. Et puis à l'étranger, je crois que je ressens plutôt mon côté français acquis via les études. »

Valentine a perpétuellement le sourire aux lèvres. Commerciale dans une entreprise d'agroalimentaire, elle habite un bel appartement dans les hauts de Papeete et met à ma disposition une chambre avec salle de bains privative. Alors que je pose mon sac pour ce séjour luxueux, regardant la mer depuis le balcon, elle en profite pour revenir sur ma question des nationalités et illustre pourquoi elle se sent chinoise en Polynésie.

« Tu sais, le fait d'avoir acheté un appartement comme celui-ci n'est pas très polynésien. Les Polynésiens vivent souvent au jour le jour, sans vraiment se soucier du lendemain. Mais chez les Chinois de Polynésie, on pense qu'il est bien de se projeter dans l'avenir et d'avoir un toit solide pour ses vieux jours. J'ai donc fait un emprunt et j'économise pour m'acheter ce logement. Si j'avais grandi dans une famille polynésienne, je n'aurais peut-être pas vu l'appartement comme une priorité. »

Il est vrai que les Polynésiens ne se soucient guère de leur habitation. Elle est souvent assez simple et certains vivent dans des cabanes qui leur conviennent amplement. À l'inverse, la voiture est un signe extérieur de richesse qui est très valorisé. Alors ils préfèrent investir des sommes conséquentes dans de superbes pick-up importés des États-Unis plutôt que dans de belles maisons. Un choix qui peut paraître étonnant aux Français de métropole, mais qui se comprend en explorant la philosophie polynésienne. Devant ma curiosité, Valentine, en parfaite couchsurfeuse, m'immerge dans cette culture insulaire. Entre visites, rencontres avec ses amis, repas et bringues, je vais vivre sur Tahiti un condensé riche et unique de la vie des Polynésiens.

47

Les historiens font remonter les racines des peuples polynésiens à l'île de Taïwan. Au deuxième millénaire avant notre ère, des habitants de cette île auraient gagné les Philippines puis l'archipel indonésien et progressivement la Nouvelle-Guinée et les îles du Pacifique au moyen de pirogues à balancier. Ils seraient également allés vers l'ouest, jusqu'à l'île de Madagascar. Une unité linguistique – la famille des langues austronésiennes – se retrouve aujourd'hui dans l'ensemble de ces territoires et conforte ces hypothèses.

Les premiers hommes de Polynésie française auraient débarqué au deuxième siècle de notre ère, d'abord sur l'archipel des Marquises, avant de s'installer progressivement sur la centaine d'îles de la région et de pousser jusqu'à l'île de Pâques, Hawaï et enfin la Nouvelle-Zélande.

Au seizième siècle, l'expédition de Magellan rapporte, pour la première fois en Europe, la présence d'îles dans le Pacifique. Cette existence sera confirmée dans la deuxième moitié du dix-huitième siècle par les Anglais Samuel Wallis et James Cook et le Français Louis-Antoine de Bougainville. Dès la fin du dix-huitième siècle, des missionnaires anglais protestants et français catholiques sont envoyés par les deux États pour convertir les Polynésiens. Le royaume de Tahiti, gouverné par la lignée des Pōmare, est occupé par les Anglais. Les Français s'installent de leur côté sur les archipels des Gambier et des Marquises.

En 1843, un officier naval français profite de l'absence du consul britannique sur Tahiti pour forcer la reine Pōmare IV à signer une demande de protection auprès de la France. Le passage du royaume de Tahiti sous contrôle des Français agace les Anglais. Ils encouragent la reine Pōmare à résister. La guerre franco-tahitienne éclate. Elle durera trois ans et se terminera par la prise de Fort Fautaua le 17 décembre 1846, sans que la couronne d'Angleterre ait apporté de réels soutiens militaires aux Tahitiens.

En 1880, Pōmare V cède le royaume de Tahiti à la France qui devient une colonie. S'ensuivra l'annexion des autres archipels qui forment les Établissements français de l'Océanie, renommés Polynésie française en 1957.

En 1962, l'indépendance de l'Algérie amène le gouvernement français à déplacer les essais nucléaires du désert algérien vers la Polynésie française. Les atolls de Mururoa et Fangataufa deviennent tristement célèbres jusqu'aux dernières explosions en 1996. Cette période marque également un profond et durable changement. L'argent de la métropole coule à flots, les infrastructures se développent, le pouvoir d'achat augmente, les importations du monde entier envahissent les archipels et la culture se métamorphose, influencée par la France et ses milliers de ressortissants qui débarquent sur les îles. En quelques dizaines d'années, le mode de vie des Polynésiens est irrémédiablement transformé.

Outre les questions relatives aux conséquences sanitaires et environnementales des essais nucléaires, dont la France reconnaît aujourd'hui les impacts, certains Polynésiens regrettent que leur culture ait changé si rapidement. Si ces soixante dernières années ont permis des progrès, comme l'installation d'hôpitaux aux standards internationaux, l'argent de l'État français a modifié les modes de consommation des Polynésiens. La grande majorité des biens est aujourd'hui importée et la Polynésie française se trouve liée aux financements de la métropole qui l'autorisent à acquérir les produits essentiels à sa nouvelle manière de vivre[70]. Dans une société autrefois basée sur le partage, les inégalités de richesse et de pouvoir d'achat sont par ailleurs apparues.

Mais l'esprit polynésien reste très marqué. Derrière ce quotidien à l'occidentale, les racines de ce peuple aventurier et navigateur, tourné vers la nature, vibrent et se développent à nouveau.

Vetea est un Polynésien d'une quarantaine d'années qui partage la vie de Valentine. Très calme, les épaules carrées, le visage détendu et hâlé, il me donne l'impression d'avoir trouvé le bonheur quasi permanent. Il me l'avoue d'ailleurs lui-même.

« J'ai eu des années très difficiles, je suis passé par un divorce, mais je n'ai jamais été aussi heureux dans ma vie qu'aujourd'hui. »

Il se passionne pour la redécouverte de la culture et des sciences polynésiennes. Ses connaissances et sa philosophie m'impressionnent. Tout son corps vibre d'une intense ferveur lorsqu'il en parle. En quelques heures, il m'en apprend bien plus que des dizaines de livres d'histoire.

---

70 Environ un tiers du PIB de la Polynésie française est « produit » par la République française au travers de ses missions régaliennes.

«Les Polynésiens ont toujours été des peuples navigateurs et ont acquis depuis des centaines d'années un savoir incroyable que l'on réapprend petit à petit, m'explique-t-il.

«La découverte d'une nouvelle île ne s'est jamais faite par accident. Nos ancêtres n'étaient pas fous. Ils ne partaient pas naviguer sur l'océan en espérant la rencontre miraculeuse d'une terre pour s'y installer. La nature envoie de nombreux signaux. Si l'on est attentif et que l'on sait les lire, il est facile de s'orienter. Par exemple, en observant les migrations des oiseaux et en suivant leur vol, on est sûr de tomber sur un rocher, une île, un continent. Il est aussi possible de sentir la terre à des centaines de kilomètres. Lorsque l'on est sur la mer, l'odorat perçoit parfaitement le parfum des plantes tandis que la vue est perdue sur l'immensité des eaux. Le soleil est également un bon indicateur de la présence d'îles. Au couchant, ses rayons sont déviés par les terres sur l'horizon. En observant attentivement ce détail, un navigateur sait où diriger son équipage. L'homme est doué de capacités sensorielles incroyables que l'on a arrêté de développer. Avec l'essor de la technologie moderne, les humains ont oublié que leur corps est doté d'outils formidables.

«Ce sont tous ces sens, ces savoirs, que je redéveloppe avec une petite communauté. Nous partons dans la nature écouter les chants des oiseaux, repérer les bruits, sentir. Nous voguons sur des pirogues polynésiennes, sans instrument, juste avec les étoiles et les mythes polynésiens qui racontent le ciel. Nos ancêtres ont imaginé les légendes comme aide-mémoire pour retenir la cartographie de la voûte céleste et naviguer. C'est un peu notre atlas maritime.

«La langue polynésienne est également très riche pour comprendre la nature ou pour savoir quelle plante guérit ou est venimeuse. Son nom est lié à sa fonction sur le corps humain.

«J'étudie tout cela depuis environ dix ans. Mais je ne suis encore qu'un débutant par rapport à certains Polynésiens qui peuvent sentir la terre à plus d'une journée de navigation.»

Je suis impressionné par ce savoir ancestral. Aux mots de Vetea, je me dis que l'homme a oublié une partie de ses capacités propres dans nos sociétés technologiques. Même si la science est porteuse de progrès, en ne faisant que l'écouter, l'*homo sapiens* s'est peut-être trop coupé de son côté *sapiens* constitutif, de son environnement premier et de ses racines, avec les conséquences que l'on observe aujourd'hui : destruction des écosystèmes, perte de sens et de motivation, dépression, ou course technologique sans fin où les avancées sociales sont abandonnées au profit d'une pensée encouragée par le simple enrichissement financier.

Comme Vetea, la plupart des Polynésiens partagent un attachement avec la nature qui fait leur force. Ils ne sont pas motivés par le profit. Les quotas de pêche au thon sont, par exemple, loin d'être atteints, car la population refuse une surexploitation qui détruirait les fonds marins.

Bien évidemment, le modèle de la société de consommation de masse à l'occidentale, importé par les Français, les a influencés. Mais ils l'ont adapté à leur vision de la vie, à une existence au jour le jour qui se suffit à elle-même. S'ils ont un peu d'argent, ils aiment à montrer une certaine réussite sociale avec par exemple l'achat d'une voiture. Mais ils font rarement des économies ou des projets à long terme. Et si le chômage s'installe, ils se retournent vers la nature.

« Pourquoi me soucierais-je de perdre mon emploi ? me dira un jour un Polynésien. Si je n'ai plus d'argent, je vais pêcher dans le lagon, je ramasse des mangues et je me fais un bon repas. Je n'ai pas besoin de chauffer ma maison ou de consommer de l'énergie électrique. Je peux me laver dans la rivière. Je suis tout aussi heureux. »

À leur contact, je ressens un apaisement qui m'envahit. J'ai toujours été tourné vers l'avenir. Je fonctionne par projet. À peine ai-je terminé un but qu'un autre émerge dans mon esprit, m'emportant dans des spirales sans fin infernales et épuisantes.

La famille élargie joue également un rôle très important dans les sociétés polynésiennes. L'entraide est de mise dans ces tribus de sang. Ainsi, si un oncle ou un cousin éloigné est dans le besoin, le clan le soutiendra, à la hauteur de ses moyens. Cette solidarité m'étonne. Elle est profondément ancrée dans le cœur des Polynésiens et contribue au bien-être et à l'apaisement de toute la société. La nature est le refuge du demandeur d'emploi, la famille, le pilier du malheureux.

Cette philosophie, éloignée de celle occidentale, peut parfois conduire à des déconvenues dans les unions mixtes. Un Métropolitain marié à une Polynésienne me confiera au détour d'une conversation sur une plage :

« Ici, on ne se marie pas à une Polynésienne, mais à sa famille. Les Métropolitains qui s'installent en Polynésie occupent souvent des métiers dans l'administration. Ils font partie des insulaires les mieux rémunérés. Ils deviennent alors le roc sur lequel s'amarre l'entourage. Il faut donc être préparé à ne pas travailler pour soi, mais pour sa famille. Un cousin peut venir te voir parce qu'il a besoin d'un peu d'argent pour payer les études de sa fille. Tu dois l'aider. Mais le côté positif, c'est que si jamais je perds mon emploi, la famille me soutiendra. »

Vahinetua est une métisse polynésienne d'une quarantaine d'années. Très proche amie de Valentine, elle est enseignante dans l'Éducation nationale. Un jour, alors que nous parlons famille et union, elle déclare, en riant :

« Je suis une SDF, une Sans Difficulté Financière, alors j'attire les Polynésiens. »

Vahinetua a fait un autre choix dans sa vie que celui du mariage. Si elle est célibataire, cela ne l'empêche pas d'élever un fils adoptif qu'elle a reçu en confiage. Cette coutume ancienne et répandue, le *fa'a'amura'a*, permet à des parents de confier leur enfant à des Polynésiens pour qu'il soit, par exemple, dans le cas de Vahinetua, éduqué par une famille plus aisée. La particularité réside dans le fait qu'il n'y a pas de rupture du lien biologique, l'enfant pouvant continuer à fréquenter ses *metua fanau*, ses parents de naissance. Je réalise encore une fois à quel point la solidarité est le fondement de toute la société.

Les Polynésiens vivent dans une philosophie empreinte d'entraide et centrée sur le présent. Ils économisent leur énergie dans leurs activités quotidiennes. Mais il y a un domaine où ils ne comptent pas leurs heures, la fête. Que ce soit pour les bringues – l'appellation officielle des soirées polynésiennes – ou pour le Heiva – le plus grand festival de danses polynésiennes de l'océan Pacifique –, ils s'investissent, sans relâche, des jours entiers.

En cette fin d'année 2018, l'occasion est propice aux bringues. Valentine saisit l'opportunité pour m'amener à l'une de ces fêtes, organisée par une amie. Je n'ai aucune idée de la forme que prend une bringue et je m'imagine passer une journée et une soirée à discuter, manger et danser sur une musique enregistrée. Mais ces images sont vite chassées de mon esprit. Valentine, vêtue d'une belle robe colorée, m'annonce sur un ton léger le programme.

« J'ai acheté ce qu'il faut pour boire et grignoter. Tu n'as rien à apporter. Ça va être génial et une bringue ici, ça peut durer plusieurs jours ! Autrefois, il y en avait même qui s'étalaient en continu sur un mois. C'est assez rare maintenant. Bon t'inquiète pas, tu peux partir quand tu veux. Le principe, c'est qu'il y ait toujours quelqu'un pour faire l'animation. On se relaie pour aller dormir. »

Je regarde ma tenue. Je porte mon immuable tee-shirt vert et mon pantalon bleu de randonnée que j'ai transformé en short dans ce pays chaud. Ils commencent tous les deux à être usés du voyage. Des trous sont apparus dans le tee-shirt et les couleurs sont délavées. J'ai l'air bien indigent aux côtés de Valentine. Mais elle me rassure. Les Polynésiens adorent s'habiller pour faire la fête, mais ils ne jugent pas. Tout le monde est le bienvenu, quels que soient ses moyens et son niveau social.

Midi vient de sonner lorsque nous gagnons la demeure de Vaite, notre hôte pour la journée. Elle nous accueille chaleureusement.

Vaite est une Polynésienne aux longs cheveux lisses. Elle porte une robe rose imprimée de motifs de fleurs de tiaré tahiti. Cette fleur blanche, aux six pétales, est le symbole de la Polynésie française et est utilisée pour la confection du monoï, une huile de soin pour le corps. Autour du cou, un magnifique collier de tiaré tahiti met en valeur le teint mat de sa peau. Sur sa tête, une couronne ornée de fleurs rouges tranche avec le noir brillant de ses cheveux.

Pour cette bringue, elle a entièrement aménagé, avec professionnalisme, les extérieurs de sa maison. La fête ne s'improvise pas ! Tentes, poufs et décorations multicolores envahissent le jardin à l'herbe grasse.

Les convives arrivent les bras chargés de nourriture et déposent le tout sur une immense table protégée par un préau. Des dizaines de glacières sont réparties dans le jardin pour conserver, au frais, les boissons. Enfin, le buffet est ouvert. J'y découvre des mets aux goûts parfumés.

L'influence de la métropole est extrêmement perceptible dans la gastronomie polynésienne. La baguette de pain est ainsi devenue l'aliment de base de la population. Son tarif est fixé par le gouvernement pour permettre aux plus démunis de se nourrir. Pour autant, les plats polynésiens n'ont pas été relégués au passé. Ils côtoient facilement le saucisson ou le fromage importés de France, dont je me régale après des mois privés de ces mets exquis.

Le fruit à pain – un fruit à la texture proche de celui du pain au blé –, les bananes, ou le poulet en sauce à la polynésienne sont des délices pour mes papilles. Mais la spécialité la plus typique, à mon sens, est le *fāfaru*. Il est à la Polynésie ce que le camembert est à la France. Ce plat simple est constitué de tranches de thon cru macérées dans de l'eau de mer fermentée à base de têtes de crevettes pressées. L'odeur qui s'en dégage est incommodante, mais la saveur succulente.

Alors que le repas bat son plein, les premiers convives quittent la table et s'asseyent sur une couverture tahitienne, au pied d'un grand arbre. À cet instant, comme par magie, des ukulélés polynésiens[71] et hawaïens, et des guitares acoustiques envahissent le jardin. Quelques percussions sortent des sacs. Le maître des instruments, la contrebassine – une basse constituée d'une poubelle, d'un manche d'un balai et d'une corde en nylon –, est installé au milieu du cercle des musiciens. La fête peut commencer.

Je découvre le concept de la bringue. Il n'y a pas de sonorisation et encore moins de DJ dans ces soirées. Ce sont les convives qui l'animent de leur musique, de leurs chants et de leurs danses.

Doucement, les premières notes de chansons polynésiennes s'échappent des instruments. Le groupe grossit à vue d'œil et atteint plus de vingt musiciens. Les chanteurs et les danseurs se joignent à ces derniers.

Excité par le phénomène, presque en transe devant un tel mouvement, je suis happé par le petit orchestre. Je regrette à

71 Le ukulélé polynésien comprend les quatre cordes du ukulélé hawaïen, mais elles sont, en plus, doublées à l'octave. Il possède donc un total de huit cordes. Le son est un peu plus métallique et l'ouïe de la caisse de résonance est située à l'arrière de l'instrument.

cet instant de ne pas avoir amené mon alto. Heureusement, ma déception est de courte durée, un Polynésien me prête un ukulélé. Je suis débutant sur cet instrument, mais les conseils que je reçois me permettent de m'immerger immédiatement dans les rythmes. Des airs puissants et chaleureux résonnent autour de moi. J'assiste à ma première leçon de musique polynésienne. J'égraine mes premières notes. Je suis aux anges.

En Polynésie, la musique s'enseigne à l'oreille, en pratiquant avec les autres. Les débutants ne jouent que quelques accords, puis ils les complexifient, apprennent les chansons et finissent experts.

Je ne vois pas les heures passer. Je gratte les cordes à m'en faire des ampoules aux doigts. Je découvre une autre manière de faire la fête qui me fascine. Je l'adore. Je ne veux pas m'arrêter. Je n'ai jamais vécu une soirée aussi incroyable.

Les airs sont connus de tous. Si certains sont tristes, la plupart sont enjoués et les rythmes entraînants. Ils retentissent en moi comme des sonorités de travail, à l'image des chansons de marins. Je ferme les yeux et rêve de ce peuple de navigateurs chantant sur ses pirogues, voguant d'île en île.

La nuit tombe sans que les mélodies s'interrompent un seul instant. Les musiciens se relaient. J'ai pour ma part arrêté depuis quelque temps et finis par prendre congé du groupe, à regret.

Cette expérience unique m'inspire. Il existe encore des endroits dans le monde où l'on partage aussi humblement autour de la musique, sans préjugé de niveau, sans objectif autre que se faire plaisir, loin des règles trop strictes de la musique classique occidentale qui découragent de nombreux jeunes. Je suis conquis par cet esprit, conscient de ma chance d'avoir pu participer à cette bringue[72] et tout simplement,

72 Les Polynésiens invitent rarement des métropolitains à leurs bringues. Ils ont peur du mauvais jugement que les Français de métropole pourraient avoir sur leur culture et leur manière de faire la fête. Je tiens à remercier Valentine et Vaite d'avoir pris le risque de m'inviter. Grâce à elles, je peux témoigner de la beauté de la culture musicale polynésienne qui n'a rien à envier à celle de la musique occidentale.

heureux. Si un jour je m'installe en Polynésie, j'apprendrai le ukulélé. La musique sera mon langage pour parler avec les Polynésiens et me bercer de leur culture.

48

Moorea est située à une quinzaine de kilomètres de Tahiti. Un ferry effectue des liaisons régulières et m'embarque pour une traversée houleuse. Mais à mesure que le bateau s'approche de l'île, la beauté des paysages efface toute trace de nausée. Devant moi se dresse un petit territoire volcanique accidenté, constitué de falaises tombant à pic dans l'eau, recouvert d'une végétation extrêmement dense, et entouré d'un lagon au bleu clair chaleureux. La nature me saute aux yeux. L'île me semble paradisiaque.

Contrairement à Tahiti très urbanisée, cœur de l'activité économique de la Polynésie française, Moorea est calme et paisible. Déjà séduit par la douceur de vivre sur la plus grande île polynésienne, je vais être conquis par la vie à Moorea.

Je n'ai pas trouvé de couchsurfeur sur cette île. Mais, au hasard de petites annonces, j'ai proposé mes services de professeur de musique contre un hébergement. Je ne sais pas si les dieux polynésiens m'ont aidé, si la chance m'a souri, ou si ma persévérance a payé. Toujours est-il que je me transforme, pour quelques semaines, en enseignant particulier et baby-sitter de deux petites filles d'un couple de métropolitains. À raison d'une demi-journée quotidienne de travail, je suis rémunéré en gîte et en couvert. Un échange de bons procédés qui comble mes attentes.

En débarquant sur l'île, je rencontre Hector, le père des deux filles. Âgé d'une quarantaine d'années, un peu timide, le crâne dégarni, il m'accueille au port d'une chaleureuse poignée de main. Il conduit une vielle Renault Clio qui tombe en ruine. Contrairement aux Polynésiens, il n'a pas décidé d'investir toute sa fortune dans une voiture neuve. Ce véhicule lui est bien suffisant pour parcourir la seule route circulaire qui entoure l'île, d'une circonférence d'une soixantaine de kilomètres.

Après cinq minutes de trajet, nous nous garons devant la maison. La demeure est charmante et m'enchante. Elle est formée de deux vastes cabanes accolées : l'une « de vie », avec la cuisine, l'espace repas et une terrasse ; l'autre « de nuit », avec deux chambres au rez-de-chaussée – pour les parents et les filles – et deux pièces à l'étage – dont l'une sera mon lieu de repos pour les vingt prochains jours. Je pose enfin mes valises pour une durée conséquente. Je vais prendre le temps de me détendre, dans l'un des endroits les plus merveilleux au monde.

Ces deux cabanes sont installées à même la plage, sous des palmiers et de grands arbres qui offrent un peu d'ombre aux heures les plus chaudes de la journée. Devant elles, le lagon s'étale, telle une piscine naturelle privative. Un ponton le surplombe avec deux transats. J'y passerai énormément de temps à regarder l'océan et les étoiles, dans de douces rêveries reposantes. À l'arrière de la maison, les falaises volcaniques se dressent comme d'immenses murs végétaux. Entre montagne et mer, agrémenté par le clapotis de l'eau, le lieu est berceur. Seuls les aboiements d'un chien ou le chant des coqs rompent le temps.

Je fais rapidement la connaissance des filles, Amana, sept ans, et Erita, cinq ans. Toutes les deux blondes, au caractère parfois bien trempé, elles sont attachantes. Aussitôt arrivé, j'ai le droit à un spectacle de cirque. Elles pratiquent cet art depuis quelques mois et me montrent leurs numéros d'acrobatie, à la surprise d'Hector. En général, les filles sont timides avec les inconnus. Mais ma présence ne semble pas leur faire peur. Je croise également Héloïse, la femme d'Hector. La quarantaine, très souriante, les cheveux un peu ébouriffés, comme sortie du lit, elle part s'occuper de quelques cadeaux pour Noël.

Le soir tombe doucement. Les températures se font plus agréables. Pour se rafraîchir, Hector m'invite à prendre une bière, les fesses posées dans le lagon. Notre verre à la main, nous commençons à bavarder. Les filles en profitent pour jouer dans l'eau. En les regardant, je me dis qu'elles vivent dans un univers merveilleux. Même si elles ne le réalisent probablement pas, je vois la chance qu'elles ont de rentrer de l'école dans une maison où leur jardin n'est autre qu'un lagon.

J'aime écouter les histoires de la vie des hommes. Ces échanges m'enrichissent. Hector me confie une partie de la sienne.

« Avant de rencontrer Héloïse, je voulais vivre aux Açores et animer des croisières sur un voilier pour partir à la découverte des dauphins. J'ai acheté un bateau », me dit-il tranquillement, d'une voix calme et posée.

« Et puis ma vie a brusquement changé. J'ai croisé la route d'Héloïse. J'en suis tombé amoureux. Amana est née. Nous vivions à Grenoble, mais nous ne nous voyions pas y rester élever notre fille, dans cette ville polluée.

« J'avais toujours mon bateau et mon rêve de partir. Alors nous avons tout vendu. Nous avons confié Amana aux parents d'Héloïse et nous nous sommes lancés dans la traversée de l'Atlantique à la voile. Ça nous a pris quelques semaines.

« Arrivée en Amérique, Héloïse est repartie en France s'occuper d'Amana. De mon côté, j'ai embarqué des équipiers pour traverser le Pacifique et j'ai atterri en Polynésie où Héloïse m'a rejoint en avion, avec Amana. Nous avons passé quelques mois à parcourir la Polynésie, en bateau, pour finir par nous installer sur Moorea.

« Les premières années ont été très compliquées. Il est difficile de trouver un emploi en Polynésie, particulièrement dans mon secteur, l'informatique. La vie est très chère, et sans amis ou famille sur place, il est quasiment impossible de s'en sortir.

« Un instant, nous avons pensé partir en Australie. J'y suis allé pour chercher un emploi. Mais c'était à l'époque où les autorités australiennes commençaient à durcir les lois sur l'immigration. Travailler en Australie était tout aussi compliqué qu'en Polynésie. Alors nous sommes restés.

« J'ai occupé divers métiers. Petit à petit, j'ai fait mon trou. J'ai fini par signer des contrats avec le gouvernement polynésien. Mon activité s'est stabilisée. Erita est née entre-temps.

« Mon salaire me permet aujourd'hui de vivre confortablement. Notre vie est, pour le moment, ici, dans cette belle maison. Mais ce n'est pas toujours facile. La famille est loin. Nous avons bien des amis, mais nous ne pouvons pas nous reposer sur eux comme on peut le faire avec des proches. C'est le revers de la médaille. Alors nous réfléchissons à regagner la métropole, d'autant plus que nos parents vieillissent et que nous voudrions en profiter. »

Aux mots d'Hector, je prends conscience que si les Polynésiens mènent une existence relativement paisible, c'est réellement grâce au soutien de leur clan, si important à leurs yeux. Ces îles, aussi paradisiaques soient-elles, peuvent rapidement se transformer en enfer sans entrée d'argent conséquente ou sans assistance familiale. Aimant la vie insulaire et ayant séjourné sur de nombreuses îles en Europe, j'avais déjà ressenti cette dualité entre quotidien agréable loin du monde et existence rude si elle n'est pas soutenue par l'entraide entre les habitants.

Après le dîner, j'entame un long échange avec Héloïse, au bord du lagon. Au-dessus de nous, la voûte céleste est parsemée de millier d'étoiles.

« J'ai toujours aimé écrire, me confie-t-elle, avec un regard où brillent malice et joie.

« Mais j'ai suivi une autre voie. Je suis devenue enseignante.

« Quand nous nous sommes installés en Polynésie avec Hector et Amana, j'ai occupé quelques postes çà et là, en maternelle. Et puis, j'ai décidé de monter ma propre école Montessori. J'avais envie de lancer mon projet. J'ai obtenu les agréments du gouvernement. Ça a été long et compliqué.

« Tout commençait à se mettre en place, quand il y a eu un revirement de situation, à cause d'un problème administratif. Ça faisait des mois que je me battais contre toute cette paperasserie, je n'avais plus la force de lutter. J'ai laissé tomber.

« C'est à ce moment que l'écriture m'est revenue comme un boomerang. J'ai commencé à rédiger la biographie de ma grand-mère. Elle est malheureusement décédée juste avant que je ne publie le livre. Mais je suis contente d'avoir pu coucher sa vie sur le papier.

« Aujourd'hui, je démarche les familles polynésiennes pour écrire leurs histoires. Je ne gagne pas énormément d'argent, mais j'ai un but qui me motive. »

La biographie de sa grand-mère est posée sur une étagère de la maison. Je demande à Héloïse l'autorisation de la lire. Avec un grand plaisir, elle me confie le livre que je dévore en une soirée. L'écriture est fluide, les propos bien amenés. Héloïse a beaucoup de talent.

Héloïse et Hector sont tous deux animés d'une charmante philosophie de vie. Ils profitent de chaque jour, intensément. Leur contact me procure un réel bien-être.

Héloïse m'inspire particulièrement. Elle est un peu le miroir de moi-même. Son quotidien est fait d'interrogations qui le lui rendent difficile. À l'écouter parler, je comprends ce qu'elle ressent. Mon cerveau se questionne tous les jours sur le futur et les multiples possibilités de mon existence. J'ai du mal à faire des choix, ne serait-ce que pour des besoins élémentaires. Cela complique mon existence et j'apprends, quotidiennement, à cohabiter un peu plus avec ces pensées.

Si Héloïse a vécu en partie ce que je traverse, elle est aujourd'hui arrivée à trouver un bel équilibre de vie.

« Depuis que j'ai mes enfants et que je vis ici, je me sens bien. J'essaie de profiter de chaque journée intensément. Hector est comme moi », me dit-elle, un soir, alors que nous parlons du futur de notre planète qui nous inquiète tous les deux.

« Tu sais, nous partageons ta vision. Le monde prend un chemin complexe avec de probables problèmes d'eau ou de nourriture, peut-être des conflits. Mais c'est une bonne raison pour encore plus profiter de chaque moment de bonheur, au jour le jour.

« La vie, même si elle est courte, mérite d'être vécue intensément. Nous n'avons aucun plan pour notre futur. Parfois, nous discutons avec Hector de la vieillesse. Et souvent, nous concluons que s'il nous est impossible de subsister lorsque nous serons âgés, nous partirons ensemble pour le royaume des morts de manière anticipée. Nous n'espérons sincèrement pas en arriver là, mais c'est surtout pour te dire qu'il ne faut pas négliger le présent, sous prétexte d'un futur incertain. »

Lorsque j'entends Héloïse parler, je prends conscience qu'ils ont un peu de philosophie polynésienne en eux et que l'on a peut-être oublié la beauté de la simplicité de la vie dans nos sociétés occidentales.

Nous passerons ainsi des soirées sans fin à discuter, à refaire le monde et à boire des mojitos concoctés avec un rhum local au parfum incroyablement délicieux. Je me sens bien chez eux. Ils sont, pour l'espace de quelques jours, une seconde famille.

Entre ces discussions, les longues nuits, les siestes, les repas, l'observation des étoiles et les bains dans le lagon, j'emploie le reste de mon temps avec les filles et découvre le métier, épuisant, de parent.

Amana et Erita débordent d'énergie et d'intelligence. Je dois les occuper, les faire se dépenser et stimuler leur curiosité avec un équilibre parfois complexe à trouver.

J'initie Erita à la musique, n'en oubliant pas le but principal, s'amuser. Nous tapons sur des noix de coco ramassées dans le jardin pour faire du rythme, nous dessinons des mélodies ou nous chantons en riant. Je dois reconnaître que je suis impressionné par sa capacité à absorber les choses. Je n'arrive pas à comprendre son cheminement intellectuel pour emmagasiner les informations. Je lui explique des principes qu'elle dit ne pas saisir. Mais le lendemain, quand je l'interroge, je m'aperçois qu'elle a, à sa manière, tout perçu.

Amana dispose déjà de quelques bases théoriques de musique. Je décide de lui enseigner la lecture de notes et de l'initier au piano. En deux semaines de cours, elle apprend à toute vitesse et dépasse mes attentes. Les enfants ont des capacités impressionnantes.

Face à ces progrès, Hector propose que nous donnions un petit spectacle familial pour le concert du samedi à la pizzeria de Moorea. La chanson d'Aldebert, *La vie c'est quoi ?* est choisie à l'unanimité. Dans celle-ci, avec une infinie poésie et au milieu d'un duo de questions-réponses, un père explique la vie à son enfant.

Je retranscris et adapte la musique pour les filles ainsi que pour Hector et pour le pianiste de la pizzeria. Enfin, j'ajoute une partie à l'alto. Nous répétons ardemment et donnons le concert qui sera un succès total. Les filles sont ravies de cette première expérience sur scène. Elles en redemandent. À les regarder exprimer un tel contentement, je suis heureux de les avoir accompagnées dans ce petit bout de vie.

49

Entre les apprentissages de cette riche culture polynésienne et mon nouveau métier, je n'oublie pas de profiter de la nature, dans ce joyau qu'est la Polynésie française. Que ce soit sur Tahiti ou sur Moorea, je m'évade pour de longues randonnées parmi une végétation luxuriante. Chaque centimètre de la côte des îles est également un régal. Les lagons, particulièrement à Moorea, sont immenses, tranquilles et regorgent d'une quantité impressionnante d'animaux marins. La température de l'eau permet d'y séjourner des heures sans ressentir le moindre froid.

Je profite du calme du premier jour de l'année 2019 pour partir en canoë au large de Moorea, dans un espace maritime où des Polynésiens nourrissent quotidiennement les poissons. Ils attirent, ainsi, des dizaines d'espèces à un horaire régulier pour le bonheur des touristes. Mais il n'y a personne en ce jour de repos. Les Polynésiens récupèrent de leur bringue et les étrangers d'une soirée trop arrosée. De son côté, la faune aquatique, soumise au conditionnement pavlovien, afflue.

Je n'étais pas d'humeur à faire la fête pour le Nouvel An, préférant siroter en solitaire un rhum en regardant les étoiles au bord du lagon. Mais la perspective de commencer l'année au milieu de la nature me réjouit.

Sous mon canoë, des centaines de poissons multicolores et des requins à pointe noire semblent m'attendre. Une appréhension m'envahit à l'idée de cette première sortie avec des squales. Je me rassure en me remémorant les paroles des Polynésiens, essayant de ne pas trop me concentrer sur la deuxième partie de leur réponse :

« Cette variété est inoffensive pour l'homme. Enfin, pour le moment, tant qu'elle a assez de poissons à manger dans notre océan protégé de la surpêche. »

J'enfile un masque et saute à l'eau. Mon cœur bat vite puis graduellement se calme. Après de longues minutes, entouré par le ballet de requins, je prends confiance. Des poissons énormes viennent à ma rencontre avec l'espoir de se nourrir sans effort. Au loin, j'aperçois un groupe de trois raies qui semblent voler, parcourant à toute allure le lagon. Je suis conquis par le lieu, l'année 2019 commence de la plus belle façon qu'il soit possible d'imaginer.

C'est avec ces images fortes d'une nature préservée que je quitte, quinze jours plus tard, la Polynésie française, un petit pincement au cœur. Je laisse les filles, Héloïse, Hector et leur paradis, pour regagner Tahiti. Valentine et ses amis m'y attendent et me remettent, en dernière touche d'attention, des colliers de perles. Je suis ému par ce geste, par ces personnes au cœur d'or.

Vetea me glisse, en guise d'au revoir :

« Le bonheur est un état d'esprit. Mais l'entourage est tout aussi important. Fréquente des gens heureux et sois joyeux. »

50

Paris, deux ans et demi plus tôt.

« Souffle tes bougies !

– Ça te fait quoi d'avoir trente ans ?

– Franchement, pas grand-chose. Mais je suis content que vous soyez là ! »

J'avais toujours rêvé d'une fête d'anniversaire surprise. Alors, en ce début du mois de mai de l'année 2016, je savourais cette journée secrètement organisée par Sophie. Je me sentais heureux dans ma vie, dans mon couple.

En réalité, une angoisse me dévorait tendrement. L'ignorant, je marchais le long d'une route droite et sans obstacle au bout de laquelle se dessinait un gouffre. Je l'attei gnis par un doux soir du 27 mai.

Ce jour-là, deux amis dînaient à la maison, Mathieu – que j'allais revoir en Thaïlande bien plus tard – et Maude, une historienne et pianiste rencontrée en classes préparatoires. Alors que le repas se déroulait de la plus belle des manières, une question surgit dans mon esprit. Observant Maude manger, je me surpris à me demander pourquoi je n'avais pas construit mon couple avec elle.

Sans comprendre les causes de cette interrogation, je m'apprêtais à en subir les conséquences. Une graine venait de germer dans mon cerveau.

Le mois de juin fut horrible, chargé de questionnements personnels. Je ne voulais pas avouer à ma compagne qu'une telle idée m'avait traversé la tête. Me refermant sur moi-même, oubliant de parler, je m'enfonçais dans une spirale infernale. J'étais malheureux, mais je ne savais pas comment agir.

Début juillet, je pris quelques jours de congé, seul. J'étais alors très distant de Sophie. Elle s'inquiétait de mon changement d'attitude et finit par me demander si je souhaitais la quitter. Dix ans que nous étions ensemble, non, je ne voulais pas de cela ! Pour autant, je ne pus m'empêcher de lui écrire un message qui dut l'anéantir, lui avouant mes doutes. Dix années de vie commune s'interrompirent brutalement, dix ans passés à grandir l'un à côté de l'autre. Comment, en un mois, avec une seule pensée, pouvais-je détruire une telle union ?

C'est à cette époque que je découvris la littérature de voyage. Je ressentais le besoin de me raccrocher à des histoires de femmes et d'hommes qui parcourent le monde pour d'autres raisons que le simple goût de l'aventure. Dans ces lectures, je fis la rencontre avec les chemins de Saint-Jacques-de-Compostelle.

Fin août, je pris quatre semaines de congé et partis les arpenter à pied sur 650 kilomètres. Au cours de ce périple, j'appris à voyager sans plans. La veille de mon départ, j'achetai un billet de train de Paris à Saint-Jean-Pied-de-Port. Je commençai la marche sans vraiment savoir où j'allais. Je fis la rencontre de pèlerins à l'histoire spectaculaire. Je revins avec l'envie de me battre pour mon couple. Sophie accepta. Mais les questions étaient toujours présentes. Je devais les surmonter.

Sophie m'incita à faire appel à un psychologue. Admettant que je traversais une période dans laquelle je n'arrivais pas à avancer, je finis par prendre rendez-vous avec un psychiatre. La consultation fut désastreuse. Le praticien regardait sa montre et ne cherchait pas à me comprendre. Elle dura vingt minutes.

Je fis alors la rencontre d'un psychanalyste âgé de quatre-vingt-sept ans, un sage, peut-être le grand-père qui m'avait manqué. Il m'accueillit comme l'un de ses patients. Dès le départ, la relation fut extrêmement fluide.

Au fil des séances, je pris conscience que la partie émergée de l'iceberg qu'était mon couple masquait des interrogations sur ma vie personnelle : désirais-je des enfants ? Si oui, Sophie était-elle la compagne avec laquelle je me voyais fonder une famille ? Où souhaitais-je vivre ? Mais encore professionnelle : quel métier voulais-je pratiquer ? Devais-je être salarié ou indépendant ?

D'autres questions plus profondes étaient également ensevelies. Ma place dans ce monde ou mon impact sur la Terre pour les générations futures étaient autant d'interrogations qui me torturaient. Je me révoltais contre de nombreuses situations. L'injustice m'exaspérait. Mon cerveau tournait à 200 kilomètres à l'heure. Jour et nuit je pensais. Je dormais peu. Je devenais hyperactif.

Sophie m'accompagna du mieux qu'elle le put dans cette traversée difficile, une simple crise de la trentaine selon certains proches. Mais, en réalité, mes questionnements étaient intenses. J'étais un monstre. Sophie en souffrait au moins autant, sinon plus que moi.

Après quelques mois, je compris que j'allais avoir besoin de temps pour redevenir une personne sereine ayant envie de construire une existence. Que je détruise ma vie était une chose. Mais je ne pouvais pas anéantir la sienne.

Nous nous séparâmes au mois d'avril 2017, un an après le début de ma crise. C'était une belle journée de printemps au cimetière du Montparnasse. Nous étions assis sur un banc. Elle me déclara, avant que je ne parle, qu'elle me quittait. Elle savait que je m'apprêtais à lui annoncer la même chose, mais elle tenait à le faire avant moi. Son dernier geste pour me montrer que c'était sa décision et qu'elle irait bien. Son dernier geste pour que je ne culpabilise pas trop.

Mais je me sentais tellement fautif ! Je m'en voulais tant ! J'étais en colère contre moi-même.

Cette journée fut belle de soleil, mais pleine de larmes. C'est ici que je la vis pour la dernière fois. Elle était assise avec son long manteau bleu. Je me levai et me retournai une ultime fois avant de partir pleurer au milieu des tombes.

À quoi pensait-elle à ce moment-là ? Je ne le saurai probablement jamais. De mon côté, je réalisais que c'était peut-être la dernière fois que je la voyais, que je ne voulais pas oublier cette image. Je la retiendrai à jamais.

Je crois que la Polynésie française aura été une étape personnelle importante de ce voyage. En quittant le territoire, je perçois mon existence différemment, décidé à profiter, avec intensité, des derniers mois de ce périple. Même si la page de mon ancienne vie n'est pas encore tournée, et qu'elle ne le sera probablement jamais entièrement, j'ai pris conscience que le temps apaise les cicatrices et que je dois, maintenant, cueillir chaque journée de mon existence. En polynésien, *Ta'a* désigne à la fois l'apprentissage et la séparation et résume ce voyage. C'est par la douleur de la rupture de mes liens avec Sophie que je progresse dans mon existence et grandis.

51

♪ Matato'a – *E'ruru era*

J'avais dix ans lorsque j'ai découvert pour la première fois l'île de Pâques. Mon père m'avait prêté un livre sur de lointaines légendes millénaires. Dans cet ouvrage, l'auteur consacrait un chapitre sur les moais, ces grandes statues qui parsèment l'île. Le livre était relativement ancien et échafaudait des hypothèses saugrenues sur la présence de ces blocs de pierre sculptés. Mais il n'arrivait pas à conclure sur le pourquoi de leur installation et encore moins sur le comment de leur méthode de construction.

Mon imaginaire d'enfant en tira ses propres déductions et fonda ses théories. Puis, en grandissant, l'intérêt pour ces questions disparut.

Une dizaine d'années plus tard, en parcourant un atlas, je vis resurgir l'île au milieu de l'océan Pacifique. Elle n'était qu'un point de la taille d'une tête d'épingle sur une page bleue. L'enfant que j'étais ne l'avait pas située si isolée du monde. Je cherchai comment m'y rendre. Territoire rattaché au Chili, le plus simple était de gagner un avion au départ de Santiago du Chili. Je n'avais pas les moyens financiers et le rêve resta enfoui. Mais j'avais avancé d'un pas vers cette île mystérieuse.

Il m'aura fallu attendre dix années supplémentaires pour que j'y pose enfin le pied, et ce de la plus belle des façons. Une fois par semaine, un avion dessert l'île depuis Tahiti. C'est l'unique vol international qui relie ce sommet du triangle polynésien. En sortant de l'aéroport, je débarque non seulement sur l'île de Pâques, mais j'entre, en même temps, au Chili.

En vingt années, mon imaginaire s'est peint le tableau d'une île de Pâques volcanique, couverte d'une végétation dense, entourée d'un lagon et sur laquelle des milliers de moais trônent fièrement.

Mais à l'approche de l'île, ce paysage de rêve s'envole. Celle-ci n'est pas envahie d'une flore verte et luxuriante. Elle est au contraire sèche, quasiment entièrement déboisée et m'apparaît soudainement peu hospitalière, trop aride pour y accueillir la vie.

Les volcans, qui culminent sur cette terre, ne s'élèvent qu'à quelques centaines de mètres d'altitude. Derrière mon hublot, l'île me fait l'effet d'une grosse crêpe en forme de triangle posée au milieu de l'océan. Mais cette dénivellation, certes ridicule pour un coureur du Tour de France, s'avérera être une souffrance pour le pauvre cycliste que je suis. Je revisiterai mon jugement. L'île est vallonnée. La vue depuis les airs m'a trompé.

L'influence qu'exerce l'hexagone sur la Polynésie française est similaire à celle du Chili sur l'île de Pâques. À peine arrivé, je perçois les premiers signes de la culture chilienne. L'espagnol chilien s'impose. Le rapanui, la langue polynésienne de l'île, colore quelques fois les échanges. J'y retrouve avec plaisir des mots entendus des centaines de fois ces dernières semaines. *Ia orana* résonne dans toutes les bouches pour saluer. J'apprécie cette douce transition linguistique, ce passage musical du français-polynésien au polynésien-espagnol.

J'ai réservé une petite cabane pour ma semaine sur l'île, sur Rapa Nui comme la nomment les Polynésiens. La propriétaire du logement m'attend sur le parking de l'aéroport, un collier de fleurs à la main, un geste d'accueil qui me touche.

Nous embarquons à bord d'un vieux pick-up et entamons une discussion en espagnol. Alors que la voiture s'enfonce dans Hanga Roa, la seule ville de l'île, je saisis des bribes de conversation dans cette langue que j'aime parler, mais que je n'ai pas pratiquée depuis quelques années.

« – … là tu as l'église…
– Ah oui !
– Et là, tu as le supermarché et la rue te permet de…
– Intéressant
– … sinon problème… logement… pas construit… solution.
– Euh… »

En échafaudant à toute allure dans mon cerveau un scénario plausible basé sur les quelques mots que j'ai pu saisir, je crois comprendre que la cabane que j'ai réservée n'a pas encore été érigée. Je perçois aussi que la propriétaire a une solution grâce à une connaissance qui pourrait me mettre à disposition un logement.

Je ne suis pas bien sûr de mes hypothèses, mais je décide de ne pas m'inquiéter. J'ai expérimenté le sens merveilleux de l'accueil des Polynésiens. Alors, d'un ton sûr, je conclus rapidement.

« Aucun souci ! Nous pouvons aller voir la solution de secours. »

Le pick-up bifurque vers la périphérie du village et, au détour d'un virage, s'enfonce dans une petite impasse de terre rouge. Il s'arrête finalement sur le terrain d'une jolie maison, très bien entretenue, entourée d'un beau jardin. Le lieu a l'air tranquille et cosy. Je me dis que si j'ai une chambre dans ce pavillon, le séjour sera parfait.

Maria, la propriétaire du logement, m'accueille très chaleureusement. C'est une Rapanuie d'une cinquantaine d'années aux cheveux mi-longs, très noirs. Elle parle un bel espagnol, lent et très compréhensible. Elle m'invite à entrer dans sa demeure. C'est une maison de plain-pied, extrêmement propre, avec salon, cuisine toute équipée et trois chambres. D'immenses baies vitrées, installées dans chacune des pièces, offrent une vue à 180 degrés sur le jardin. Une herbe verte, au feuillage épais, recouvre une terre rouge. De grands arbres et quelques buissons parsèment le terrain. Il n'y a pas un bruit, hormis le caquètement de quelques poules. Ces animaux, si courants dans les îles polynésiennes, font partie de la vie des familles. Ils nettoient les jardins des insectes et contribuent ainsi, naturellement, à éviter l'invasion des cafards dans les maisons.

« Voici la chambre, me dit Maria, en ouvrant une porte. Il y a une salle de bains privée, viens, je te montre. »

Je rentre dans une pièce meublée avec deux lits à une place, une armoire et un local avec douche et lavabo. Depuis des mois, je n'ai pas connu un tel niveau de confort dans les auberges ou les hôtels dans lesquels je suis passé. Je n'en reviens pas d'avoir une si agréable chambre pour ma semaine sur l'île. Je me tourne vers Maria et, dans mon plus bel espagnol, lui confirme que le lieu me convient parfaitement. La transaction est conclue.

De retour vers le salon, Maria me donne quelques renseignements supplémentaires.

« Si tu as besoin de nous appeler, tu peux téléphoner à ce numéro. Tu peux aussi aller sonner chez les voisins. Nous n'habitons pas très loin et nous pourrons passer te voir. Et la femme de ménage changera tes draps en milieu de semaine. Voici les clés, tu as la maison pour toi tout seul.

– Pardon ? »

Je n'en reviens pas. Je dispose d'un logement avec jardin, salon, cuisine et trois chambres, sur l'île de Pâques, en lieu et place d'une toute petite cabane ! Mon séjour commence au-delà de toute espérance. Les Polynésiens ont un sens de l'accueil inégalé. Ils me le montrent encore une fois. En m'offrant cette maison, ils s'excusent du faux plan de la cabane.

L'après-midi touche à sa fin. Je rejoins le village à pied en une vingtaine de minutes. Comme dans chaque nouveau pays dans lequel j'arrive, je dois repenser mes habitudes. Monnaie, produits alimentaires ou horaires d'ouverture des magasins sont autant de petits détails qui facilitent la vie de tous les jours et que j'essaie d'appréhender rapidement.

Je déguste ainsi mes premières *empanadas*, des chaussons de pâte feuilletée, farcis de viande, de poisson ou de légumes, un mets bon marché qui constitue la nourriture de base des Chiliens.

J'en profite également pour louer un vélo pour la semaine. Il m'apparaît comme la meilleure solution pour arpenter cette île longue de 24 kilomètres que je souhaite découvrir dans ses moindres recoins. Le loueur est étonné de ma demande. Peu de touristes restent aussi longtemps sur l'île. Encore moins la parcourent une semaine durant à vélo. Ils préfèrent généralement réaliser un tour d'une journée, en voiture ou en scooter.

Le village de Hanga Roa est installé au bord de l'océan face à un petit port. Une dizaine de rues pavées, rougies par la terre, le découpe en quartiers. Ces derniers regroupent les commerces et les administrations de l'île. Les bâtiments, souvent de plain-pied, sont colorés et coiffés de toits de tôle. En s'éloignant du centre, des centaines de maisons accueillent les 8000 habitants de l'île. Elles sont entourées de petits jardins où poussent des fruits exotiques.

Alors que je déambule dans ce village, et que mon regard se perd sur la mer où des enfants se baignent au milieu de tortues, mes yeux se posent sur ma première statue d'un moai. Un banc lui fait face. Je m'y assieds. Comme happé par cette rencontre, je le contemple. Avec son visage allongé aussi grand que son buste, sa figure aplatie sur laquelle le seul relief est un nez disproportionné aux énormes narines, sa petite bouche sévère et ses bras le long du corps, elle semble me toiser du haut de ses quatre mètres. À cet instant, sans prévenir, les larmes me montent aux yeux. Je suis fatigué de ces dernières heures de voyage. Je ne maîtrise plus mes sentiments. Une violente émotion me submerge, provoquée par la prise de conscience que je suis enfin sur l'île de Pâques, en train de réaliser non seulement un rêve d'enfant, mais également un des buts de ce voyage.

Il me faudra de longues minutes pour m'en remettre.

52

Impatient de parcourir cette île si mystérieuse, je me lance, dès le lendemain, dans une intense semaine à vélo. J'ai l'intention de découvrir méticuleusement, un à un, chaque moai.

Mais en ce joli matin d'été, je n'ai pas perçu l'ampleur de la tâche qui m'attend. L'île totalise quelque neuf cents statues dont la plupart ont été réduites à l'état de fragments. C'est dans la douleur physique que je vais faire ce constat, à la suite d'une première journée chaotique.

Pour l'heure, je m'élance, le sourire aux lèvres, débordant d'énergie, vers un site d'importance majeure situé non loin de mon logement. Le ciel est d'un bleu magnifique. Le soleil inonde l'île de ses rayons. Je suis protégé par une épaisse couche de crème et un chapeau. La journée s'annonce radieuse.

Après quelques minutes de vélo, je prends conscience que l'île n'est vraiment pas plate. Je pédale péniblement sur les premières portions des routes vallonnées. Quand j'atteins mon premier objectif, la mi-journée vient à peine de sonner, mais je suis déjà fatigué. Fort heureusement, le spectacle me récompense de mon effort. Devant moi, sept moais alignés se dressent fièrement. Ils semblent comme figés au garde-à-vous, pour l'éternité. Avec leur tête plate et allongée, leur grand nez, et leur corps disproportionnellement petit, ils me font penser aux tikis[73] tahitiens ou néo-zélandais, dont ils sont d'ailleurs une représentation.

Comme pour l'ensemble des sites de taille conséquente, ces sept moais reposent sur un *ahu*, une plateforme sacrée, construite en pierre. Le *ahu* est entouré d'un champ d'herbe rase un peu jaunie, qui donne au lieu un air de désolation. Quelques rares arbres essaient péniblement de pousser. Je m'assieds au pied de l'un d'entre eux, profitant de l'ombre de son épais feuillage, et regarde les statues.

Après une longue observation, je me rends compte qu'elles sont moins impressionnantes que dans mes rêves. Elles me semblent, tout à coup, tout à fait *sculptables* par l'homme. Ce constat me peine. Le mythe que je m'étais construit depuis ma plus tendre enfance s'effrite. Une douce mélancolie me gagne. Je repense au passé de cette île.

Pendant des décennies, des débats enflamment les historiens pour savoir d'où viennent les peuplements de l'île de

73 Les tikis sont des représentations de Tiki qui, selon les légendes polynésiennes, est l'ancêtre mi-homme mi-dieu qui engendra les humains. En Nouvelle-Zélande, les tikis sont généralement sculptés dans du bois. En Polynésie française, ils sont en bois ou en pierre, mais n'atteignent pas les dimensions conséquentes des moais de l'île de Pâques.

Pâques. Les hypothèses s'affrontent entre des racines sud-américaines et polynésiennes. Aucune date ne fait consensus quant à la période de construction des statues. Le mystère reste entier. Il inspire un nombre incalculable de théories et anime les hommes.

En 1872, Pierre Loti, qui fait une courte escale à l'île de Pâques sur son chemin vers Tahiti[74], écrit que les habitants de Rapa Nui sont incontestablement d'origine polynésienne. Outre les aspects physionomiques des Rapanuis qu'il rapproche de ceux des Polynésiens, il note dans son carnet de voyage:

«C'est [...] l'un des charmes imprévus de cette île que la langue des Maoris y soit parlée [...].»

À l'inverse, pour Thor Heyerdahl, un anthropologue, archéologue et navigateur norvégien, l'origine des Rapanuis ne peut être que sud-américaine. Pour prouver sa théorie, il mène en 1947 une expédition à bord du *Kon-Tiki*, un radeau construit pour l'occasion, sur lequel il parcourt 8000 kilomètres depuis le Pérou, porté par les courants, et atterrit aux Tuamotu. Si son périple est un succès mondial, et semble un instant conforter son hypothèse, les sciences modernes la contrecarrent quelques années plus tard.

Dans la deuxième moitié du vingtième siècle, l'analyse ADN et la datation par le carbone quatorze font leur apparition. Il devient possible d'estimer le patrimoine génétique d'un être vivant et l'âge d'un objet. Les scientifiques et historiens s'associent et retracent la lignée des Polynésiens. Ils font alors le constat que les Rapanuis sont arrivés sur l'île de Pâques à la fin du premier millénaire de notre ère, en traversant probablement l'océan Pacifique en pirogue, depuis les Tuamotu ou les îles Marquises[75]. Les conclusions sont unanimes. Les Rapanuis ont commencé à édifier les moais trois mille ans après le monument mégalithique de Stonehenge ou les pyramides égyptiennes, à une époque où les Européens construisaient des cathédrales.

---

74 C'est d'ailleurs en visitant Tahiti que Pierre Loti aurait reçu, de la reine Pōmare, le surnom de Roti, qu'il transformera en Loti, pour en faire son nom de plume.

75 Ces archipels sont aujourd'hui rattachés à la Polynésie française.

Ces faits scientifiques incontestables, dont je fis la lecture quelques jours avant mon arrivée, m'avaient déjà ôté une partie du mystère que je portais en moi. Mais j'espérais tout de même m'étonner du gigantisme des moais, et quitter l'île, la tête envahie de questions non résolues quant aux techniques de construction.

Malheureusement, devant ces sept moais, le dernier pan de mon imaginaire s'envole. Emportées par la brise marine, les cendres encore chaudes de mes ultimes rêves d'enfant partent se répandre dans l'immensité du Pacifique. Assis au pied de mon arbre, je fais, en ce jour, le deuil d'une part de ma jeunesse.

Je reste de longues minutes sans bouger, comme assommé par cette révélation, avant qu'une pensée traverse mon esprit. Je me lève d'un bond. Une énergie nouvelle s'empare de moi. Certes, les moais ne sont pas si mystérieux que cela, mais l'île mérite d'être découverte. Et quoi de mieux que de quitter les sites touristiques pour s'en imprégner ! C'est ainsi que je décide de m'engager dans une aventure, au milieu d'une zone vierge de toute présence humaine, à la recherche d'un moai oublié.

La partie nord-ouest de l'île est inhabitée. Elle s'étale sur le flanc du plus haut volcan de Rapa Nui et tombe à pic dans l'océan. Aucune route ne la traverse. Le paysage est désertique, constitué de roches et d'une herbe rase, jaunie par le soleil. Elle parvient à pousser, comme par miracle, entre les pierres. L'absence de pluie rend la vie impossible. Un ou deux arbres arrivent péniblement à déployer leurs branches. Des chevaux et des vaches, d'une extrême maigreur, survivent en broutant un peu de cette pauvre herbe. Des ravines asséchées dessinent de longues cicatrices et balafrent le visage du volcan.

C'est dans ce désert, en dehors des sentiers battus, que je décide de m'élancer pour l'après-midi. Ma carte indique la présence de moais reliés par deux pistes qui cheminent à flanc de volcan. Le lieu me paraît idyllique pour quelques heures de VTT loin du monde. J'aime cette solitude et j'espère qu'elle m'aidera à me réconcilier avec l'île.

Je me lance à l'aventure et pédale énergiquement sur un chemin caillouteux. Le sentier est raide et me demande un intense effort. Je puise dans mes ressources, motivé par la perspective d'un retour plus doux. En contrebas, le deuxième chemin semble s'apparenter, sur ma carte, à une route de terre, et je me réjouis de le garder pour la fin de journée.

À mesure que je m'enfonce vers le nord, le sentier devient plus étroit. Des pierres de plus en plus grosses l'envahissent jusqu'à former un champ de roche à perte de vue. Je ne peux plus avancer à vélo. Je dois me résigner à poursuivre à pied.

À ce moment de la journée, j'ai deux possibilités : je peux laisser le vélo sur place, marcher, et revenir le récupérer par le même chemin ; ou je peux le pousser, avec l'espoir de regagner le sentier en contrebas et de rentrer en pédalant. Confiant, j'opte pour la deuxième solution et m'engage dans une randonnée avec un vélo inutile et contraignant. Au prix de terribles efforts, je le porte pour enjamber des ravines ou de hautes pierres et avance à un rythme d'escargot, sous un violent soleil. Pour aggraver le tout, à plusieurs reprises, la pédale crantée, cognant contre une roche, mue par un mouvement brusque, m'arrache la chair du mollet gauche et me provoque un cri de douleur.

Mais la motivation du retour est suffisante et j'atteins, après deux heures de lutte, des sites chargés de dizaines de moais, vierges de toute présence humaine et coupés du monde. Aucun signal téléphonique ne vient troubler ces ancêtres. Je suis seul au milieu d'un désert de roches surplombant un océan infini au bleu azur brillant.

Je m'approche des moais pour les admirer, excité par cette découverte. Arrivé à leur pied, la déception me submerge. Je me rends compte que ce ne sont que des tas de cailloux à l'abandon, vestiges d'anciens moais écroulés et érodés par le temps. La trace de l'homme émerge dans ces structures organisées, mais elles ne s'apparentent en rien, de près ou de loin, à des statues. Ces rocs n'ont plus de nez, encore moins de bouche et seule ma présence sur Rapa Nui me permet de les raccrocher à d'anciens moais.

Un soleil de plomb irradie l'île depuis le début d'après-midi. Je n'ai pas croisé un brin d'ombre depuis des heures. Épuisé par une marche pénible à travers un champ de cailloux, encombré d'un vélo, je décide de ne pas m'attarder et de regagner le chemin en contrebas. Mon espoir réside dans cette route qui doit me ramener en quelques coups de pédales vers la civilisation. Malheureusement, je ne l'aperçois plus depuis déjà une bonne heure.

J'entame une descente des coteaux du volcan à la recherche de cette piste. Mais après de longues minutes, je dois me rendre à l'évidence, elle n'existe pas. Je consulte à nouveau la carte et comprends que ce que j'avais identifié comme étant une route est en fait une sente de randonnée dans un état pire que le sentier par lequel je suis arrivé. J'ai mal lu mon plan, empressé de partir à l'aventure. Une erreur dont je vais me souvenir longtemps. Je m'en veux, d'autant que j'ai poussé le vélo pour rien et que je dois, maintenant, refaire le chemin inverse en traînant encore et toujours ce poids inutile. Ma réserve d'eau est quasiment tarie. J'avais calculé qu'elle me serait bien suffisante pour rentrer par la route, mais la soif va immanquablement me gagner sur ce retour.

Dans ce coin du monde inhabité, un bref moment de panique m'envahit. Je me raisonne. Je connais ma capacité à randonner sous la chaleur. J'ai déjà effectué de longues marches en Espagne par 40°C. Je sais que je n'ai pas besoin d'eau pour ce retour. Je mobilise mes forces et je repars en sens inverse. Je peste contre ma stupide idée. Même si je suis de nature très prudente en mer ou à la montagne, je me demande bien pourquoi je n'arrive jamais à me satisfaire des chemins classiques et qu'il faut toujours que je m'engage en dehors des sentiers battus. Je connais bien évidemment la réponse. Je n'aime pas la foule et les itinéraires fréquentés par les hordes de touristes. J'ai ce besoin de me constituer de petites aventures qui imposent un effort, mais qui rendent la récompense tellement plus plaisante. Néanmoins, à ce moment de la journée, je me dis que j'aurais quand même pu un peu mieux prévoir cette randonnée, plutôt que de la faire sur un coup de tête à l'improviste, sans eau, et sans consulter attentivement la carte.

Après plus d'une heure de marche, je n'ai plus d'eau, n'en gardant qu'un minimum en cas d'urgence. Par miracle, ma route croise celle d'un arbre, seul au milieu de cette fournaise. Quelques vaches se reposent à son pied, protégées par ses longues branches. Je m'installe avec elles. Je n'ai pas rencontré d'ombre depuis bientôt quatre interminables heures et j'apprécie plus que tout ce moment. Devant moi, l'océan s'étale à perte de vue. Pour la première fois depuis le début de cette randonnée catastrophique, je profite du paysage. L'effort consenti pour y arriver décuple l'instant présent. La mer est paisible et je rêve de m'y précipiter pour m'y détendre. Il n'y a pas un bruit autour de moi. L'île est vierge. Je reprends conscience de la chance que j'ai d'être, en ce jour, sur Rapa Nui. Elle m'offre un tout autre visage que celui que j'espérais. Elle me fait endurer de rudes épreuves. Mais je commence à la comprendre et à l'apprécier. La récompense de cette journée de lutte est sous mes yeux. Je la vis intensément, avant de reprendre la route.

Les derniers kilomètres sont plus joyeux. J'aperçois le chemin carrossable au loin. Je remonte sur mon vélo, les fesses douloureuses, n'ayant pas pédalé depuis des mois, mais content d'avancer plus rapidement. À la maison, je renoue avec les plaisirs simples d'avaler de l'eau fraîche et de prendre une douche, réalisant à quel point ce liquide est source de bonheur. Enfin, posé sur le canapé, je souris intérieurement. Je suis heureux de cette journée. Je sais que je la recommencerais avec joie.

53

Quotidiennement, je parcours un bout de l'île à vélo. Sagement, je renonce à découvrir l'ensemble des moais, dont la plupart ne sont plus que des éboulis de roches, pour me concentrer sur les sites majeurs. Le puissant vent continu qui balaie la côte Est, ennemi du cycliste, me rend les journées éprouvantes. Mais le bonheur suprême de conquérir cette île à l'unique force de mes jambes compense cet effort.

En chemin, je m'arrête devant des *ahu* surmontés de moais fièrement dressés qui dessinent le littoral. Le plus grand, le *ahu Tongariki* compte quinze statues alignées dont l'une d'elles est coiffée du *pukao*, un chapeau en tuf rouge qui autrefois recouvrait l'ensemble des moais de Rapa Nui.

Au vingtième siècle, ces *ahu* ont été restaurés et contrastent avec la plupart des moais de l'île qui sont inexorablement à terre. Ces derniers semblent dormir sur le ventre pour l'éternité, leur *pukao* ayant roulé bien loin de leur corps, leurs yeux de corail s'étant perdus sous les sédiments.

Jakob Roggeveen, un explorateur néerlandais, est le premier à rapporter la présence de Rapa Nui qu'il découvre le jour de Pâques de l'année 1722. Il ne connaît pas son appellation polynésienne et la nomme en hommage à la fête chrétienne. Il mentionne l'existence de terres fertiles et de grandes statues, selon lui, en argile, dont il s'étonne de la taille.

En 1774, James Cook, dont je suis la trace depuis l'Australie, passe quelques jours sur l'île. À l'inverse de Jakob Roggeveen, il la décrit comme une terre aride où des buissons clairsemés peinent à pousser. Il constate également la présence d'immenses statues, mais note que la population ne semble plus trop s'y intéresser. Dans son journal de bord, il inscrit:

« Nous n'avons pas remarqué que les naturels rendent aucun culte à ces colonnes [...]. Les habitants actuels [...] ne réparent même pas les fondements de celles qui tombent en ruines. »[76]

En 1786, l'expédition de La Pérouse fait escale à Rapa Nui. Il est un des derniers Européens à s'y arrêter, avant que l'île ne soit oubliée pendant près de trois quarts de siècle.

À partir de 1859, des raids de marchands d'esclaves font prisonniers des milliers de Rapanuis. Ils les vendent au Pérou comme main-d'œuvre. La population, sous l'effet de ces déportations et de maladies occidentales, décline jusqu'à atteindre seulement 111 individus en 1877. À la même époque, les explorateurs européens rapportent que l'intégralité des moais est à terre, inachevée ou à moitié enterrée, sans pouvoir expliquer ce qui a pu se produire sur l'île entre le dix-huitième siècle et le milieu du dix-neuvième siècle. Les Rapanuis, presque entièrement exterminés, ont emporté avec eux leur passé.

Au vingtième siècle, diverses théories sont avancées par les historiens et scientifiques pour justifier les plausibles raisons de l'abandon des moais: séismes, tsunamis, changement de religion ou guerres internes. En 2018, l'archéologue belge Nicolas Cauwe tranche entre ces hypothèses et démontre que les moais ont simplement été délaissés, probablement au profit du culte

---

76 James Cook, Voyage autour du monde en 1768, 1769, 1770 et 1771. In: *Voyages autour du monde et dans les contrées les plus curieuses du globe depuis Christophe Colomb jusqu'à nos jours par les plus célèbres navigateurs*, mis en ordre par William Smith, tome 3, pp. 371-388, Société bibliophile, 1850.

de Make-Make[77]. Il en veut pour preuve que les statues n'ont jamais été détruites, mais démontées. Par ailleurs, il souligne dans ses travaux que le déboisement a permis une agriculture suffisante pour nourrir l'ensemble des habitants grâce, entre autres, à un ingénieux système de milliers de cailloux disposés dans les champs. Ceux-ci captent la rosée du matin et la redistribuent au goutte-à-goutte pendant la journée. Ces pierres avaient donc un intérêt autre que de m'empêcher de faire du vélo.

En 1888, l'île passe sous domination chilienne et devient, jusqu'en 1953, un important centre d'élevage de moutons. Les derniers Rapanuis sont convertis au christianisme, parqués à Hanga Roa et survivent comme ils peuvent. Ce n'est qu'en 1966 qu'ils accèdent à la nationalité chilienne et sont autorisés à circuler librement sur l'île. À la fin du vingtième siècle, une cinquantaine de moais sont redressés, comme un signe de la renaissance de la culture rapanuie. L'île connaît son envol touristique.

Cette histoire récente est assez peu évoquée. Mais elle a profondément marqué les Rapanuis. Je l'apprends, un soir, de la bouche de Maria et de son mari, Jose, qui viennent me rendre visite régulièrement pour savoir si mon séjour se déroule confortablement.

Comme beaucoup de Rapanuis, Jose est né d'un père chilien et d'une mère rapanuie. La cinquantaine, le visage souriant, les cheveux noirs, il parle et marche très calmement. Je ressens en lui une force tranquille mêlée d'une certaine lassitude de la vie. Il aime son île et ses racines polynésiennes plus que tout. Comme Maria, il se sent plus proche de la culture polynésienne que chilienne. Son espagnol est très clair. Il me corrige et m'aide à progresser avec de petites leçons.

« Notre histoire récente n'a pas été facile, me raconte-t-il un soir. L'île fut la propriété d'un riche agriculteur qui y a élevé des moutons sur chaque parcelle du territoire. Mes grands-parents étaient parqués, ici, au village, sans pouvoir circuler. Les terres rapportaient bien plus avec des animaux qu'avec des habitants dessus.

---

77 En 1722, Jakob Roggeveen évoque déjà la présence du culte de Make-Make, un homme-oiseau.

« La végétation était déjà fragile et l'élevage n'a pas contribué à améliorer la qualité du sol. Alors, quand les derniers ovins ont quitté l'île, il n'y avait plus d'arbres.

« Aujourd'hui, la vie a repris, principalement grâce au tourisme. Elle est plus facile et le gouvernement chilien finance l'hôpital où Maria travaille ainsi que l'éducation. Mais nous devons faire face à de nouveaux enjeux comme le tarissement de certaines ressources locales. Il y a, par exemple, une seule petite carrière de pierre qui permet de fabriquer du ciment. Elle sert aux maisons et aux pavés des routes. Mais elle est quasiment épuisée. Et comme importer du béton du Chili serait bien trop onéreux, nous ne savons pas trop comment nous ferons dans quelques années. Nous allons devoir apprendre à nous passer du ciment.

« Il y a aussi de belles avancées sur l'île. La nature reprend ses droits et les arbres fruitiers poussent dans les jardins de Hanga Roa. Le gouvernement s'est également engagé dans un projet de renaturation du territoire. Certains espaces sont protégés pour aider au retour de la flore. »

Les mots de José m'inquiètent. Ils me montrent à quel point nous surconsommons et me font réaliser qu'une ressource minière aussi abondante que la roche de construction, que je considère comme éternelle, peut venir à manquer. Heureusement qu'une lueur d'espoir émerge au travers de la prise de conscience de l'importance des écosystèmes de l'île et de leur protection. Les projets de revégétalisation me réconfortent. Deux trésors naturels, restés intacts depuis des siècles, vont également m'enchanter.

Au fil des millénaires d'une histoire géologique intense, les deux plus grands cratères se sont transformés en lacs qu'une flore endémique a envahis. Réelle surprise dans ma découverte de l'île, je les accueille avec joie.

J'accède au premier volcan après une longue ascension. Alors que je plonge mon regard dans l'antre de son dôme parfait, mon cœur s'arrête. Un paysage extraordinaire se dresse devant mes yeux.

À l'intérieur de celui-ci, de l'eau de pluie s'est accumulée pour y former un petit lac où des espèces végétales uniques au monde se sont développées. De grandes feuilles, semblables à des nénuphars, recouvrent l'étendue liquide. Une herbe jaunie s'agrippe aux flancs du volcan et, au loin, la ligne de crête du dôme, probablement détruite par une éruption, dessine une fenêtre sur l'océan. Cette source de vie, au milieu d'une île assez hostile, m'apaise. La vue de l'eau douce et de la végétation agit assez étrangement comme une nourriture visuelle qui semble indiquer à mon corps qu'il est possible de vivre sur Rapa Nui. Lorsque je comprends que les premiers habitants de l'île ont installé leur village sur cette crête, je me dis que je n'ai peut-être pas été le seul à ressentir cette attirance pour ce lac.

Le deuxième volcan me procure un effet similaire. Situé au centre de l'île, je l'atteins après une journée éprouvante sous un soleil de plomb. Lieu clé de la vie des anciens Rapanuis, c'est sur les flancs de ce dôme volcanique que ce peuple polynésien tirait la matière première destinée à façonner les moais. Au cœur du cratère, un lac s'est formé. Une variété de roseaux a profité de cette humidité pour prendre racine et des dizaines d'arbres ont poussé sur le pourtour. L'endroit me fait l'effet d'une oasis agréable au milieu d'un désert. Je m'assieds à l'ombre de ces grands arbres et ferme les yeux. Je viens de découvrir les véritables merveilles de Rapa Nui. L'île me donne enfin son cœur que j'accueille avec délectation. Il m'aura fallu lutter contre la chaleur, l'absence d'ombre et la soif pour comprendre que ce qui fait la richesse de ce bout de terre perdu au milieu du Pacifique, ce ne sont pas les moais, mais l'eau douce.

Rentrant par la côte, observant les reflets des différents bleus de la mer peignant une palette continue du turquoise au foncé, je repense avec intensité à un rêve que j'ai réalisé la veille, jouer de l'alto devant un *ahu*.

C'est l'*ahu Akivi* que j'ai choisi pour ce moment, premier *ahu* rencontré sur Rapa Nui et unique *ahu* où les moais regardent l'océan Pacifique. Après avoir demandé l'autorisation aux gardes du parc, j'ai, avec énormément de respect, me tenant éloigné de l'espace sacré, interprété la première des six *suites pour violoncelle seul* de Bach. Ce morceau, qui m'accompagne maintenant dans chacun des pays que je sillonne, a raisonné comme un au revoir à une partie de mon imaginaire d'enfant et un remerciement à tous les Polynésiens dont j'ai croisé la route au cours de ces quelques mois. Ils m'ont transmis un peu de leur douce philosophie dont je me sens imprégné. En quittant l'île de Pâques, j'ai le désir brûlant d'embrasser la vie avec joie et d'écrire les pages de mon dernier rêve de voyage : traverser la Patagonie et atteindre le bout du monde.

Épisode 3

ESCAPADES EN AMÉRIQUE DU SUD

54

♪ Sergio Ortegan, Quilapayún – *¡El pueblo unido, jamás será vencido!*
Inti-Illimani, Plaza de la Dignidad,
Santiago du Chili, 13 décembre 2019

Après des heures de vol au-dessus d'un océan Pacifique vierge au bleu monotone, j'aperçois les premières terres du continent américain depuis mon hublot. Le Chili se dessine devant moi et m'offre l'infinité de ses 4300 kilomètres de côtes. Admirant ce spectacle grandiose, je suis soudain étonné de percevoir, depuis l'avion, l'intégralité de la largeur de ce pays si étroit[78]. Je survole à peine les premiers kilomètres de ce territoire que la cordillère des Andes se dresse immédiatement, massivement, tel un mur infranchissable. J'aperçois son sommet au dôme enneigé, le volcan Aconcagua. Il frôle la ligne des 7000 mètres d'altitude.

La chaîne montagneuse andine marque la fin du Chili, ce pays compressé entre cette barrière naturelle et l'océan. Elle lui donne cette forme longiligne si étonnante qui façonne l'unicité de ses paysages contrastés. Entre le nord aride et le sud recouvert de forêts denses, de fjords et de glaciers, le Chili abrite l'une des biodiversités les plus riches au monde.

Depuis les airs, je découvre également les premières images de la capitale chilienne. Santiago me paraît artificielle, installée aux portes d'un désert, irriguée par la fonte des neiges andines. La nature aux alentours est sèche. Elle donne envie de s'éloigner de cette région qui semble si peu hospitalière.

Le temps d'entamer ces réflexions, l'avion est déjà posé. Je retourne à la réalité du présent. Une légère angoisse

78 Le Chili mesure en moyenne 180 kilomètres de largeur.

m'envahit. J'appréhende mon arrivée en Amérique du Sud, dans ce continent que je ne connais pas, mais dont les images renvoyées par les médias occidentaux font souvent état de violences, de vols et de bidonvilles.

L'aéroport de Santiago est moderne et extrêmement bien organisé. Je découvre que le plus riche pays d'Amérique du Sud est similaire à la plupart des États d'Europe. Je ressens instinctivement l'énergie d'une nation qui bouge et qui se bat pour signifier qu'elle fait partie des plus importantes de ce monde. L'aéroport frétille, s'agrandit de nouveaux terminaux, et les Chiliens passent de l'avion au taxi sans perte de temps, pressés de retourner à leurs affaires.

Pris dans ce mouvement, je ne réfléchis pas. Tenant fermement mon alto à la main, je suis la foule et saute dans le premier bus qui dessert la capitale. Le trajet est fluide. Les infrastructures sont modernes. Vingt minutes plus tard, je m'engage dans le métro.

Avec étonnement, je gagne les souterrains de cette ville. J'ai l'impression de m'être trompé de destination, de déambuler dans le réseau parisien. Les rames et la signalétique sont identiques à celles de la capitale de l'hexagone, conséquence de l'influence de l'industrie française. Quelques musiciens font la quête et contribuent à cette touche si européenne.

Miguel est un jeune ingénieur de vingt-cinq ans. Il m'a proposé, curieux de mon projet, de m'héberger pour quelques jours dans son appartement, situé au cœur de Santiago, qu'il partage avec sa compagne Natalia. J'ai bien évidemment accepté avec grand plaisir cette invitation.

De taille moyenne, barbu, les cheveux courts et noirs, un peu timide, il vient me chercher à la station de métro qui dessert son quartier. Il habite un secteur de la ville résidentiel et agréable, constitué d'immeubles datant de la fin du vingtième siècle. Son appartement, à la décoration vieillissante, est très fonctionnel et spacieux.

La journée touche à son terme quand j'entre dans le logement où règne une légère animation. Le *once* – le dîner chilien – approche. Natalia s'affaire à la préparation du repas. Pris au dépourvu, débarquant de l'avion sans vivres, je propose d'aller acheter quelques mets et de cuisiner un plat, mais Miguel m'interrompt.

« On a tout ce qu'il faut. Ne t'inquiète pas. Au Chili, le *once* est très léger. On mange en général du pain, des tomates, un écrasé d'avocat, parfois quelques pâtisseries que l'on accompagne de thé ou de café. D'ailleurs, que préfères-tu boire ? »

Le changement de culture est rapide. Pour cette première soirée chilienne, je découvre un autre mode de vie, un mélange entre le goûter et le dîner à la française. Comme à mon habitude, je me fonds dans les traditions locales. J'aime vivre au rythme des pays que je parcours.

Au cours du repas, je fais plus ample connaissance avec Natalia, les cheveux mi-longs, très souriante, également ingénieure. Avec Miguel, ils se sont rencontrés sur les bancs de l'université.

« Mon arrière-grand-père était français, me dit-elle. Il est venu s'installer au Chili pour démarrer une nouvelle vie, mais je n'en sais pas beaucoup plus. Je n'ai pas de date de naissance précise. Tu ne connaîtrais pas à tout hasard des gens qui portent son nom de famille ? »

Elle me cite un nom français très commun. Avec grand regret, je lui réponds par la négative, tout en cherchant à maintenir une lueur d'espoir.

« Il faudrait essayer de trouver quand et où ton grand-père a quitté la France. Tu pourrais peut-être retrouver le bateau par lequel il est parti et remonter sa piste. Si tu connais sa ville de naissance, tu peux aussi consulter les registres de maternité. »

Natalia me regarde un peu déçue. Je crois que ce soir-là elle espérait une révélation. Malheureusement, plus de la moitié de la population chilienne descend directement de colons ou d'immigrants espagnols, italiens, français ou allemands dont les traces se sont bien souvent perdues.

Les premiers conquistadores débarquent au milieu du seizième siècle sur les terres de l'actuel Chili. Des affrontements éclatent immédiatement avec la quinzaine de peuples indigènes qui se partagent le territoire. Les guerres sont particulièrement violentes avec les Mapuches qui vivent dans la région centrale du pays. Jusqu'au milieu du dix-neuvième siècle, les batailles sont bien souvent perdues par les aborigènes qui se réfugient à chaque défaite dans des terres toujours plus australes.

À partir de cette époque, le Chili – indépendant de la couronne espagnole depuis quelques années[79] – opte pour une nouvelle stratégie. Les conflits armés sont réduits au profit d'une politique d'immigration de colons pour affirmer la pensée et la technologie européennes sur les territoires du Sud et en Patagonie[80]. La culture indigène s'efface peu à peu, au bénéfice d'un esprit occidental, de nos jours, très ancré. Avec le temps, les histoires des familles immigrées du Vieux Continent, comme celle de Natalia, se perdent également.

Aujourd'hui, les Amérindiens ne représenteraient plus que 10 % de la population. Comme pour les Maoris de Nouvelle-Zélande, ils sont souvent les victimes de discriminations raciales et font partie des classes sociales les plus pauvres du pays. Ils immigrent régulièrement vers les villes, dans l'espoir d'une vie meilleure, et s'éloignent ainsi de leurs racines traditionnellement proches de la nature. Bien que le gouvernement commence à s'intéresser à la préservation de leur riche culture, cette dernière est inexorablement en voie de disparition.

« Tu ne voudrais pas jouer de l'alto ? J'adore le classique ! » me demande Natalia pour changer de sujet.

Au sortir du récital mené avec grande joie – j'éprouve un immense plaisir à remercier mes hôtes en musique –, nous entamons une longue discussion qui va nous amener jusqu'à tard dans la soirée.

Miguel, sous son air un peu timide, s'agite rapidement dès que l'on parle de la manière dont est géré son pays et ne mâche pas ses mots contre son gouvernement. Comme de nombreux Chiliens que je croiserai dans ce voyage, il exprime une colère liée à de fortes inégalités sociales. C'est au détour d'un échange sur l'enseignement que Miguel lâche sa pensée, exaspéré par une décision récente de la ministre de l'Éducation.

---

79 L'indépendance est proclamée en 1818.

80 La ville de Valdivia – qui s'étale à quelques kilomètres au nord de la frontière patagonienne – fut par exemple le cœur d'une colonie allemande, le Chili souhaitant attirer le savoir-faire industriel germanique afin de réduire sa dépendance envers l'Espagne.

« L'éducation chilienne est payante, élitiste, sans aucune égalité des chances. Il est impossible, pour la majorité des Chiliens, de monter dans l'échelle sociale grâce aux universités. Les plus chanceux partent étudier en Argentine où la faculté est gratuite. Ils espèrent, à leur retour, faire enfin carrière.

« Notre système social est également complètement privatisé. Pour accéder aux soins, tu dois avoir de l'argent. Le dispositif de retraite obligatoire rapporte plus aux fonds de pension qu'aux épargnants. C'est l'héritage de la dictature.

« Quand le général Pinochet prend le pouvoir en 1973, mettant fin par un coup d'État au gouvernement socialiste d'Allende, il s'entoure d'économistes de l'école de Chicago qui l'aident à mettre au point un modèle libéral. Les dépenses publiques sont réduites et les allocations sociales, pour ainsi dire, supprimées. Les entreprises nationales sont privatisées, la plupart des banques aussi. L'eau, dont les rivières, les sources, les lacs, subissent le même sort. Résultat, à la fin des années Pinochet, 80 % des richesses du pays sont détenus par seulement 20 % de la population. L'inégalité est flagrante. Et ça n'a pas changé depuis la dictature.

« Nous vivons dans l'unique nation au monde où les droits sur l'eau sont acquis de manière privée et perpétuelle. Et ce régime est protégé par notre constitution ! Quelques familles se partagent également la majorité des richesses du pays. »

À écouter Miguel, je tombe de ma chaise. Tout d'abord, à mon sens, l'eau est une ressource naturelle essentielle à la vie qui se doit d'appartenir à tous, particulièrement en ces temps où elle devient rare[81]. Par ailleurs, je me rends compte que le Chili est un pays à la pensée capitaliste et libérale extrême

81 Assez étonnamment, la France fait partie des rares pays de la planète où une part importante de la gestion des ressources en eau est privatisée. Environ 60 % du marché de l'eau y est géré par des entreprises privées, contre en moyenne 1 % dans le reste du monde. Néanmoins, contrairement au Chili, ce mode de gestion est établi via des contrats de délégation de service public à durée déterminée. Des associations dénoncent cependant un mode de gestion français de plus en plus privatisé qui tendrait à faire augmenter les prix de l'eau.

dont le modèle étasunien a été poussé à son paroxysme au détriment de l'égalité entre ses habitants.

« L'élève chilien a tristement dépassé le maître étasunien », songerai-je souvent lors de mon séjour.

Que ce soit sur les routes aux péages incessants ou devant l'entrée des parcs naturels dont les prix atteignent des sommets, le Chili me rappellera toujours, avec une nouvelle invention, qu'il est le virtuose incontesté du libéralisme économique.

Mais tout le monde ne partage pas l'avis de Miguel. Quelques semaines après cette discussion, au détour d'un chemin de randonnée, je rencontre une expatriée française qui travaille pour une entreprise de l'hexagone. Mariée à un Chilien, mère de deux enfants, elle a parcouru une grande partie de l'Amérique du Sud et s'est installée au Chili depuis quelques années. Alors que nous parlons du modèle libéral chilien, elle me confie sa pensée.

« Ce système est idéal. Le Chili est le seul pays d'Amérique du Sud à fonctionner correctement. »

Il faut reconnaître que, ces dernières années, l'économie chilienne est la plus stable d'Amérique latine, contrairement, par exemple, à celle de son voisin argentin qui enchaîne les crises financières. Les infrastructures sont également excellentes. Par ailleurs, avec un modèle assez similaire à celui australien, marqué par une exploitation intensive du sous-sol, le Chili tire de grandes richesses de l'exportation de ses ressources minières, en particulier du cuivre.

Mais comme en Australie, les impacts sur l'environnement sont catastrophiques. L'usage d'importantes quantités d'eau étant requis pour produire les métaux, les mines accélèrent la destruction des glaciers et assèchent le pays.

Outre ces impacts environnementaux, cette Française fait partie de la classe sociale chilienne aisée qui ne souffre pas du système libéral. Dans l'un des pays les plus inégalitaires de l'OCDE, les richesses sont concentrées dans les mains d'une infime portion de la population. Elle ne se rend pas compte que de nombreuses familles ont du mal à s'en sortir financièrement à la fin de chaque mois, particulièrement à Santiago, une ville onéreuse.

Au cours de mon voyage, les Chiliens se confieront. À leur contact, je ressentirai un certain désespoir, une colère sur le point d'éclater. Mon sentiment s'avérera juste. Quelques mois après mon départ, un mouvement national de protestation émergera, provoqué par la simple augmentation du prix du ticket de métro. Elle enflammera une population épuisée par un système économique inégal et conduira à des réclamations de réformes profondes du pays, dont la révision de la constitution[82].

55

♪ Astor Piazzolla – *Libertango*
Orquesta Binacional de Tango, Teatro del Lago, 2019

Mille kilomètres. C'est la distance que je dois parcourir pour rejoindre les premières terres de Patagonie. Une longue autoroute, au tracé parfaitement rectiligne, relie la capitale chilienne à la ville de Puerto Montt, porte d'entrée dans cette mythique région australe. Le long de ses centaines de kilomètres, elle dessert les nombreuses localités de ces territoires centraux densément peuplés. Ils accueillent les principales activités économiques et exploitations agricoles du pays, dont les fameux vignobles destinés à produire un vin qui rivalise avec les meilleurs domaines français ou italiens.

Comme à Santiago, cette région au climat méditerranéen vit essentiellement de l'irrigation des sols en provenance de la cordillère des Andes. L'autoroute longe cette barrière rocheuse constituée de milliers de volcans aux dômes enneigés, telles des touches de peinture blanche qui colorent le ciel au bleu intense. Je prends plaisir à m'asseoir sur les sièges de gauche des bus pour observer le défilement de ces montagnes dont la vue occupe les interminables heures de transport.

82 Le 25 octobre 2020, un référendum acte que 80 % des Chiliens sont favorables à une réforme de la constitution.

Curicó, Concepción, Villarrica, Valdivia. Les villes se succèdent au fil des jours et des kilomètres avalés par les bus que j'emprunte. Elles sont toutes construites sur le même modèle. Les rues dessinent un quadrillage parfait dont les carrés sont envahis d'immeubles, pour la plupart édifiés au vingtième siècle.

Dans cette descente vers le sud du pays, un village se dégage du lot et provoque en moi un regain d'attention : Frutillar.

Située au bord d'un lac, face aux volcans andins aux neiges éternelles, cette cité fut fondée au milieu du dix-neuvième siècle par une communauté allemande. L'architecture locale y est en totale rupture avec le reste du pays. Des centaines de chalets, d'inspiration germanique, sont bâties le long de rives verdoyantes. L'esprit me rappelle les villages alpins européens.

Pour un musicien, ce qui fait plus que tout le charme de la ville est le Teatro del Lago. Ce théâtre, plus grande et plus belle salle de spectacle du pays, est construit à même le lac, sur un gigantesque ponton. Il fait face aux volcans. Sa conception est admirable. Elle s'inspire des chalets germaniques tout en conférant un esprit marin au bâtiment. En son sommet, une tour me fait penser à un phare échoué sur les rives du lac.

En son sein, le théâtre abrite deux salles dont la plus petite – en forme d'amphithéâtre – a la particularité de permettre d'assister à deux spectacles de manière simultanée. Depuis les gradins, au travers d'immenses baies vitrées qui constituent le fond de scène, le public contemple la magie du lac et de la cordillère des Andes, tout en admirant la représentation des artistes. L'esprit qui se dégage de cette salle me fait penser à celui des théâtres grecs de plein air.

Tous les ans, en cette période estivale, Frutillar accueille les *Semanas Musicales de Frutillar*, un festival international de musique classique. C'est au détour d'une conversation avec une Chilienne que j'en apprends l'existence.

Que ce soit dans les restaurants, dans les musées, dans les boutiques ou dans la rue, les Chiliens adorent bavarder. Les bus se transforment spontanément en immenses parloirs. Je me retrouve fréquemment embarqué dans de longues discussions qui me permettent de ressentir les vibrations de ce pays et de glaner des informations locales qui enrichissent mes journées. À la fin de ce tour du monde, j'attribuerai sans hésitation la médaille d'or dans la catégorie « nation la plus volubile » aux Chiliens.

M'étant arrangé pour gagner Frutillar au cours du festival afin d'assister à un concert de tango, j'arrive en début d'après-midi dans ce petit village. Malgré l'affluence liée aux vacances d'été, une conseillère de l'office du tourisme me déniche en moins de deux minutes une chambre disponible pour la nuit. Comme de coutume, son service effectué, une conversation s'engage. Naturellement, je lui parle de mon voyage et de musique. À ces mots, un autre employé prend part à la discussion qui s'anime. Nous échangeons sur les artistes du soir, le Chili. De longues minutes s'écoulent avant qu'ils m'annoncent :

« Il nous reste quelques places pour un récital de violon et piano ce soir. La ville t'invite, tu serais intéressé ? »

Passé la surprise, j'accepte avec un immense plaisir cette offre. Je suis gâté, la journée prend une tournure qui me plaît. Le Chili commence à m'envoûter.

La nuit tombe sur Frutillar. Le mercure dépasse les 30°C. Le lac apporte, par vagues, une fraîcheur humide. Je pénètre dans le théâtre et débute une soirée pleine de poésie sud-américaine. Le récital de violon et piano est plaisant et gratifie mes oreilles de belles mélodies. Le concert de tango est d'un enchantement merveilleux. Je passe un moment hors du temps à me régaler de chaque note et de la folle ambiance qui règne dans l'amphithéâtre. Les musiciens de l'un des plus grands orchestres de tango du monde frôlent la perfection. Le public, connaisseur passionné, chante, applaudit ou rit avec force et contribue, à sa façon, au spectacle. Un couple de danseurs embellit l'espace de ses pas sensuels. L'heure et demie de concert passe vite, trop vite. J'assiste à la plus charmante représentation de tango de mon existence, dont l'atmosphère enjouée de la salle concourt à faire de cet instant un moment de vie sud-américaine que je croque à pleines dents.

56

L'industrie, l'agriculture et les villes des territoires centraux du Chili occupent principalement les régions maritimes. En s'éloignant de l'océan Pacifique, les paysages montagneux ont préservé la nature de toute activité humaine.

Le territoire de Villarrica fait partie de ces zones accidentées protégées. Il s'étend au bord du lac Villarrica où le volcan homonyme baigne ses pieds. Ce dernier, l'un des dômes les plus actifs du pays, culmine à presque 3000 mètres d'altitude et crache en permanence une épaisse fumée toxique. Malgré l'intense effervescence géologique qui l'anime, son sommet reste recouvert, hiver comme été, d'un glacier au blanc immaculé. Autour de ce cône menaçant, les terres vallonnées abritent de nombreux parcs naturels qui constituent les attractions majeures de cette région prisée des vacanciers. Enflammé par une soif de randonnées intarissable, décuplée à chaque nouveau pas vers le bout du monde par la beauté croissante des paysages, je gagne en stop un de ces parcs.

Les Chiliens embarquent volontiers les auto-stoppeurs dès lors que l'on quitte les grands axes. Il est en effet difficile de voyager dans ces zones reculées, peu desservies par des lignes de bus. Par ailleurs, dans ce pays aux inégalités fortes, une solidarité s'instaure naturellement entre les propriétaires de voitures et les Chiliens n'ayant, pour la plupart, pas les moyens de s'offrir un véhicule. Peut-être pour se racheter une conscience, néanmoins probablement plutôt pour aider, les classes sociales les plus aisées n'hésitent pas à accueillir des auto-stoppeurs.

Perdu au milieu de la Patagonie, je ferai ainsi le voyage sur les sièges en cuir blanc d'un énorme Hummer conduit par une riche famille santiagoise. D'autres fois, ce sera la benne d'un pick-up qui me transportera. L'expérience est moins confortable. Je suis promené comme de la marchandise à l'arrière du véhicule. J'avale des tonnes de poussière sur les routes le plus souvent en gravier. Mais quand je descends de la voiture, les cheveux et les vêtements gris, des hématomes aux bras, je suis, chaque fois, gagné par cette impression d'avoir vécu une aventure. Le soir sous la douche, l'eau qui s'écoule est noire, signe de belles journées.

En cette période de congé universitaire, je suis loin d'être le seul à user de l'auto-stop. Des milliers d'étudiants envahissent les routes en direction de la Patagonie. Avec un budget limité, ils voyagent en petits groupes d'amis et vont de camping en camping. En attendant qu'une voiture accepte de leur faire parcourir quelques kilomètres supplémentaires, ils chantent et jouent quelques notes de guitare sur le bas-côté. Un jour, je croiserai un altiste. Cette rencontre improbable sera l'occasion d'improviser des pièces musicales.

Lorsque j'arrive au parc, les températures frôlent les 40°C. Dans cette région au climat traditionnellement tempéré, les étés sont de plus en plus chauds et secs. Certains lacs ont déjà perdu presque un mètre d'eau par rapport à leur seuil de référence. Ces niveaux bas, jamais atteints au cours des décennies précédentes, m'inquiètent. J'observerai la même tendance dans tout le pays. Le Chili vit un assèchement accéléré dramatique.

Par précaution, les autorités condamnent les chemins d'altitude qui desservent des sommets arides dépourvus d'ombre et d'eau. Je m'oriente ainsi vers une randonnée qui fait le tour de sept lacs dans une épaisse forêt à la fraîcheur agréable.

Je me retrouve bientôt à marcher en solitaire, entouré d'araucarias, une essence mythique déjà présente au temps des dinosaures et dont les plus anciens spécimens vivants fêtent leurs deux mille ans. Les arbres sont majestueux et prennent l'allure de pins au feuillage triangulaire dense, semblable à des écailles de tortues. Très abondants à l'époque du Gondwana, ils ne survivent aujourd'hui que dans de rares endroits de la planète. Ils sont extrêmement nombreux dans ce parc, derniers vestiges vivants d'un Ancien Monde, mais restent fragiles, menacés d'extinction par une bactérie qui les attaque.

J'en tombe immédiatement amoureux. Ceux que j'observe ont souvent perdu les branches des parties basses de leur tronc, leur donnant un petit air humain. Je les compare à des femmes et des hommes aux longues tresses rastafari qui semblent rire de bon cœur. Leur attitude comique me fait sourire.

À chaque pas, je m'enfonce un peu plus loin dans cette forêt à flanc de montagne. Je suis heureux. Cette nature à l'état pur est belle, paisible, je m'y sens bien.

«Aïe!» Une douleur aiguë me saisit le bras. Je viens de recevoir la visite désagréable d'un taon de Patagonie qui me rappelle que le milieu sauvage est aussi cruel. *El gran tirano* – le grand tyran, comme le surnomment les Chiliens – profite de ma présence en tant que mammifère pour se nourrir. En cette saison, les femelles, en quête de sang pour leur reproduction, sont extrêmement agressives. La morsure est violente et douloureuse. Les cicatrices laissées par ces insectes mettront plusieurs semaines à se résorber.

Février vient de commencer. Je fête mes neuf mois sur la route. Le temps défile à toute allure. J'ai l'impression d'avoir quitté Paris depuis seulement quelques semaines. La sensation est étrange et décuple l'envie de saisir intensément chaque journée de voyage. Animé de cette philosophie, je décide, avant d'entrer en Patagonie, de réaliser une légère folie enfouie au fond de moi: gravir un volcan andin. Depuis mon arrivée en Amérique du Sud, les sommets enneigés de la cordillère des Andes m'attirent. Je n'ai jamais marché sur un glacier et encore moins approché un cratère actif d'où sortent des fumées toxiques et de la lave. Le volcan Villarrica m'offre l'occasion unique d'accomplir ces deux rêves.

L'ascension du Villarrica est très réglementée, principalement pour des questions de sécurité. Bien que la marche ne soit pas difficile, les risques liés aux vapeurs nocives et à la randonnée sur glacier ont conduit les autorités à imposer l'encadrement des grimpeurs par des guides certifiés. C'est donc au sein d'un groupe d'une dizaine de personnes, entouré de trois accompagnateurs, que je m'élance sur les versants du dôme enneigé.

L'agence qui organise la sortie m'a fourni un équipement compliqué. Je pars avec quelques kilogrammes de matériel sur le dos comprenant des chaussures à tige haute, des crampons, un piolet, un casque, un masque à gaz et une tenue de descente constituée d'une luge-pelle et d'une combinaison étanche dont je me demande bien l'utilité.

Il fait encore nuit lorsque j'arrive au départ du chemin de randonnée. Les premiers rayons du soleil émergent. J'aperçois, en contrebas, le lac Villarrica qui s'éveille, recouvert d'un manteau de nuages moelleux. Une poésie se dégage du site. J'observe le paysage avec les yeux d'un enfant émerveillé. La journée s'annonce magnifique.

Quelques minutes plus tard, une pointe de désagrément me gagne lorsque je comprends que nous ne sommes pas le seul groupe à monter. Une centaine de personnes s'élancent dans cette ascension. Je savais le lieu populaire, mais je ne pensais pas qu'il attirerait autant de monde. Néanmoins, cette légère ombre au tableau est instantanément chassée par le plaisir de la randonnée et la beauté des paysages.

L'ascension débute par une heure de marche dans une poussière de pierre volcanique. Notre groupe prend rapidement la tête de l'expédition. Je me retrouve en troisième position de la longue colonne de randonneurs du jour, derrière deux guides qui ouvrent la voie.

Après cet effort, la roche laisse place au glacier. La luminosité est éblouissante. Je pose le pied délicatement, pour la première fois de ma vie, sur cette neige compressée. Un des guides nous apprend à manier le piolet, particulièrement utile en cas de chute. Nous reprenons la progression.

Les grimpeurs se suivent dans une longue file indienne qui zigzague sur les flancs du volcan. J'ai l'impression, en tête de marche, de guider un troupeau. L'ascension se fait sans difficulté. La glace est de bonne qualité et très stable. Le site ne présente aucune crevasse. Je prends plaisir à avancer sur ce nouveau terrain de jeu, enfonçant le piolet pour maintenir mon équilibre. J'atteins bientôt le sommet du volcan. Une épaisse fumée sort du cratère et me pique les yeux. En réaction de protection, des larmes humidifient mes paupières. J'enfile mon masque à gaz et m'approche de ce trou dans la terre. Le glacier a disparu. Il laisse place à de la roche jaunie par le soufre. Les vapeurs du volcan sont trop chaudes pour permettre aux glaces de se maintenir. Je me penche dans le cratère et observe attentivement. Il est parfois possible de voir de la lave en fusion monter en geyser depuis la cheminée. Mais le Villarrica reste calme.

Du haut de ce dôme, le paysage qui m'entoure est incomparable à toute autre que j'ai pu contempler dans ma vie. Sous un ciel au bleu d'une pureté remarquable, j'admire les Andes à perte de vue, des dizaines de volcans enneigés et des lacs. Je dévore ces images à toute vitesse. Je me les grave en tête, car il est déjà l'heure de redescendre. L'arrêt au sommet est limité à dix minutes pour éviter tous risques d'asphyxie liée aux vapeurs toxiques.

Je revêts la combinaison étanche et m'assieds sur la luge-pelle. Je commence à comprendre l'utilité de ces objets : je vais descendre le glacier d'un des volcans les plus actifs du monde sur les fesses. Je suis tout à coup envahi d'une excitation semblable à celle d'un enfant. Je n'en reviens pas ! Impatient de goûter à cette nouvelle sensation, je m'élance, me servant du piolet comme frein. Une bouffée de joie me submerge. Je cesse de penser ou de regarder le paysage. Je vis le plaisir de la descente, excité par le désir d'augmenter mon allure. J'arrête de freiner. Je glisse tellement vite que, dans un virage, je dérape et me retrouve expulsé de ma trajectoire, retombant la tête la première dans la neige. Je ris, me remets en selle et repars de plus belle.

Au pied du volcan, je prends conscience que je viens de goûter à un moment de vie avec une intensité que je n'avais pas connue depuis des années. Chili, que me fais-tu ?

57

« Je t'envie de découvrir tous ces pays, les gens, d'avoir réussi à trouver le courage de partir et de te retrouver avec toi-même ! »

Mes yeux parcourent ces quelques mots qu'Aude vient de m'envoyer en réponse à mon dernier courriel. Ai-je vraiment du courage ? N'ai-je pas plutôt fui mes difficultés ?

J'ai toujours rêvé de périples au long cours. Sophie le savait. Étudiant, j'avais participé – et échoué – par deux fois à des concours qui récompensaient les vainqueurs par un voyage de quelques mois autour du monde. Sophie m'avait incité à y prendre part et était disposée à me laisser partir. Pourtant, je crois que j'aurais eu du mal à m'éloigner d'elle pour de longues semaines. Alors, à Marciac, l'idée du voyage ne m'est-elle tout simplement pas apparue parce que j'en rêvais depuis toujours ?

Relisant la phrase d'Aude, je me remémore les motivations qui m'ont poussé à entreprendre ce tour du monde. Je repense à cette correspondance impossible avec Sophie à Aarhus ou à cette tristesse dévorante qui m'a accompagné au lac Baïkal. Aude a peut-être finalement raison. Me serais-je retrouvé avec moi-même ?

Je me rends compte que, depuis des mois, j'apprécie enfin la solitude, un état qui me paraissait inaccessible à peine un an auparavant. J'y trouve une saveur exquise, particulièrement lorsque je suis entouré de nature, me délectant d'éléments aussi discrets qu'un peu de neige au sommet d'une montagne.

Entouré de nature ? Ne serait-ce donc pas vraiment seul ? Serais-je tombé amoureux de l'environnement ? En aurais-je fait ma compagne de substitution ? Pour le scientifique que je suis, la notion est déroutante. Mais mon cœur de musicien vibre à cette idée.

À cheval entre l'Argentine et le Chili, la Patagonie s'étend sur 2500 kilomètres de long. Elle recouvre, tant par sa taille que par sa géographie, une grande variété de climats et de paysages. Entre les fjords chiliens humides envahis de forêts denses, les glaciers du Sud, et les steppes argentines venteuses et sèches, cette nature exceptionnelle va définitivement m'envoûter. Oui, je suis amoureux.

Je pénètre sur les terres de Patagonie par le village de Cochamó. Il me faut deux bonnes heures, sur une route poussiéreuse, dans un minibus bondé, entouré de sacs à dos qui submergent l'habitacle jusqu'au plafond, pour rejoindre ce village. En cette haute saison touristique, les rares navettes qui assurent cette liaison sont prises d'assaut. Les chauffeurs, conscients d'être au volant des seuls moyens de transport de la journée, accueillent tous les passagers et bagages sans restriction. Ils optimisent leurs véhicules et installent les sacs dans les moindres recoins vacants. Que ce soit à côté du moteur, sur le tableau de bord, sur le toit, ou contre les portes de l'issue de secours, avec ingéniosité, ils trouvent toujours une solution pour faire monter un voyageur supplémentaire.

Lorsque je descends du bus, après des jours à traverser les régions centrales chiliennes sèches, le changement de décor est brutal. Les premiers fjords de Patagonie s'offrent à moi. Ils sont envahis d'une végétation au vert intense. Les montagnes granitiques imposantes, aux sommets enneigés, tranchent avec les chaînes volcaniques et leurs dômes ronds. Sur leurs coteaux, des pâturages accueillent des vaches et remplacent les vignes ou les champs de blé et de maïs.

Cette zone accidentée rend le quotidien rude. Les villes et les villages sont moins densément peuplés. La culture et l'agitation perpétuelle des grandes agglomérations s'éloignent au profit d'un mode de vie rural plus serein.

Face à Cochamó, l'archipel de Chiloé protège les eaux de la région d'un accès direct au Pacifique. Il dessine une immense mer intérieure relativement calme.

Cet archipel, composé d'une longue île de 200 kilomètres, et de dizaines d'îlots, fut pendant de nombreuses années une forteresse pour les Cuncos, les premiers peuples indigènes de ces terres. À partir du seizième siècle, sous l'influence des conquistadores puis des jésuites et des franciscains, leur mode de vie et leurs traditions sont profondément modifiés. L'agriculture et la religion catholique s'installent. Isolées du continent, les îles parviennent néanmoins à conserver une part de culture indigène qui résonne aujourd'hui dans toute cette zone de la Patagonie. Des dizaines d'églises aux menuiseries sculptées et aux charpentes complexes en font sa renommée. La gastronomie se démarque également du reste du Chili. Dans un pays où la restauration rapide tend à s'imposer, Chiloé fait figure de fer de lance d'une cuisine plus authentique.

María Paz, une grand-mère dynamique, et son mari Marcelo, tous deux âgés de soixante-quinze ans, vivent sur la petite île d'Achao dans l'archipel de Chiloé. Anciens agriculteurs, ils louent les chambres de leur maison désertée par leurs enfants afin de compléter leurs fins de mois. Dans ce pays où les fonds de pension reversent des sommes dérisoires à leurs retraités, ce type d'hébergement est courant et accompagne ma traversée de la Patagonie.

Isolé pour quelques jours dans cette auberge familiale, je découvre un habitat traditionnel et un mode de vie simple caractéristiques de la Patagonie. Comme tous les Patagoniens, María Paz et Marcelo vivent dans une maison de bois construite autour d'une cuisine. Dans cette pièce centrale, un poêle en fonte trône fièrement. Alimenté par des bûches coupées en forêt, il fait à la fois office de cuisinière, de chauffe-eau et de radiateur.

Malgré les basses températures hivernales, l'isolation de ces maisons est bien souvent inexistante. Le vent s'infiltre à travers les jointures des planches des murs. Les fenêtres, en simple vitrage, déformées par le vieillissement du bois, ferment mal. Mais le poêle, imperturbable, délivre sa chaleur, brûlant des milliers de bûches par an.

María Paz reçoit peu de visite et m'accueille comme un petit-fils. En grand-mère, elle me concocte des spécialités de sa région, dont le *milcao*, un plat à base de galettes de pommes de terre et de viande qu'elle fait ensuite frire. De son côté, Marcelo passe le plus clair de son temps à s'occuper de son potager. Quand il rentre dans la cuisine, nous échangeons des banalités dont la moitié m'échappe. L'accent chilien des terres du Sud s'éloigne de celui de la capitale. Le vocabulaire change. Je dois réapprendre une nouvelle langue. Lorsque la conversation s'éteint, il prépare un maté, une infusion issue d'une plante sud-américaine populaire en Argentine et en Uruguay, qui n'a franchi les Andes que dans ce Sud chilien. Très amère, je lui préfère le *cedrón*, une verveine citronnée originaire du Pérou. Mais je ne refuse jamais un moment de détente autour de cette boisson qui se partage. La convivialité du maté fait partie de ces coutumes qui rendent la vie dans cette région australe plus facile.

Pour mes premiers jours en Patagonie, il fait gris sur Cochamó. Un soleil perce timidement à travers les nuages. En plein été, les températures restent élevées et le mercure frôle les 25°C.

Un vent en provenance de la mer intérieure balaie le village. L'eau danse sous son action. Au milieu de ces grandes montagnes, je m'assieds devant cette étendue et regarde le flux et le reflux des vagues sur la plage qui borde la petite cité. Le lieu est paisible, le paysage grandiose. Au loin, quelques bateaux de pêche reviennent des élevages de saumons qui occupent la plupart des fjords chiliens.

La pisciculture s'est développée avec intensité au cours de ces vingt dernières années. Le pays est aujourd'hui le deuxième producteur de saumons atlantiques après la Norvège[83]. Portée par une consommation mondiale croissante, la filière a grossi au point que les espaces viennent à manquer pour étendre les élevages dans les fjords chilotes. Des projets sont désormais en cours pour implanter des fermes piscicoles dans les régions sauvages les plus extrêmes du pays.

À Puerto Williams, la ville la plus australe au monde, les descendants des Yagans – un des peuples indigènes de ces territoires – doivent mener un nouveau combat pour défendre leurs terres. Le gouvernement voudrait déployer des fermes aquacoles dans le canal Beagle. Pour conduire à bien cette entreprise, il tente de convaincre les pêcheurs du bien-fondé de ce projet en leur expliquant que leur métier serait plus facile et rentable par la gestion de sites d'élevage, plutôt que par la capture dangereuse de poissons et cétacés dans ces mers australes. Si les arguments sont de poids et véridiques, le discours officiel omet de mentionner les répercussions désastreuses de la salmoniculture sur l'écosystème fragile des fjords patagoniens. Ces ultimes côtes vierges de la planète Terre pourraient être irrémédiablement anéanties[84].

Le Chili vit le même désastre écologique avec le saumon que la Malaisie avec les palmiers à huile. Mais contrairement à l'huile de palme dont les conséquences sont aujourd'hui notoires, les impacts de la salmoniculture restent souvent méconnus en Occident.

Natalia, Miguel, María Paz, Marcelo et l'ensemble des Chiliens subissent également quotidiennement les effets des élevages de saumons parce qu'ils consomment des produits

---

83 Le Chili est également le premier exportateur mondial de filets de truite d'élevage congelés.

84 La salmoniculture chilienne serait responsable de l'eutrophisation des milieux aquatiques et, par conséquent, de la prolifération d'algues. En 2016, une terrible marée rouge – augmentation rapide de la concentration de quelques espèces d'algues qui donnent à l'eau un coloris rouge et asphyxient le milieu – aurait tué plus de 40 000 tonnes de faunes aquatiques dans la Région des Lacs. Par ailleurs, l'élevage de saumon est un grand utilisateur d'antibiotiques – pour lutter contre les salmonelles – qui sont déversés dans le Pacifique. Enfin, tous les ans, des milliers de saumons atlantiques s'échappent des fermes avec pour conséquences la prédation d'espèces indigènes et la transmission de maladies.

avicoles. À Santiago, Miguel est le premier à m'expliquer cette relation déroutante, à la suite d'une erreur que je m'apprêtais à commettre dans sa cuisine, voulant trancher des tomates sur une planche à découper.

« N'utilise pas cette planche !, me dit-il d'un ton ferme. Elle est réservée aux volailles ! Prends celle en bois.

– Ah pardon, je ne savais pas. Mais pourquoi ne puis-je pas l'utiliser ?

– Tout simplement parce que le poulet d'élevage chilien est nourri à la farine de poisson. »

Devant ma tête incrédule, il poursuit, heureux de l'effet qu'il vient créer.

« Au Chili, nous avons peu de terres agricoles, mais de grandes zones de pêche. La farine de poisson coûte donc moins cher à produire que celle de maïs.

« Le problème, ce sont les élevages de saumons. Ces animaux sont porteurs de salmonelles qui sont absorbées par les autres mammifères marins. La farine de poisson contient par conséquent cette bactérie qui est transmise aux poulets, aux œufs et indirectement aux humains. Pour s'en prémunir, la seule solution est de ne jamais manger de produits avicoles crus. Et comme les salmonelles peuvent survivre dans les planches à découper, pour éviter tout risque de transmission aux autres aliments, nous utilisons un couteau et un hachoir dédiés aux volailles. »

Cette révélation me fait l'effet d'une bombe. Je m'insurge que, pour des raisons économiques, les Chiliens choisissent de nourrir des poulets au poisson. Je m'imagine des marins raclant les fonds océaniques à bord d'immenses chalutiers, pêchant les moindres espèces aquatiques[85]. Je suis désespéré par cette industrie agroalimentaire. Je me révolte contre les contraintes imposées aux Chiliens qui doivent, quotidiennement, prendre des précautions considérables avec les volailles ou les œufs. Mais pis que tout, je comprends à cet instant qu'en France, lorsque je déguste un sushi au saumon, non seulement je détruis la Patagonie, mais je rends la vie compliquée à des Chiliens qui risquent de contracter la salmonellose et peut-être d'en mourir.

---

85 Le Chili est le premier exportateur mondial de farines de poissons.

Il est difficile, voire impossible, de mesurer les retombées de ses achats alimentaires sur l'environnement. Néanmoins, je suis convaincu que nous pouvons agir en bonne intelligence afin de limiter les externalités négatives.

Face aux impacts de l'élevage[86], adopter le flexitarisme[87] me paraît, par exemple, indispensable. Pour avoir expérimenté le végétarisme au Népal et avoir mangé extrêmement peu de viande pendant ce périple, je peux témoigner qu'il est assez aisé de modifier son régime alimentaire, et ce de manière durable. Depuis mon retour en France, je conserve sans effort ces habitudes acquises en voyage[88].

Une nourriture plus locale permet également de limiter certaines dérives des entreprises agroalimentaires. En achetant de l'huile d'olive ou de tournesol plutôt que de palme, ou du poisson des côtes atlantiques préférablement à du saumon d'élevage chilien ou du thon en boîte surpêché dans l'océan

---

86 Sans entrer dans la question manifeste du bien-être animal, pour reprendre l'un des nombreux points cités par Anthony Fardet, chercheur à l'INRA : « 70 % des terres à usage agricole et 30 % des terres émergées non couvertes par les glaces sont, directement ou indirectement, consacrées à l'élevage. » Or « un changement d'alimentation, dans les régions avec des régimes alimentaires riches (de type occidental omnivore), pourrait jouer un rôle important pour atteindre les objectifs environnementaux, jusqu'à un potentiel de 50 % de réduction des émissions de GES et de l'utilisation des terres associée à l'alimentation actuelle ».

– Anthony Fardet. *Bénéfices/risques de la consommation de viandes : impact sur l'environnement, la santé et le bien-être animal.* 57e Journées nationales de Diététique et de Nutrition, Assistance Publique – Hôpitaux de Marseille (APHM), Marseille, France, mai 2016.

87 Le flexitarisme est un mode de vie avant tout végétarien, mais qui autorise une consommation occasionnelle de viande ou de poisson lors de moments choisis tels que des repas entre amis, en famille ou au restaurant.

88 Pour les lecteurs qui auraient des interrogations concernant de potentielles carences en protéines animales, Anthony Fardet rappelle que « si la qualité des protéines animales est supérieure à celle des protéines végétales (meilleure digestibilité et meilleur équilibre en acides aminés essentiels), cela n'a aucune incidence sur la santé pour les végétariens, et pour les végétaliens s'ils ne manquent pas d'associer céréales et légumineuses pour retrouver l'équilibre en lysine et méthionine des produits animaux (cependant, les personnes âgées dont les besoins protéiques sont différents devront être vigilantes si elles décident d'adopter le végétalisme) ».

Indien, nous pouvons influer sur les pratiques des industriels. La liste des produits concernés est malheureusement longue, néanmoins je crois qu'en questionnant régulièrement l'impact de notre consommation et en modifiant notre comportement au jour le jour, nous pouvons soutenir une réelle dynamique environnementale. Car, en fin de compte, n'est-ce pas ce qu'attendent de nous les générations futures ?

Dans les hauteurs de Cochamó, un couple suisso-chilien a ouvert une petite auberge qui surplombe les fjords. Construite avec élégance et goût en haut des montagnes, munie de baies vitrées et d'une terrasse qui laissent l'immensité du paysage pénétrer dans la maison, elle me fait l'effet d'un paradis perdu au milieu de la Patagonie. Il y a des lieux qui surprennent et marquent à jamais. L'auberge de Solène et Mateo s'inscrit immédiatement au rang de ces rares endroits où je me vois revenir à l'infini, charmé continuellement par la magie de l'environnement.

À peine ai-je posé le pied dans cette auberge que je décide de prolonger mon séjour et d'y rester une semaine. La vue sur les fjords et les montagnes, les paysages changeants renouvelés par le passage des nuages, un rayon de soleil, la luminosité évolutive de la journée ou la pluie m'offrent un spectacle devant lequel je ne cesse de m'émerveiller, prononçant souvent à demi-mot cette phrase dans ma tête : « je serais tellement bien à habiter ici. ».

Solène et Mateo forment un couple avenant qui contribue énormément à l'atmosphère de bien-être de l'auberge. Ils prennent soin de leurs convives, passent du temps à discuter avec eux et prodiguent des petits services qui rendent le séjour plus facile. Solène est particulièrement bavarde. La quarantaine, les cheveux longs, un sourire jovial aux lèvres, elle me raconte sa vie alors que je lui parle de mon voyage et des raisons de celui-ci.

« J'avais trente ans, un peu comme toi, lorsque j'ai quitté la Suisse. J'ai tout vendu et je suis partie sur les routes d'Amérique du Sud avec mon sac à dos. Je n'en pouvais plus de la Suisse, du travail et de la cherté de la vie qui me contraignait à vivre dans un minuscule appartement.

« Je ne m'y attendais pas vraiment, mais je suis tombée amoureuse de ce continent que j'ai parcouru pendant un an et demi. Alors j'ai décidé de m'y installer. J'ai commencé à réfléchir à un projet qui me tiendrait à cœur, et j'ai eu l'idée d'ouvrir une auberge. Je travaillais déjà sur le sujet lorsque j'ai rencontré Mateo. Après l'Amérique du Sud, je suis, à nouveau, tombée amoureuse, mais d'un Chilien ce coup-ci. »

Elle sourit, prise dans les souvenirs de son passé.

« Mateo m'a rejointe dans mon projet. Nous avons décidé de nous établir à Cochamó et de construire cette auberge.

« Nous souhaitions limiter notre impact environnemental. Alors nous avons poussé le concept le plus loin possible. Nous avons fait installer des chauffe-eau solaires, isoler les murs, poser du double vitrage. Ici, et tu as dû le remarquer, la population ne compte pas vraiment sa consommation de bois de chauffage. Les maisons ne sont pas protégées contre les influences thermiques et, en contrepartie, les forêts réduisent comme peau de chagrin.

« Avec une petite station d'épuration à base de plantes, nous filtrons également les eaux usées avant de les déverser dans la mer. De même, nous sommes les seuls de la région à les traiter. Les Chiliens ne se soucient pas beaucoup de l'environnement. Ça a surpris plus d'un entrepreneur qui est venu sur le chantier, mais qui sait, peut-être qu'ils prendront modèle sur notre auberge pour leurs futurs projets ? »

La force d'action de Solène m'impressionne. À chacun de mes séjours dans une maison patagonienne mal isolée et surchauffée, je me suis demandé ce qu'attendait le Chili pour imposer des normes thermiques pour la construction des bâtiments. Mais devons-nous réellement escompter d'un gouvernement qu'il guide l'ensemble de nos actions en faveur de l'environnement ?

Si nous pouvons avoir un impact positif sur l'industrie agroalimentaire par la modification de nos modes de consommation, n'avons-nous également pas la possibilité collective, à l'image de Solène et Mateo, d'être le moteur d'autres progrès ?

Les mots d'Aude me reviennent en tête. Le vrai courage n'est-il pas d'agir ?

Je suis tombé amoureux de la nature. J'ai grandi au travers des regards et rencontres de cette année autour du monde. La dernière étape de ce voyage me paraît tout à coup évidente : à mon retour en France, je me devrai de partager mes enseignements.

58

Des centaines de fjords et d'îles dessinent les côtes découpées de la Patagonie chilienne. Entre ces terres, les ferries tissent des liens vitaux pour les habitants de cette région difficile d'accès.

Minuit vient de sonner lorsque j'embarque dans l'un de ces bateaux pour une traversée de vingt-quatre heures qui doit me faire gagner Puerto Cisnes, un village situé à 300 kilomètres au sud de Cochamó.

Fatigué, je me blottis dans un siège, enfonce la capuche de mon imperméable profondément sur ma figure, afin de me couper de la lumière des néons, et entame une nuit calme. La navette tangue à peine. Je me réjouis de cette traversée paisible.

Au petit matin, lorsque j'ouvre les yeux et regarde par le hublot, je comprends que le ferry est toujours amarré au même quai. Il n'a jamais quitté le port. Une panne de moteur s'est déclarée avant son départ, me procurant la sensation de cette nuit particulièrement calme. Les mécaniciens mettront vingt-deux heures à réparer le système de propulsion. Les passagers, en majorité des Chiliens, ne montreront aucun signe d'impatience, habitués à une nature capricieuse, difficile à prévoir, qu'il faut accueillir avec sérénité. J'en serai extrêmement surpris, pensant aux Français exaspérés au moindre retard d'un train. Au-delà de ses paysages, la Patagonie définit un art de vie qui ne se comprend qu'avec le temps.

Au réveil de ma seconde nuit à bord, les images qui traversent le hublot me saisissent. Je monte sur le pont avec empressement. Émerveillé par la grandeur du panorama qui m'entoure, gagné par une ivresse de beautés, je ne sais dans quelle direction regarder. Je navigue dans des fjords encerclés de hautes montagnes recouvertes d'une végétation dense. Le soleil brille. Le ciel est d'une pureté immaculée. La mer est calme, protégée par les roches gigantesques. Ces dernières délimitent des sortes de lagunes où l'océan Pacifique déchaîné ne peut déverser sa colère. La couleur de l'eau est d'un bleu sombre éblouissant. Elle reflète les rayons du soleil et m'évoque les plus beaux lacs de montagne.

À mesure que le ferry regagne le continent, j'aperçois les sommets enneigés de la cordillère des Andes qui se dessinent en arrière-plan. Au détour d'un virage, un glacier fait son apparition. Les fjords de Patagonie déchargent leurs merveilles dans un flot continu de tableaux dignes des plus grands artistes de ce monde.

Sur le pont de ce bateau, comme hypnotisé, je saisis mon alto. J'entame timidement la première des six *suites pour violoncelle seul* de Bach qui se prête si bien à ces paysages. Je suis poussé par un désir de jouer, mais freiné par la peur de déranger les passagers. Finalement, le destin tranche. Je suis encouragé par des Chiliens qui m'incitent à continuer par des salves d'applaudissements.

Enivré par les paysages et ces spectateurs imprévus, je me lance avec bonheur dans un récital, le sourire aux lèvres, envahi d'une joie profonde que je ressens encore au fond de moi lorsque je repense à cette journée.

La *Carretera Austral* – la Route Australe – est le surnom donné à la route chilienne numéro sept qui s'enfonce dans la Patagonie sur plus de 1000 kilomètres. Initiée sous le régime du général Pinochet, elle permet au Chili de desservir une partie de ses territoires australs en remplacement des traditionnels déplacements en ferries.

La Patagonie chilienne est, jusqu'à la fin du vingtième siècle, accessible uniquement par bateau. Certaines portions sont partiellement reliées par voie terrestre, mais il convient, le plus souvent, de passer par l'Argentine. Or les années 1970 voient l'émergence d'un conflit entre le Chili et l'Argentine. Le canal Beagle, au sud de la Patagonie, et la souveraineté sur quelques îles de la région sont débattus par les deux pays. Cet affrontement ne prend fin qu'en 1982, à la suite d'un autre conflit armé qui oppose le Royaume-Uni à l'Argentine : la guerre des Malouines. La défaite de l'Argentine mène à l'avènement d'un gouvernement démocratique argentin et à un accord de partage sur ces territoires entre le Chili et l'Argentine.

Cette décennie de tensions incite le dictateur chilien à lancer une vaste opération de désenclavement de la Patagonie, par voie terrestre, afin d'affirmer son autorité sur cette région australe. De nos jours, ce projet pharaonique est toujours en cours de réalisation. La *Carretera Austral* relie les deux tiers de la Patagonie chilienne grâce à une route en terre battue ou en graviers que le gouvernement prolonge et goudronne par tronçon chaque année. L'esprit de souveraineté a été remplacé par une soif de croissance. Le Chili veut maîtriser chaque portion de sa longue étendue pour développer son activité économique et valoriser le moindre espace de son territoire.

Lorsque je débarque du ferry à Puerto Cisnes, c'est sur cette piste que je pose le pied, et sur laquelle je m'élance sans plus attendre. J'ai prévu de la descendre jusqu'à son extrémité sud, avant de gagner un autre bateau qui me conduira aux portes de la Terre de Feu. En effet, la *Carretera Austral* est loin d'être achevée. Dans le grand Sud, les ferries s'imposent encore comme les seuls moyens de transport. Je les apprécie particulièrement. Au rythme lent des flots, au cœur de canaux préservés, je les trouve bien plus agréables que les bus qui desservent la *Carretera Austral*.

Les parcours sont fatigants sur la route australe. Cette piste, telle une longue cicatrice au milieu de la forêt primaire, impose aux véhicules des vitesses moyennes faibles. Le confort est sommaire. Je suis remué au rythme des cavités dans la chaussée.

Un seul bus circule quotidiennement entre les principales villes. Souvent bondé au-delà de l'entendement, il donne lieu à des débats pour avoir le droit à quelques mètres carrés dans la précieuse navette ou contraint de se convertir au stop, rendant l'expérience encore plus belle. Malgré les heures d'attente au bord de cette route peu fréquentée, à ne voir parfois passer qu'un véhicule par heure, j'accomplis tous les jours de petits miracles et avance de quelques centaines de kilomètres.

Joaquín, le crâne dégarni, corpulent, la cinquantaine, est le routier de la *Carretera Austral*. Il est l'unique chauffeur de poids lourd à la parcourir toutes les semaines, été comme hiver, sur 350 kilomètres, afin de ravitailler la dernière grande ville de la région en produits alimentaires. Il met une quinzaine d'heures pour couvrir cette distance, d'une seule traite. Lorsqu'il m'accueille dans son camion confortable, à la vue parfaite depuis la cabine, il ne lui reste que trois heures de route, mais il est déjà bien fatigué.

À la fois curieux d'en apprendre plus sur son métier et désireux de maintenir une conversation pour éviter qu'il ne s'endorme au volant, j'entame une discussion. Comme tous les Chiliens, il se prête facilement au jeu et devient, pour quelques heures, un chauffeur-guide. Entre forêts gigantesques, rivières et cascades, il arrête son camion pour que je prenne le temps d'observer la nature, me parle des lieux et me montre les petites merveilles des paysages qu'il affectionne.

Parfois, Joaquín enfile sa casquette de mécanicien et vient en aide aux automobilistes immobilisés par une panne. Les véhicules souffrent grandement sur cette route difficile. L'absence de réseau téléphonique empêche de recourir aux services de garagistes. La solidarité s'impose alors comme une évidence.

Les chauffeurs de bus participent également, par leur gaieté, à la vie de cette route. Ils se prêtent volontiers au rôle de guide. Ils aiment à raconter des anecdotes ou arrêter leur véhicule aux abords de cascades pour que les passagers puissent se réhydrater en buvant l'eau issue des fontes des neiges millénaires. Je poursuivrai cette habitude au cours de ces mois en Patagonie, ne m'enivrant plus qu'aux sources pures et non filtrées des glaciers, un délice.

Lorsqu'un chauffeur repère des calafates, une baie sauvage, il lui arrive d'immobiliser son bus et d'inviter les occupants à s'en régaler. Un adage rapporte que celui qui mange des calafates est destiné à retourner un jour en Patagonie. J'espère que cette histoire est véridique, j'aime cette terre.

Parfois seul étranger à bord de ces bus, j'ai le droit à des interrogatoires où l'on me traite, en riant, de Mapuche. Je ne comprends pas l'accent chilien de Patagonie. Les locaux doivent alors faire l'effort de parler l'espagnol de la capitale. Les moqueries sont courantes. Chacune de mes réponses est commentée. On me traite de fou d'habiter à Paris, dans une ville aux loyers exorbitants.

La Patagonie n'a rien à voir avec le reste du Chili. Dans ces territoires rudes à la vie difficile, les hommes se contentent de peu et vivent intensément chaque moment de partage. Sérénité, solidarité et simplicité sont les maîtres mots.

Dans cet univers, coupé de la société de surconsommation et de surinformation, je découvre un état proche de l'ataraxie. Je n'ai que peu de choix à faire, encore moins de produits à comparer. Les villages ne comprennent qu'une ou deux auberges. Pour la première fois depuis des années, je vis sans m'interroger. Enfin, je vis !

Dans l'immensité de ces paysages grandioses où je me perds dans de longues randonnées, recouverts de forêts primaires denses aux arbres verts et à la flore luxuriante, envahis de lacs et de cascades dont certaines dépassent les 200 mètres, parsemés de glaciers et de sommets enneigés dans lesquels la mer creuse parfois un fjord, quelques merveilles de la nature viennent s'ajouter à cette surenchère de splendeurs, m'amenant au bord d'une légère et délicieuse overdose de beautés.

Au cœur d'une Patagonie qui m'a déjà conquise, Cerro Castillo me fait cet effet d'une drogue trop puissante. La colline du château, comme la surnomment les Chiliens, prend la forme d'une montagne noire menaçante qui se dresse au milieu d'une plaine balayée par les vents. Elle ressemble à s'y méprendre à une demeure fortifiée construite par une sorcière dans l'antre de laquelle se niche un glacier.

J'accède à son trésor après avoir gravi un fort dénivelé, accompagné dans cette ascension par le vol lent et inquiétant des condors des Andes. Ils planent majestueusement au-dessus de ma tête, contribuant au côté maléfique du lieu.

À mesure que je me rapproche du glacier, je laisse derrière moi une vallée vierge de toute trace humaine. Je profite d'une pause pour reprendre mon souffle et observe ces paysages gigantesques. Je renoue avec cette sensation d'immensité qui me manquait depuis l'Australie.

Au sommet, une dernière surprise récompense mes efforts. Un lac au bleu givré, jusqu'alors caché par la montagne, se découvre. Les murailles du château fort y prennent racine, tandis que les créneaux et les merlons, emprisonnés par le glacier, semblent figés pour l'éternité. Je m'assieds, abrité du vent par un gros rocher. Deux heures s'écoulent. Je contemple le lieu, sans un mot, sans un bruit. Je me sens particulièrement bien.

Le petit port de Caleta Tortel marque la fin de mon aventure sur la *Carretera Austral*. Construit à flanc de montagne, ce village aux tons rouges, d'une architecture typique de la région, ne comprend pas de rues, mais des passerelles en bois. Elles relient les maisons au-dessus du fjord et lui donnent un cachet tout particulier. En contrebas, quelques bateaux de pêche sont au mouillage. À leurs côtés, un ponton attend le ferry qui gagne l'extrême Sud après quarante-huit heures de navigation.

Le soir de mon embarquement, il règne une franche animation au port. La navette maritime décharge des produits de grande consommation presque inespérés. Dans une joyeuse cohue, les habitants s'empressent de récupérer leur marchandise avant que le navire ne reprenne la mer.

Rien ne ressemble moins à un fjord chilien qu'un autre fjord chilien. J'en fais la plus belle expérience au cours de cette deuxième longue traversée en ferry. Les images ensoleillées des canaux du Nord sont remplacées par celles de paysages humides et capricieux. À mesure que je descends dans les terres australes, la pluie redouble d'intensité. Une brume épaisse recouvre les canaux. Parfois, elle disparaît timidement au profit de quelques rayons de soleil qui éclairent des montagnes dissimulées sous d'immenses forêts primaires à la végétation dense impénétrable. Des centaines de cascades, toutes plus impressionnantes les unes que les autres, s'écoulent des sommets et tombent dans la mer, dessinant des tranchées blanches au milieu de cette verdure. Au loin, un glacier fait son apparition. À son pied, quelques icebergs flottent sur la surface lisse de l'eau.

En dépit des hautes latitudes dans lesquelles je me trouve, les terribles quarantièmes rugissants redoutés par toutes les générations de marins, les fjords de Patagonie jouent à merveille leur rôle protecteur face à un Pacifique endiablé. La mer est calme, paisible.

Dans cette nature sauvage, la faune unique qui la peuple décuple le charme de ces territoires. Pétrels géants, albatros, lions des mers, ou manchots, il ne se passe pas une minute sans que je n'aperçoive un de ces animaux qui tournent autour du ferry. Les dauphins du Chili, endémiques de ces fjords, accompagnent souvent le bateau sur de longues distances, sautant gaiement près de ce dernier. Les phoques ne sont pas en reste. Animaux particulièrement joueurs, ils déroulent des spectacles aquatiques joyeux dont je ne me lasse pas.

Il règne une ambiance chaleureuse sur ce ferry qui s'ajoute à la magie naturelle. Les passagers, après avoir affronté les caprices des éléments sur le pont du bateau, s'enferment dans la pièce à vivre et discutent. Le soir, un groupe d'étudiants chante. Je tente de me greffer à leurs mélodies à l'alto, sans grand succès. Je ne connais pas assez les musiques folkloriques chiliennes. Mais cela ne nous empêche pas de passer de bonnes soirées dans un esprit de franche camaraderie. Bloqué sur ce navire, le temps s'écoule lentement, agréablement, sans heurt.

Au terme de cette longue navigation, le ferry regagne le continent et laisse derrière lui les fjords aux hautes montagnes. La cordillère des Andes s'efface peu à peu. La végétation devient rase. Je quitte pour la première fois les côtes verdoyantes pour atteindre les steppes patagoniennes. Balayées par des vents puissants, ces plaines à l'herbe jaunie semblent désertiques. Seules quelques plantes parviennent timidement, au prix de nombreux efforts, à pousser. Je suis à 500 kilomètres à vol d'oiseau du bout du monde, au bord de l'extase. L'été touche à sa fin, le climat se fait chaque jour un peu plus rude.

Le ferry me dépose à Puerto Natales, une ville moderne, située à quelques kilomètres du parc national Torres del Paine et qui doit son essor au tourisme. Ce dernier attire en effet, chaque année, des dizaines de milliers de visiteurs. Il fait partie de ces destinations phares incontournables d'un voyage de quinze jours au Chili qui amène, via de gigantesques sauts d'avion, de la capitale chilienne au désert d'Atacama au nord, puis à ce grand Sud, sans autre lien logique que celui du peso.

Je dois admettre que les Torres del Paine, ces tours, ces trois pics granitiques aux bases cerclées par des glaciers sont splendides. Elles se dressent de façon surprenante au milieu d'un paysage de pampa à l'herbe rase. À leur pied, et de manière tout aussi inattendue, des pick-up, des villas gigantesques en bois, et des hôtels hors de prix tapissent la plaine et m'évoquent les parcs d'attractions nord-américains. Je suis déstabilisé. Le visage de ces terres australes tranche avec celui découvert au cours des dernières semaines, loin du mode de vie occidental.

Depuis les années 2000, la Patagonie est en pleine transformation. Pedro, un restaurateur de Caleta Tortel, âgé d'une quarantaine d'années, me l'avait déjà évoqué avec nostalgie.

« La *Carretera Austral* est arrivée il y a une dizaine d'années dans le village. Avant, nous devions rejoindre Cochrane, la grande ville de la région, à cheval ou via un petit ferry qui remontait la rivière. J'allais à l'école à pied. J'étais à l'internat et je ne revenais chez mes parents que pour les vacances. Mais, aujourd'hui, la vie est bien différente. Des camions nous ravitaillent toutes les semaines et les visiteurs sont, chaque année, un peu plus nombreux. Certes, nous y avons gagné en confort, mais l'isolement qui faisait notre force, qui forgeait notre caractère, la simplicité de notre existence s'en sont allés. »

Les territoires extrêmes de la Patagonie n'échappent pas à cette politique. Le Chili rêve de concurrencer Ushuaia et de faire de Puerto Williams, un hameau de moins de 2000 âmes, le nouveau point de passage obligé des paquebots de croisière qui naviguent dans la région. Alors, pour attirer en masse ces visiteurs en quête de confort, il transforme l'aire urbaine et efface l'esprit simple de ce village qui constitue, à mon sens, son charme. Un nouvel hôpital, un tribunal et des routes sont déjà sortis de terre et les chalets, magasins et restaurants pourraient bientôt remplacer les cabanes de pêcheurs et les deux seules épiceries de l'île.

Si je comprends cette orientation ancrée dans une économie profondément capitaliste, je ne peux néanmoins m'empêcher de remettre en question cette vision. La Patagonie regroupe quelques-uns des derniers espaces encore vierges de notre planète. L'existence qui s'y est façonnée, loin des sociétés de consommation, est unique. Est-ce réellement un progrès que d'y favoriser un tel développement ?

Thomas Cook est souvent considéré comme le père du tourisme de masse. En 1841, en Angleterre, il conçoit le premier voyage organisé pour un groupe de 500 personnes. Un peu plus d'un siècle plus tard, l'augmentation du pouvoir d'achat des consommateurs occidentaux, couplée aux congés payés, permet à son entreprise de connaître une croissance fulgurante. Elle accompagne des millions de vacanciers aux quatre coins du monde. Une nouvelle industrie vient de naître.

Mais les externalités négatives ne tardent pas à se faire ressentir, particulièrement sur l'environnement. Dès les années 1970, l'artificialisation des sols – destruction d'espaces naturels au profit d'habitations, de ports de plaisance ou encore de pistes de ski –, les fortes consommations d'eau dans des zones non adaptées, et l'empreinte carbone liées au tourisme de masse interrogent. Le tourisme plus restreint, porteur lui aussi de dommages à l'environnement – par exemple, la simple présence de quelques hommes sur un site de ponte de tortues marines peut perturber la reproduction des reptiles – préoccupe également la communauté scientifique. Pour y remédier, les gouvernements ébauchent les premières réglementations – création de parcs naturels ou d'aires protégées – sans pour autant freiner l'essor de cette industrie. Or, comme le rappelle le chercheur Steve Hagimont, le tourisme reste une activité humaine qui, tant qu'elle perdure dans un modèle de croissance, ne peut que nuire à l'environnement[89]. Alors, face aux enjeux actuels, doit-on limiter, voire bannir le tourisme ?

J'avoue que cette question me touche particulièrement. J'aime ce voyage au long cours, cette excitation de la découverte, les rencontres, les paysages contrastés, ma solitude accompagnée de nature. Je ne me vois pas un jour poser définitivement mes valises pour embrasser la sédentarité. Je suis un touriste, un nomade, et j'apprécie ce mode de vie. Mais pour protéger l'environnement, dois-je l'abandonner ? J'ai du mal à être totalement neutre pour répondre honnêtement à cette interrogation. Pourtant, j'ai le sentiment que le tourisme dans sa forme actuelle doit être réinventé.

Comme j'ai pu le constater, la Nouvelle-Zélande et le Népal ont entamé ce virage en régulant l'afflux de visiteurs par la mise en place de critères économiques. Pour autant, si ce modèle séduit les gouvernements qui y trouvent un bel équilibre entre rentrées financières et limitation des externalités négatives, il ne me convient guère. Profondément inégalitaire,

89 Le « découplage entre croissance et émissions de [gaz à effet de serre] semble particulièrement irréaliste s'agissant du tourisme "*as usual*", qui repose largement sur des modes de transports polluants, de l'automobile aux avions, dont la décarbonation n'est pas envisageable à moyen terme. Certains des instruments du tourisme durable, comme la compensation écologique, les énergies dites renouvelables ou les marchés de crédits carbone non régulés sont des avatars de cette impasse, car, pour l'heure, chacun alimente un petit peu plus la consommation de la Terre et les processus d'exclusion, tout en nourrissant les illusions de certains clients – parfois trompés et parfois complices. »

– Steve Hagimont, « Face au désastre écologique : la nécessité d'une histoire environnementale du tourisme », *Mondes du Tourisme*, 2020.

il détourne des charmes qui constituent, à mon sens, le voyage: les rencontres éclectiques. Mais pis encore, il façonne les espaces selon les normes du luxe et les rend inadaptés et inaccessibles à des formes plus simples de séjours.

Sur la *Carretera Austral*, je croise des touristes qui se contentent d'un confort sommaire, à l'image de la vie locale rude. Ces derniers, majoritairement des étudiants chiliens et argentins, animent joliment la région. Certaines auberges sont, ainsi, plus proches du squat pour routards pas très propre, où l'on dort par terre sur de vieux matelas, que de réels logements. Dans ces établissements peu chers, les jeunes s'amassent. Ils chantent, jouent de la guitare, cuisinent, et distillent une belle ambiance. Les conversations et les débats vont bon train. Différents milieux sociaux se croisent et échangent.

Non loin de l'auberge de Solène et Mateo, la vallée sauvage de la Junta s'enfonce au milieu des montagnes. C'est au petit matin que je la découvre, déambulant sous le couvert d'une épaisse forêt, longeant la rivière qui la creuse depuis des millénaires. L'eau qui s'écoule depuis les Andes est limpide et laisse percevoir quelques poissons qui s'agitent à la recherche de nourriture. Des bancs de sable parsèment les berges. Je m'y pose avec douceur, admirant les sous-bois.

Après une longue marche, je gagne le cœur de cette vallée. La forêt laisse place à une plaine dégagée entourée de grandes montagnes granitiques blanchâtres aux flancs dégarnis de végétation. À la tombée du jour, sous les coups du soleil, ces falaises se colorent d'un voile orangé. Un peu plus loin, au-delà de la rivière à l'eau saisissante, une cascade s'écoule sur du granite incliné d'un angle de 45 degrés. Elle termine sa course dans un petit lac. La surface de cette roche, polie depuis des siècles, désormais glissante, s'offre comme un toboggan pour qui est prêt à affronter la fraîcheur des flots. Je m'y laisse déraper et me redresse tel un ressort lorsque mon corps entier, saisi par la température de l'eau, pénètre dans le bassin. Je n'ai, à cet instant, qu'une hâte: me réchauffer sous les caresses du soleil. Alors, je m'assieds sur une grosse roche et regarde les Chiliens effectuer plusieurs descentes sans comprendre quelle motivation les pousse à retourner dans une eau si froide.

Dans ce lieu magique, accessible uniquement à pied, les falaises verticales transforment cette vallée en paradis pour les grimpeurs. Ils viennent du monde entier s'isoler des semaines durant, escaladant quotidiennement une nouvelle paroi.

Les Chiliens chérissent également cet endroit. Ils y campent, avec leur famille ou entre amis, pour plusieurs jours, loin de l'agitation, coincés entre des montagnes où la civilisation moderne ne pénètre pas. Voiture, électricité, Internet ou téléphone, la vallée de la Junta fait partie de ces rares lieux déconnectés du monde. Ils sont des centaines à rejoindre les quelques campings implantés à trois heures de marche des bus les plus proches.

Je suis agréablement surpris de croiser autant de Chiliens, cheminant des heures, lourdement chargés, avec guitares, réchauds, sacs à dos et tentes à la main. Ils peinent à porter ces équipements volumineux. Ils arrivent épuisés aux campings. Mais ils aiment ce contact presque primitif avec la nature.

Quelques chevaux desservent les campements. Ils transportent provisions et bagages, aidant les hommes. Le passage répété de ce lourd animal dessine des tranchées dans le sol, profondes par endroits de plus de deux mètres. Les chevaux écrasent la terre de leurs sabots depuis des siècles, sur ce sentier déjà emprunté par les premiers peuples indigènes, sur ce lien avec l'Argentine à travers les Andes.

À regarder migrer les hommes à la seule force de leurs jambes, je pense aux Occidentaux, à leurs villages-vacances, leurs caravanes et autres camping-cars. Un gouffre immense sépare ces approches du tourisme. Pour autant, même si je préfère indéniablement courir le monde comme un étudiant argentin ou chilien, la cohabitation entre ces deux modes complémentaires de voyage me paraît indispensable. Dès lors, comment rendre accessibles les espaces naturels à toutes formes de tourisme et catégories de visiteurs, de manière équitable, sans pour autant exercer une pression considérable sur les milieux ?

Certaines actions sont irréversibles à l'échelle humaine. Un site naturel détruit – et plus encore lorsqu'il est primaire – ne pourra jamais être réhabilité. Or il reste trop peu d'espaces vierges sur notre planète pour que nous puissions légitimement prendre la décision de modeler chaque centimètre carré d'un territoire, à l'image du bitumage de la *Carretera Austral*. Nous devons laisser à nos enfants la possibilité de parcourir demain des régions préservées de la main de l'homme et d'expérimenter des modes de vie loin de notre société de consommation, tels les campeurs de la vallée de la Junta.

La solution réside probablement dans le maintien des zones à forte affluence touristique déjà existantes – sur lesquelles il est difficile de revenir en arrière et qui présentent l'avantage de concentrer les impacts humains dans un espace circonscrit et donc de potentiellement mieux les gérer – afin de préserver le reste de la planète. En parallèle, l'accès aux sites naturels fragiles pourrait être régulé par des quotas, sur la base la plus équitable possible, en appliquant par exemple des tirages au sort ou en favorisant les visiteurs locaux. Enfin, il faudra peut-être renoncer à l'idée que le voyage ne peut s'expérimenter que par l'excursion et revenir à des formes plus sédentaires ou à des évasions par des médias comme le cinéma, la photographie ou la lecture[90]. Ces choix contraindront vraisemblablement mes périples futurs, mais je crois que je suis prêt à les accepter si je veux que la Patagonie continue de vivre. Car une chose est certaine : en perpétuant le modèle de croissance et de développement tel que nous le connaissons aujourd'hui, l'homme détruit les racines de sa vie.

59

♪ Rubén Patagonia – ***Amutuy Soledad***
1998

Détroit de Magellan, canal Beagle, cap Horn. La Terre de Feu regorge de lieux mythiques qui animent les rêves et les craintes des marins du monde entier. Jusqu'à l'ouverture du canal de Panama en 1914, ils sont les passages obligés des navires souhaitant relier le Pacifique à l'Atlantique.

---

90 Voir, par exemple, le magnifique livre de Paolo Rumiz, *Le phare, voyage immobile*, Hoëbeke, 2015.

Sur les rives du détroit de Magellan, la ville chilienne de Punta Arenas prospère. Son port s'affirme comme une escale incontournable du commerce international. Profitant de son essor, des immigrants croates, espagnols ou britanniques s'y installent en masse. L'architecture évolue. Des bâtisses et des églises d'inspiration européenne sont érigées.

Déambulant dans cette ville australe si occidentale, je peine parfois à me croire aux portes de la Terre de Feu. Les palais du début du vingtième siècle, en pierre de taille et aux ferronneries nombreuses, me donnent l'impression d'un retour dans les capitales du Vieux Continent.

De nos jours, moins de 2000 navires franchissent annuellement ces mers du Sud. Si l'activité portuaire reste une des principales sources de revenus de la ville, l'exploitation des hydrocarbures des fonds marins, initiée dans les années 1950, permet de compenser une partie des pertes financières liées à l'ouverture du canal de Panama.

Séparée du continent sud-américain par le détroit de Magellan, la Terre de Feu est une immense île que se partagent le Chili et l'Argentine. Elle doit son nom aux feux que les habitants de cette région, en particulier les Yagans, utilisaient pour communiquer, se réchauffer ou se nourrir, et que les premiers explorateurs européens observèrent depuis la mer.

Une longue traversée en bus, au milieu d'une steppe plate, sèche, venteuse et vierge de tout humain, me mène de Punta Arenas jusqu'à la grande ville de cette île : Ushuaia. L'herbe et les buissons peinent à pousser. Les rares arbres sont voûtés, usés sous les coups d'un souffle trop puissant qui sévit toute l'année. Des guanacos – une variété de lamas –, des nandous de Darwin – une sorte d'autruche ainsi nommée par le naturaliste éponyme – et des flamants roses sont les seuls habitants de cette région.

Mais les couleurs de cette immensité suffisent à faire oublier la désolation qui ressort de ce paysage à perte de vue. Le jaune de la terre contraste avec le bleu du ciel dans lequel les nuages, aux formes filamenteuses uniques, typiques de ces latitudes, m'absorbent.

En sortant du bus pour gagner le poste-frontière, seul bâtiment au milieu de cette steppe, la force du vent me surprend. Je dois marcher en me baissant pour avancer contre les rafales. L'absence de montagnes, d'un quelconque relief ou de végétation laisse à l'air toute la matière pour s'exprimer.

Le douanier me regarde bizarrement. Je suis le premier voyageur qu'il rencontre à être entré au Chili par l'île de Pâques et sorti par la Terre de Feu. J'avoue que je suis particulièrement fier de cet exploit qui aura nécessité des centaines d'heures de bus et de ferries sur un parcours de plus de deux mois.

Il appose un nouveau tampon sur mon passeport. J'entre en Argentine.

La route continue immuablement, droite, au milieu de cette terre aride et vierge avant qu'une surprise de taille ne se dresse devant mes yeux. La cordillère des Andes réapparaît dans un dernier sursaut puis se perd dans la mer. Ushuaia est lovée au milieu des montagnes, tout au sud de la Terre de Feu, sur les rives du canal Beagle.

De l'autre côté de ce bras de mer, des dizaines d'îles chiliennes, dont le fameux cap Horn, forment les terres extrêmes du continent sud-américain. Puerto Williams se dresse sur cet archipel et constitue la destination ultime que je rêve d'atteindre.

L'entrée dans Ushuaia s'apparente à celle dans une forteresse militaire. Un barrage routier permanent bloque l'accès au centre urbain. Le conducteur du bus doit transmettre la liste nominative de l'ensemble des passagers et subit un petit interrogatoire. Ces contrôles sont fréquents en Argentine. La totalité des villes situées sur les axes stratégiques de communication est dotée de tels postes policiers. Ce reliquat du passé dictatorial me rappelle mon séjour chinois et me provoque un regain de mal-être.

Bagne jusqu'en 1947, Ushuaia vit aujourd'hui principalement de la pêche, de son port de commerce et de son statut de zone franche qui attire de nombreuses usines d'électronique coréennes ou chinoises. Les alentours immédiats de cette cité industrielle sont particulièrement disgracieux.

Le centre-ville, avec son architecture inspirée des chalets de montagne, ses multiples restaurants et ses magasins, ressemble à s'y méprendre à celui d'une station de ski occidentale. Les touristes, en provenance de gigantesques paquebots de croisière, l'animent pour quelques heures avant de repartir sur la mer.

Dans ce bout du monde, le climat est rude. Les pluies sont fréquentes et les températures moyennes atteignent péniblement les 10°C. Mais une chance incroyable me sourit lors de mon séjour. Un soleil radieux illumine la ville et le mercure frôle les 20°C. Je saisis cette opportunité pour me perdre dans la nature.

Arpentant les chemins de randonnée, je découvre, nichées au milieu des montagnes, les premières tourbières de mon voyage. Sur leurs pourtours, quelques arbres, taillés par le vent puissant, ressemblent à s'y méprendre à ceux d'un jardin japonais qui aurait été entretenu par un maître nippon de haute envergure. Des pierres rondes, polies par le temps, délimitent des ruisseaux et contribuent à cet esprit japonais. Je suis sous le charme.

Au sommet des montagnes au-dessus desquelles planent des condors, la vue se perd sur des champs de fjords. Sans y parvenir, j'essaie d'imaginer les routes maritimes qui traversent ces reliefs complexes.

Marcher dans de tels lieux poétiques me fait oublier le temps et l'espace. Encore une fois, je succombe aux charmes des fjords, des montagnes et des neiges.

Quitter Ushuaia, traverser le canal Beagle et rejoindre l'archipel chilien est une entreprise compliquée. Ce bras de mer marque le début des difficultés administratives. S'il est relativement aisé de franchir les frontières terrestres entre l'Argentine et le Chili, celles maritimes sont d'une tout autre affaire. Une seule agence organise des traversées du Beagle. Elle pratique des tarifs exorbitants et maintient un monopole par une réglementation étrangement en sa faveur. Il est ainsi interdit, à tout autre navire, le transport payant de passagers entre ces deux rives distantes d'à peine 5 kilomètres. Pour le plus grand désarroi des routards au petit budget, les arrangements avec des plaisanciers ou des pécheurs ne sont plus possibles. Heureusement, le bateau-stop perdure pour qui dispose de temps.

Depuis quelques jours, je voyage avec Alice. Dans ces terres australes isolées, il est fréquent de croiser à de multiples reprises la route des globe-trotteurs au long cours.

Alice est une petite blonde dynamique, d'origine bretonne, aux grands yeux bleus, qui me rappelle Héloïse. Elle parcourt le Chili du nord au sud et rêve, tout autant que moi, du bout du monde, de Puerto Williams. Nos chemins se sont rencontrés pour la première fois sur un ferry, quelques jours plus tôt, avant de se séparer puis de se rejoindre à nouveau en Terre de Feu.

Un soir, Alice entre dans l'auberge où nous logeons, le sourire aux lèvres. Elle revient du port d'Ushuaia où son sang breton s'est réveillé.

« J'ai croisé des marins et j'ai les noms de deux voiliers qui partent pour Puerto Williams dans les jours à venir ! m'annonce-t-elle gaiement. Je vais essayer de les rencontrer et de leur demander si je peux traverser sur l'un de ces bateaux », ajoute-t-elle, déterminée à trouver un moyen gratuit pour franchir le Beagle.

Le lendemain, je l'accompagne au port de plaisance. Des dizaines de voiliers y mouillent, certains préparés pour des navigations jusqu'en Antarctique. Sur l'un des pontons, Alice repère le premier bateau de sa liste. Il bat pavillon étasunien. Nous frappons à un hublot. Un couple âgé d'une soixantaine d'années sort la tête. Des Français !

Charlotte et David, les heureux propriétaires de ce voilier, parcourent les mers depuis plus de trente ans. Marins aguerris, ils s'apprêtent à gagner Puerto Williams avant d'entamer la remontée des fjords chiliens en autonomie complète sur trois mois. Ils n'ont jamais pris de bateau-stoppeurs, mais nos têtes sympathiques leur donnent envie de tenter l'expérience. Pressés par les préparatifs de leur aventure, ils nous donnent rendez-vous le surlendemain pour les formalités administratives. L'affaire est conclue en dix minutes. La chance nous accompagne. Nous regagnons l'auberge, le cœur léger, l'esprit déjà de l'autre côté du canal Beagle.

Charlotte et David maîtrisent parfaitement les rouages de l'administration argentine. Nous nous retrouvons devant la préfecture maritime à 11 heures tapantes pour officialiser notre sortie du pays par bateau. Le couple sait par expérience qu'à cet horaire, le responsable sera à son poste.

Derrière son bureau, le chef de secteur n'est guère enclin à remplir les formalités administratives. L'annonce de notre départ imminent l'incite à se mettre au travail. David me glisse :

« Ça ne sert à rien de venir plusieurs jours en avance. Il ne travaille qu'à la dernière minute. Nous avons déjà essayé. »

L'heure du déjeuner approche, ce qui accélère les démarches. En quelques minutes, nos passeports sont vérifiés et tamponnés. David déclare sur l'honneur que nous voyageons, avec Alice, à titre gracieux. La tournée des administrations peut continuer. Après les douanes et des dizaines de papiers supplémentaires, la traversée du Beagle nous est enfin autorisée.

Les bras chargés de victuailles, nous montons à bord du voilier de Charlotte et David. Avec Alice, pour remercier nos hôtes marins, nous avons acheté les mets les plus français que nous pouvions trouver dans ce grand Sud. Croissants, pain, fromage, saucisson et cake au chocolat doivent nourrir l'équipage tout juste constitué. La gastronomie argentine, fortement influencée par l'immigration italienne, nous a permis de composer ce succulent repas.

Sur une mer calme, caressée par une légère brise, le voilier s'élance paisiblement pour une traversée de cinq heures. Assis dans le cockpit, nous écoutons Charlotte et David nous raconter leur grand départ il y a plus de trente ans, la naissance de leurs enfants, leur vie à quatre à bord. Souvent Charlotte s'interrompt pour nous inviter à regarder la mer. Elle aime ces canaux et le spectacle de la nature qui s'y joue.

Sous nos yeux émerveillés, un ballet de pétrels géants dévoile toute la puissance de leur vol élégant. Il contraste avec le décollage lourd et comique des albatros. Tels de gros-porteurs, ces oiseaux restent plaqués à la surface de la mer de longues minutes, avant d'atteindre une vitesse suffisante leur permettant de se hisser hors de l'eau. Des manchots vantards sortent périodiquement la tête du canal pour montrer à quel point ils sont bons nageurs. Les phoques ne sont pas en reste et déroulent des numéros de cirque dans une compétition de saut en hauteur.

Charmés par ce spectacle et les mots de Charlotte et David, le temps défile à toute allure. Puerto Williams apparaît bien trop vite. Nous mouillons à une bouée et gagnons, en annexe, le ponton principal formé par un ancien cargo allemand centenaire. Échoué dans ce fjord austral, il accueille dans son carré aux banquettes confortables les marins pour un peu de repos et une chaude douche. Les autographes des plus célèbres navigateurs tapissent ses murs en bois recouverts de pavillons et de drapeaux du monde entier. Alice repère rapidement celui de la Bretagne. Elle exulte devant ce symbole, fière de faire partie de ce peuple de l'eau, et, amusée, en profite pour se moquer gentiment de mes racines vendéennes.

C'est la première fois que je franchis une frontière en voilier. Cette arrivée me fait l'effet d'un songe. Il n'y a aucun poste-frontière et encore moins de douanes à l'affût. Nous devons simplement nous rendre volontairement au cœur du village pour les formalités administratives. L'angoisse des longues files d'attente aux postes-frontières est remplacée par le plaisir de débarquer lentement du bateau et de respirer.

Posant le pied à terre, je suis doublement heureux. Une légère euphorie me gagne. J'ai enfin atteint ce bout du monde, le dernier rêve de ce voyage. Je suis également joyeux d'y être parvenu d'une façon si originale et agréable.

Avec ses petites maisons de pêcheurs construites en bois et ses quelques commerces, Puerto Williams ressemble plus à un hameau qu'à une ville. En bordure de celui-ci, un faubourg regroupe quelques cabanes sommaires. Dans l'une d'entre elles, l'ultime locutrice native de langue yagan y réside. Née en 1928, Cristina Calderón est aujourd'hui une vieille dame qui, un triste jour, emportera avec elle les derniers souvenirs vivants de ce peuple des mers.

C'est dans ce quartier que nous décidons de poser nos sacs avec Alice, dans une agréable cabane-auberge de quelques lits. Elle accueille déjà Silvia et Vicente, un couple santiagois d'une quarantaine d'années venu s'installer dans la région. Silvia est psychologue. Elle a été nommée au nouvel hôpital de Puerto Williams. En échange d'une vie rude dans ces terres, loin du soleil de la capitale, elle perçoit un salaire important qui l'a convaincue d'accepter ce poste. Son mari Vicente, grand brun un peu timide, est poète. Il a suivi sa femme sans hésiter.

« Je suis bien ici, me dit-il un soir. Ces paysages m'inspirent. J'ai également trouvé un emploi à l'office du tourisme de la ville. »

Vicente est extrêmement bon guitariste. Il maîtrise avec grand art le jazz manouche, le tango ou encore le rock, et dispose d'une excellente oreille musicale.

Devant le poêle à bois qui nous réchauffe des rudes températures et des récentes chutes de neige, nous improvisons une soirée hors du temps. Les sonorités, les mélodies, la poésie qui se dégagent de ce moment sont particulièrement prenantes. Au bout du monde, par nos instruments, nous exprimons tous les deux l'amour que nous avons pour ces terres.

Assise sur un vieux canapé, bercée par la musique, Alice nous écoute. Parfois mon regard plonge dans ses grands yeux bleus.

Après des études brillantes et une première expérience professionnelle qui ne lui correspondait pas, Alice a décidé de partir sur les routes. Elle fait partie de cette génération à qui l'on a promis bonheur et vie idéale si elle se conformait aux attentes du système social, mais qui, en réalité, ne se reconnaît plus dans ce monde.

Depuis notre première rencontre, nous passons de longues heures à partager nos réflexions et nos pensées les plus intimes. Malgré le caractère parfois grave de nos échanges, Alice garde en elle une joie de vivre qui m'attire. Son sourire agit comme un aimant. J'ai irrésistiblement envie de la prendre dans mes bras. Je ressens un désir non éprouvé depuis des années. Après la Patagonie, serais-je à nouveau en train de succomber au charme ?

Le bout du monde nous rapprochera ce soir-là. Au son des notes de la guitare de Vicente, nos mains se frôleront. Entre musique et passion, cette soirée sera la plus merveilleuse de ce voyage, mettant fin, en apothéose, à cette descente dans le grand Sud.

Après quelques jours délicieux, je me résigne à quitter Puerto Williams, le cœur fendu, laissant avec tristesse ce Sud magnifique, Charlotte, David, Silvia, Vicente, et de nombreux marins et habitants croisés dans ce village. Accompagné d'Alice, j'embarque à bord du *Yagan*. Ce ferry, seul lien direct avec le Chili, gagne Punta Arenas au terme de trente-deux heures de navigation.

Dans cette ultime traversée des fjords chiliens, j'aperçois mes premières baleines que j'accueille avec la joie d'un enfant. Le bateau frôle un immense glacier qui se jette dans le Beagle. La pénombre de la nuit tombante le rend quelque peu mystérieux. Sa vue m'envoûte.

Au matin du deuxième jour, le navire quitte les fjords pour quelques heures en pleine mer, seul passage possible au milieu de cet archipel. Je découvre la navigation dans les cinquantièmes hurlants. Le bateau tape sur l'océan déchaîné. Des gerbes d'eau recouvrent violemment le pont. Le mal de mer me prend immédiatement. Je ferme les yeux, me cale sur un siège et attends que le ferry regagne la quiétude des canaux.

60

♪ Carlos Gardel, Alfredo Le Pera – *Mi Buenos Aires querido*
Orquesta Binacional de Tango, 2020

Steppes arides à perte de vue. Buissons desséchés. Squelettes de moutons morts de soif. Cadavres de guanacos écorchés vifs sur des barbelés infinis installés en signe de puissance irraisonnée de propriétaires mégalomanes. Le sud de la Patagonie argentine annonce, sans détour, la rudesse de l'existence.

Dans ces terres où presque plus une goutte de pluie ne tombe depuis une vingtaine d'années, la vie s'en va. Les rares nuages à franchir les Andes ne déversent plus leur eau. Seules les rivières issues de la fonte des neiges continuent à tracer, pour un temps, leur sillon.

Julia, une Argentine d'une quarantaine d'années, propriétaire d'une auberge, fille d'un ancien éleveur d'ovins, me l'annonce sans détour, un soir, alors que nous échangeons sur la Patagonie.

« Mon père aime cette terre. Il chérissait aussi, plus que tout, ses moutons, l'élevage auquel il avait dédié sa vie. Mais, il y a vingt ans, il a dû se rendre à l'évidence, le quotidien était devenu trop difficile. À contrecœur, il a vendu son troupeau et a quitté sa ferme, comme nombre de ses amis. La végétation ne pousse plus, les moutons ne peuvent plus se nourrir. J'ai dû venir en ville. Je ne regrette pas d'avoir ouvert cette auberge. La vie d'éleveur dans ce sud, c'est terminé. »

Sur plus de 1000 kilomètres, je parcours ces paysages désolants ponctués de sites industriels qui exploitent les minerais ou le pétrole du sous-sol. Quelques villes, installées dans les contreforts de la cordillère des Andes, sont les seules traces d'une existence humaine permanente. Initialement construites à des fins militaires, ces cités s'imposent aujourd'hui comme des étapes incontournables pour les voyageurs qui traversent ces plaines. Lieux propices au repos, elles doivent leur survie à la troisième calotte glaciaire de la planète après l'Antarctique et le Groenland: le champ de glace Sud de Patagonie. Ce trésor, plus grande ressource d'eau potable d'Amérique du Sud, est une minibanquise sur laquelle seuls les explorateurs les plus aguerris osent s'aventurer.

L'un des plus vastes glaciers au monde, le Perito Moreno[91], prend sa source dans cette immensité immaculée. Visible depuis les rives d'un lac où il se déverse, il avance tous les jours de plusieurs mètres. Des blocs gigantesques se détachent de sa face avant et s'écroulent en un bruit sourd dans l'étendue d'eau aux coloris bleu-gris dans laquelle il baigne ses pieds. En plongeant dans cette masse aqueuse, ces icebergs engendrent des vagues monstrueuses qui renverseraient n'importe quelle embarcation. Une fois la tempête passée, ces glaçons corpulents savourent leur retraite au soleil et maigrissent paisiblement avant de retourner à l'état liquide.

Le spectacle donné par ce glacier est un véritable numéro d'hypnose qui me fascine. Entre les éboulis, les vagues ou les évolutions de la couleur des reflets des rayons lumineux, je reste des heures à regarder vivre cette masse sans percevoir le défilement du temps. Le gigantisme du Perito Moreno m'impressionne. Des Alpes européennes, en passant par l'Himalaya, la Nouvelle-Zélande ou le Chili, je n'ai jamais vu un tel glacier, une pareille expression de puissance. Pour autant, comme en Nouvelle-Zélande, je ne peux m'empêcher de ressentir une profonde tristesse devant ce spectacle. Le Perito Moreno, le champ de glace Sud de Patagonie, et plus globalement l'ensemble des glaciers andins, pourraient bientôt ne plus être que de lointains souvenirs. Réduits à l'état

91 Nommé en hommage à l'explorateur argentin Francisco Moreno, surnommé Perito Moreno – qui fut l'un des grands instigateurs du tracé des frontières entre le Chili et l'Argentine –, ce glacier couvre une longueur d'environ 30 kilomètres avec un front de glace qui atteint par endroit une épaisseur de 180 mètres.

de déserts froids et secs, ils entraîneront alors dans leur trépas toutes formes de vie[92].

Depuis mon atterrissage à Santiago, je ne cesse de m'étonner de la dépendance des villes sud-américaines aux glaciers de la cordillère. Dans la capitale chilienne, aux températures frôlant les 40°C en été, la végétation peine à pousser naturellement. La population vit suspendue à une mince rivière alimentée par la fonte des neiges de l'hiver précédent. Elle nourrit les quelques parcs artificiels qui apportent un peu d'ombre et de verdure au milieu de cette cité aride.

De l'autre côté des montagnes, la ville de Mendoza, capitale viticole argentine et terre du malbec depuis la fin du seizième siècle, ne doit sa subsistance, elle aussi, qu'à un ingénieux système d'irrigation qui charrie l'eau des Andes. Mais, comme sa sœur Santiago, elle est menacée par la disparition des glaciers. Pourtant, cela ne semble nullement préoccuper les gouvernements et encore moins les habitants.

« À Mendoza, la facture d'eau est calculée en fonction du nombre de mètres carrés d'un logement. Nous n'avons pas de compteurs pour mesurer l'utilisation effective. Il n'y a donc aucune motivation à réduire sa consommation, et bien évidemment, nous ne nous privons pas », me confie Alejandro, un chauffeur de taxi d'une quarantaine d'années.

Ce déni des difficultés futures m'interpelle. Des millions de Sud-Américains vivent avec une épée de Damoclès au-dessus de leur tête. Pourtant, l'exploitation des minerais du sous-sol, aux conséquences désastreuses pour l'environnement – de par l'accélération de la désertification des terres – continue d'être incitée au Chili tout comme en Argentine. Pis encore, aucun des deux pays ne semble se contenter des ressources actuelles de leurs territoires. *A contrario*, ils me donnent l'impression de convoiter de nouvelles richesses et de rêver de l'Antarctique comme d'un futur eldorado. Le musée maritime de Punta Arenas l'annonce clairement : une partie de

92 Entre 2000 et 2018, le champ de glace s'est aminci de 44 mètres par an. Au cours du vingtième siècle, cette fonte, cumulée avec celle des autres glaciers andins, est responsable à elle seule de l'augmentation de 10 % du niveau des océans.

l'Antarctique est chilienne et la ville est le barycentre du pays, la cité à mi-chemin entre l'extrême nord chilien et le pôle Sud. De l'autre côté de la frontière, l'Argentine déclare avec une emphase toute similaire, cartes à l'appui, telles des preuves irréfutables que la même portion des terres antarctiques est argentine[93].

Depuis mon entrée en Terre de Feu, je suis également marqué, sur le territoire argentin, par des messages qui annoncent haut et fort que «*las Malvinas son argentinas*», «les Malouines sont argentines». Que ce soit sur les bus à Ushuaia, aux postes-frontières, sur les murs des écoles ou sur ceux de nombreux bâtiments officiels de Patagonie, j'observe cette phrase quotidiennement, avec surprise. Elle est souvent écrite en énormes caractères, assortie d'une carte de l'archipel, qui rend cette revendication impossible à omettre.

Le 2 avril, date anniversaire du débarquement de l'armée argentine aux Malouines, j'assiste à une cérémonie d'hommage aux militaires morts au combat lors de la guerre de 1982. En ce jour férié, les Argentins se souviennent des quelque 700 enfants du pays tués sur ces îles lointaines.

Ces messages, et plus encore les commémorations, m'étonnent. Il est en effet rare qu'une nation se rappelle aussi ouvertement une défaite. Le 20 juin 1982, à la suite d'intenses combats, la fin des hostilités entre les Britanniques et les Argentins est actée. Le Royaume Uni réaffirme sa souveraineté sur l'archipel.

Alors que je gagne la côte Est patagonienne, je découvre, au musée des Arts Visuels de Trelew, une ville située non loin

---

93 Dans cet affrontement pour la mainmise sur le Continent Blanc, le Chili et l'Argentine ne sont pas les seules parties prenantes. J'avais déjà noté des revendications semblables, certes plus discrètes, en Australie et Nouvelle-Zélande, liste des pays à laquelle s'ajoutent, pour des raisons historiques, les anciennes puissances coloniales britanniques, françaises et norvégiennes. Enfin, la Chine, les États-Unis ou la Russie ne sont pas en reste et s'intéressent de près à ce continent austral. Fort heureusement, ces revendications n'ont pour le moment aucune valeur auprès de la communauté internationale. En effet, depuis la signature du Traité sur l'Antarctique en 1959, le Continent Blanc est considéré comme *terra nullius*. Aucune nation n'a de droit particulier sur cette terre et les activités militaires y sont, en particulier, strictement interdites.

de la côte Atlantique, une rétrospective dédiée à la guerre des Malouines. Des photographies montrent le visage argentin de ce conflit. Les pertes britanniques sont à peine évoquées et encore moins l'histoire ou le moteur du désir de possession de ces îles au climat rude, disputées depuis 1833. À cette date, les Britanniques s'installent aux Malouines, jadis espagnoles, et devenues, pour les Argentins, territoire national en 1816, lors de leur indépendance à l'empire espagnol.

Paula, une Argentine d'une vingtaine d'années rencontrée sur un chemin de randonnée, me résume l'opinion de la jeunesse sur cette revendication.

« La plupart des Argentins ont perdu un membre de leur famille dans cette guerre. Que ce soit un fils, un neveu, un filleul ou plus largement une connaissance, nous gardons en tête le souvenir d'un massacre.

« Il faut dire que beaucoup de militaires ont été envoyés au combat sans réelle préparation. Ils étaient jeunes. La junte au pouvoir leur avait vendu une guerre tranquille. Cette dernière voulait avant tout faire oublier le désastre économique dans lequel elle avait amené le pays et détourner l'attention vers une victoire qu'elle considérait comme facile, tout en recréant un sentiment national.

« Aujourd'hui, les familles argentines vivent avec le souvenir douloureux de ces morts. Les commémorations sont importantes pour se rappeler ces êtres perdus. Mais honnêtement, je ne comprends pas trop pourquoi notre gouvernement revendique ces territoires. »

Si pour Paula la cause malouine reste peu claire, elle est, pour les autorités argentines du vingt et unième siècle, avant tout utilisée comme un outil de construction de l'identité nationale, dans un contexte où les crises n'ont cessé de s'accumuler depuis 2001.

L'année 2019 n'épargne pas l'Argentine. Le pays tourne au ralenti. Seul le secteur touristique, dont l'économie vit alimentée par les dollars des visiteurs, maintient bon an mal an une activité convenable. Partout ailleurs, le chômage explose.

À Ushuaia, Antonio, un jeune père de famille, me confie son calvaire.

« Je travaillais pour une usine d'électronique. Mais avec la crise, j'ai été licencié. Il n'y a aucune activité dans la région autre que la pêche. Alors je ne sais pas vraiment comment je vais m'en sortir. J'ai une petite fille. Elle a six mois.»

Plus au nord, non loin de la péninsule Valdés, Daniel, un restaurateur d'une cinquantaine d'années, me relate peu ou prou la même histoire.

«Plus personne ne vient manger dans mon établissement. La population n'a plus d'argent. Je cherche un local plus petit pour me concentrer sur la vente à emporter et payer moins de charges.

«Il n'y a plus de travail par ici, mis à part un peu d'agriculture qu'une communauté de Boliviens venus s'établir dans la région continue de faire fonctionner.»

Ces crises économiques perpétuelles impactent le comportement des Argentins. Une totale perte de confiance dans le système financier étatique s'est installée au sein de ce pays à l'inflation galopante. Le dollar américain est devenu la nouvelle monnaie nationale[94]. Les biens importés, tels que les voitures, les ordinateurs ou les téléphones, s'achètent avec le billet vert. Les Argentins qui occupent des postes élevés dans des multinationales négocient leur salaire en dollars. Le peso n'est plus utilisé que pour le règlement des produits de consommation courants.

Les paiements s'effectuent souvent en liquide pour échapper aux taxes. L'argent dort sous les matelas. Alors, pour contrer ces pratiques, le gouvernement limite les retraits journaliers de billets. En conséquence, les files d'attente se forment quotidiennement devant les distributeurs de monnaie. La vraie face de l'Argentine est sombre. Des milliers d'Argentins luttent pour survivre.

Je voyage sans objet de valeur. Un smartphone en piètre état, une montre électronique et un pendentif auquel je suis sentimentalement attaché constituent mes seules richesses matérielles. Mon tee-shirt est troué, mon pantalon est plus qu'usé, mes sandales se décollent. Malgré cette apparence presque bohème, mon allure d'Européen attire l'attention.

94 Phénomène que l'on retrouve plus largement dans de nombreux pays d'Amérique du Sud.

Un dimanche après-midi, je gagne Buenos Aires. La ville est déserte. Les musées sont fermés. J'en profite pour flâner et observer l'architecture fortement inspirée des travaux d'Haussmann. Je marche d'un pas joyeux dans ce berceau du tango. L'air frais venu de l'embouchure du Río de la Plata emplit mes poumons quand soudain, aux abords du palais présidentiel, un homme m'agrippe au cou.

L'espace d'un instant, je crois qu'il me met un couteau sous la gorge pour me voler. Fort heureusement, il a simplement remarqué mon pendentif, me bloque fermement le cou de ses mains, me l'arrache et part en courant. Sous le choc, je lâche ma gourde. Dans un bruit métallique, elle s'écroule sur le trottoir et répand son contenu. Le son me réveille de ma léthargie et me pousse à hurler en français : « connard ! », avant que je me rende compte qu'il vaudrait mieux que je parle espagnol. Alors, instinctivement, je ramasse ma bouteille, revisse le bouchon et me lance à sa poursuite, en criant « *¡robo, robo!* » « vol, vol ! », espérant l'aide de quelques passants. Mais ces derniers me regardent courir sans agir, comme pris d'une peur étrange. Enfin, l'homme entre dans un immeuble. La poursuite est terminée. La scène n'a pas duré plus de deux minutes.

La chaîne n'a pas de grande valeur, mais je n'ai pas envie d'en rester là. Je suis sous le choc. J'ai vécu ce moment comme une agression, particulièrement lorsque j'ai senti les mains sur mon cou. Me trouvant devant une banque, je demande conseil à un agent de sécurité, lui expliquant la situation.

« Des voitures de police patrouillent dans le secteur, me dit-il. Attends ici et interpelle l'une d'elles. Elle ne devrait pas tarder à passer. »

Rassuré par cet agent, me sentant relativement protégé, je patiente une quinzaine de minutes avant d'arrêter l'un de ces véhicules. En chemin vers le commissariat, assis sur la banquette arrière, séparé du conducteur par un grillage, je profite de la vue sur Buenos Aires. Comme pour me faire oublier ce trauma, je m'amuse de cette situation en me faisant la réflexion qu'il m'aura fallu attendre presque un an pour enfin voyager dans un fourgon des forces de l'ordre.

Le poste central est très calme en ce jour de repos. Une policière fort sympathique m'accueille et enregistre ma plainte sur un ordinateur. Je délivre le maximum de détails, sachant pertinemment que l'affaire sera classée sans suite.

Mais au moins, elle servira à alimenter les statistiques de vols de la capitale.

« Vous avez des hématomes, me fait-elle remarquer. Avez-vous besoin d'aller à l'hôpital ? »

Je me regarde dans un miroir. J'ai les traces de doigts de l'agresseur qui ressortent sous la forme de lignes rouges sur la peau blanche de mon cou. Mais je me sens physiquement en pleine forme.

« Non, je ne pense pas avoir besoin d'aller à l'hôpital.

– Très bien. Dans ce cas, voici votre plainte. Pouvez-vous la signer ? Sinon faites attention. Les vols sont malheureusement très fréquents ici. Ne mettez rien de valeur dans vos poches et positionnez toujours vos sacs devant vous. Protégez aussi votre passeport. Ce matin, un Italien s'est fait voler son portefeuille dans lequel il avait 3000 euros en liquide. Il venait d'arriver pour des vacances. Une personne lui a volontairement renversé du café pour distraire son attention, pendant qu'une autre lui dérobait ses affaires. C'est un grand classique à Buenos Aires. »

Je sors du commissariat un peu paranoïaque. Sous le choc de l'agression, la découverte de la ville ne m'intéresse plus vraiment. De nature précautionneuse, j'aurais préféré être la proie d'un pickpocket. Le vol aurait été commis sans que je m'en rende compte, conséquence d'une inattention de ma part. Certes, je m'en serais voulu, mais en ce jour, j'ai été agressé physiquement, et cela change la perspective. Je ne peux pas me reprocher entièrement cette erreur. Je me sens mal. J'ai également un peu peur.

Observant les passants marcher dans les rues de Buenos Aires, je modifie ma lecture de cette ville. Je m'aperçois qu'ils avancent d'un pas pressé, regardant en permanence autour d'eux, leur sac posé sur le ventre, fermement maintenu par une main. Personne n'ose se doubler. Lorsqu'un dépassement doit s'effectuer, il y a toujours une once d'inquiétude qui transparaît chez celui qui se fait passer devant. La méfiance est de mise à chaque instant.

Je plains la vie de ces citadins. Vivre sur ses gardes, dans la peur du vol, est épuisant. Repensant à ma petite ville natale, et même à Paris, je mesure la chance que j'ai eue de grandir dans des quartiers où l'insécurité est quasi inexistante.

Fabio, un étudiant en direction de chœur au conservatoire qui m'accueille pour ce séjour semble prendre, pour sa part, ces comportements avec philosophie. Il n'a peut-être pas tort. La vie est probablement moins pesante ainsi.

« Tout le monde s'est fait voler ou connaît au moins une personne victime d'une extorsion à Buenos Aires. Tu ne peux faire confiance à personne, même pour des objets sans réelle valeur commerciale.

« Par deux fois, j'ai prêté le diable de la boutique où je travaille à des voisins qui en avaient besoin pour déménager. Je ne les ai jamais revus. C'est comme ça. On apprend à vivre avec. »

Le soir, allongé dans mon lit, je repense à « *las Malvinas son argentinas* » et à ces instabilités économiques incessantes que traverse l'Argentine.

L'Atlantique Sud est une zone stratégique qui regorge de pétrole et de ressources halieutiques. Le gouvernement argentin pourrait-il espérer, par l'exploitation des richesses des Malouines, une possible sortie de crise ?

Cet archipel s'érige également en avant-poste tourné vers l'Antarctique, dont le Royaume-Uni revendique une portion en grande partie commune à celles de l'Argentine et du Chili. Dans ce conflit de souveraineté, les prémices d'une ruée vers les ressources de l'Antarctique seraient-elles en train d'émerger ? Le Protocole de Madrid, entré en vigueur en 1998, interdit toutes démarches en ce sens, et ce, pour une durée de cinquante ans, date à laquelle il pourra être révisé. Mais ce texte est fragile et certains États signataires, comme la Russie, commencent d'ores et déjà à annoncer leur volonté de prélever les minerais et hydrocarbures de l'Antarctique. Ils incitent à l'abandon du protocole[95]. 2048 pourrait être l'année d'une

95 Heureusement, des garde-fous rendent difficile la modification de ce texte. Les trois quarts des premiers États signataires du traité doivent en particulier être d'accord pour en changer les termes.

La pêche dans les mers antarctiques est en revanche aujourd'hui possible. Bien que soumise à des quotas – sous le contrôle de la Commission pour la conservation de la faune et la flore marines de l'Antarctique –, la Chine réfléchit à lancer des activités de pêche plus intensive dans ces eaux

bascule irréversible sans autre conséquence que l'emballement du réchauffement climatique.

Dans ce bout du monde, un combat va probablement devoir être mené pour protéger le dernier continent vierge de notre planète. Dans cette bataille, l'humanité aura une responsabilité collective à jouer afin d'empêcher un désastre.

Face à l'océan Atlantique, je m'assieds sur une longue plage de sable fin. Je viens d'arriver sur la péninsule Valdés, ultime étape de ce voyage en Patagonie. Les steppes m'entourent encore et toujours. Quelques guanacos sautent d'un buisson à un autre. Des maras – des lièvres de Patagonie – traversent les routes. Les nandous et les flamants roses dressent leur tête entre deux arbustes. Une colonie de manchots de Magellan niche en grand nombre sur le rivage. Ces petits volatiles, à la démarche humoristique si mignonne, déroulent un spectacle dont je ne me lasse pas.

Fixant l'immensité de la mer, je pense à l'Afrique qui se trouve de l'autre côté de l'océan et, un peu au-dessus, à l'Europe. Je sais déjà depuis quelques semaines ce qu'il me reste à faire : rentrer en France et transmettre mes apprentissages pour espérer sauver celle que j'aime. Trempant mes pieds dans l'eau, j'ai l'impression de me connecter avec les côtes de mon enfance. Il me semble que je n'ai qu'un pas à faire pour terminer ce voyage. Je le suspends un instant.

La péninsule Valdés est connue des zoologues et des passionnés de faune marine pour abriter un sanctuaire où les baleines australes viennent mettre bas, chaque année, au printemps. Dans ces eaux calmes, protégées par une immense baie, ces mammifères apprennent à leurs petits à nager, avant de repartir vers les rudes mers antarctiques. En ce début d'automne, les baleines sont loin, les visiteurs également. La région est déserte. J'apprécie la solitude de ce site, d'autant plus que je me suis déplacé pour un autre cétacé.

Un groupe d'orques, au comportement particulier, vit dans ces eaux. Elles sont chasseuses de phoques et viennent happer ces derniers sur les plages. Leur proie fermement tenue dans

---

australes, en particulier sur le krill antarctique qui constitue une importante source de nourriture pour les baleines ou les phoques.

leurs puissantes mâchoires, elles repartent en mer d'un coup de queue, risquant leur vie si elles n'arrivent pas à regagner le large. En cette saison, leur terrain de chasse se situe au nord de la péninsule.

Il est extrêmement difficile de les observer. Des passionnés attendent parfois des semaines avant d'assister à l'un de ces festins macabres. Aussi, lorsque j'arrive sur site et que je perçois un des gardes du parc national annoncer d'une voix forte « Les orques arrivent, les orques arrivent ! », je peine à croire ce que j'entends. Les orques ne sont pas apparues depuis plusieurs jours. Auraient-elles attendu ma visite pour se montrer ? Je me dirige avec précipitation sur la passerelle qui surplombe la plage. J'observe attentivement l'océan. Mais je ne vois rien. Serait-ce une fausse alerte ?

Une longue attente commence. Pendant des minutes qui me paraissent interminables, je scrute la mer. Sur la plage, une colonie de phoques prend un bain de soleil tandis que quelques nouveau-nés, insouciants des dangers, jouent dans l'eau. Soudain, je crois apercevoir une masse sombre en mouvement. Je redouble d'attention et fixe l'immensité bleue et immobile de la mer. Au loin, des ailerons se dessinent clairement. Ils transpercent la surface de l'océan. Aucun doute possible, un groupe de cinq ou six orques s'approche. Un mâle gigantesque, dont la nageoire caudale dépasse les deux mètres d'envergure, accompagne quelques jeunes pour une partie de chasse.

La scène est très rapide. Les orques s'attaquent aux nouveau-nés nageant au bord de la plage et provoquent un mouvement de panique dans la colonie de phoques. Ces derniers grondent, suppliant leurs petits de sortir de l'eau au plus vite. Après quelques allers-retours des puissants cétacés, sans que je perçoive réellement s'ils arrivent à attraper des proies, ils gagnent le large. La chasse n'a duré que quelques minutes.

Me tournant vers le garde du parc, je l'interroge pour mieux comprendre ce qui s'est passé sous mes yeux.

« Tu viens d'assister à un cours de chasse au phoque. Le mâle transmet ses techniques de traque aux orques qui ont entre cinq et six ans. Les jeunes se sont bien débrouillés aujourd'hui, ils ont attrapé un phoque qu'ils ont partagé sous l'eau.

« Le mâle que tu as observé a beaucoup d'expérience. Il maîtrise parfaitement les marées, les vagues et les mouvements pour retourner à l'eau dans le cas où il s'échouerait sur la plage. Comme tu peux le voir, les orques ne chassent qu'à marée haute. Ces animaux sont redoutables. »

Quelques minutes après cette attaque, la plage retrouve son calme. Les phoques reprennent leur repos au soleil, semblant avoir accepté la terrible loi de la nature. La vie continue, malgré le drame qui vient de se passer sous mes yeux.

En signe d'adieu à la Patagonie, je joue une dernière fois de l'alto face à l'océan. Lorsque je ferme la boîte, je ressens un violent pincement au cœur que je tente d'apaiser par le doux espoir de parcourir un jour à nouveau ces terres. Je m'imagine y reposer le pied dans un demi-siècle, peut-être pour l'un de mes ultimes voyages, et m'émerveiller encore une fois devant les fjords inchangés, le Perito Moreno puissant, le petit village de pêcheurs de Puerto Williams et une *Carretera Austral* jamais terminée, laissant la nature vierge et la belle vie aux baleines, phoques, pétrels, albatros, orques et manchots. Comme pour me rassurer, je repense au pouvoir des calafates. Ces baies ne peuvent pas mentir. Je ferme les yeux et m'apaise. Je le sais, je reviendrai.

61

♪ Astor Piazzolla – ***Oblivion***
Astor Piazzolla, bandonéon

Le ciel est couvert de nuages. L'orage gronde. Un premier éclair transperce la pénombre. Un déluge s'abat soudainement. Aux portes de l'Amazonie, à la frontière argentino-brésilio-paraguayenne, je renoue avec les pluies tropicales que je n'avais pas connues depuis la Polynésie. Le bus qui m'amène au village de Puerto Iguazú roule sous des trombes d'eau. Tout autour de moi, les forêts sont denses, la végétation luxuriante. La terre, d'un rouge-orangé intense, charriée par les précipitations, colore les routes et les habitations de la ville construites en béton et aux sols recouverts de carrelage. Ce sont les seuls matériaux qui résistent à l'humidité permanente de la région dont l'odeur imprègne les murs.

Le chauffeur du bus, habitué à de telles conditions météorologiques, me dépose spontanément devant mon hébergement. Il m'évite ainsi une longue marche au milieu de rues inondées par plus de dix centimètres d'eau.

Après des semaines à traverser les steppes arides patagoniennes, je m'étais imaginé, assez stupidement il faut l'avouer, débarquer aux chutes d'Iguaçu sous un beau soleil. Regardant les prévisions, je constate que les jours à venir sont sous le signe permanent d'orages. Le lien se fait instantanément dans mon esprit. Je souris intérieurement, me moquant de mes talents de météorologue. Comment ai-je pu espérer qu'il fasse beau alors que les chutes charrient des tonnes d'eau par seconde ? Il faut bien qu'elle provienne de quelque part.

Depuis le milieu du mois d'avril et mon départ de Patagonie, le voyage est quelque peu compliqué. Je dors mal. Je n'arrive pas à faire le deuil de la fin de mon aventure australe et des trois semaines passées avec Alice. Je repense sans arrêt aux randonnées à ses côtés, à son sourire, aux heures de bus ou de ferry à refaire le monde, à ses yeux, aux soirées à cuisiner dans les auberges. Nous avons partagé une vie nomade marquée par des instants d'une force inégalée dont le souvenir m'absorbe dans une mélancolie que j'ai du mal à contrôler. D'un commun accord, nos routes se sont séparées pour nous permettre d'aller au bout de nous-mêmes. Je veux finir ce voyage pour me prouver que je peux mener l'aventure que j'ai en tête en dépassant la solitude qui me hantait.

Pourtant, en cette mi-avril, malgré les apprentissages de l'année écoulée, je me sens perdu. Je passe quelques jours à errer dans des villes, déambulant sans repère. Dans ces centres urbains, je replonge dans l'imaginaire d'un quotidien parisien frénétique. À cette idée, je ressens un violent coup de massue qui s'ajoute à la difficulté de tourner la page australe. Il me rappelle que la fin de mon tour du monde approche et que, même en ces jours éprouvants, je ne me sens pas prêt à quitter cette vie. J'aime cette existence sur les routes. J'y ai trouvé une sérénité inconnue depuis mon enfance.

Enveloppé par cette vague d'angoisse, je mobilise mes forces pour la chasser d'un revers de la main. Je ne veux pas que ces pensées m'empêchent de profiter de ces ultimes semaines. Alors, à Iguaçu, je décide de ne pas me presser et de me laisser bercer au gré de la météo et des éclaircies. Je reporte l'achat de mon billet d'avion de retour. Ignacio, le patron de l'auberge, un Argentin jovial d'une cinquantaine d'années qui nourrit ses pensionnaires à coups de croissants au petit-déjeuner, ne m'incite également pas à lever le camp. Mais plus que tout, les chutes vont m'offrir un spectacle tellement envoûtant que je vais replonger instantanément dans les joies de ces derniers mois, magnétisé par une nature puissante.

Jamais de ce tour du monde je n'étais retourné à plusieurs reprises au même endroit, observant des paysages identiques. J'étais perpétuellement animé de ce désir d'en découvrir toujours plus. Est-ce la fin proche du voyage, la lassitude, la presque overdose de beautés naturelles dont je me suis nourri au cours de ce périple, ou tout simplement le véritable côté exquis des chutes qui m'incitent, en définitive, à prendre le temps ? Tout ce que je sais c'est qu'à l'instant où je pose le regard sur Iguaçu, je ressens, au fond de moi, une attirance incontrôlable qui me pousse, tel un coup de foudre, à revenir sans cesse.

Au pied de cette nature impétueuse, je suis envahi par une sensation de pénétrer dans un paysage fantasmagorique. Une forêt tropicale dense, d'un vert sombre très intense, enfonce ses racines dans une terre rouge. Des singes, des oiseaux et des coatis – une variété de ratons laveurs – s'amusent dans cette végétation. Au milieu de cette étendue foisonnante, un fleuve à la couleur ocre se dessine. Puissant, il emporte tout sur son passage et n'est interrompu dans sa course que par un gigantesque mur en forme de U de plusieurs kilomètres de long qui l'oblige à choir. Atteignant le contrebas de celui-ci, il façonne, dans sa chute, des centaines de cascades aux traînées blanches. Des milliers de papillons aux teintes éclatantes, brillant telles des étoiles dans le ciel de la forêt amazonienne, contrebalancent cette fureur en ajoutant de la douceur, de la couleur, de la vie. Ils sont les poètes d'Iguaçu et leur vol décrit des ballets dont mon regard jamais ne se lasse.

Enivré par ces beautés, je chemine autour de ces chutes, déambulant sur des passerelles aménagées permettant d'approcher le site au plus près. Le spectacle est en perpétuel renouvellement. En fonction des pluies de la veille, les cascades sont plus ou moins puissantes. L'eau de la rivière change de niveau. Les rayons du soleil, parfois, transparaissent entre deux nuages. Le bleu du ciel s'ajoute alors au vert et au rouge du paysage.

Pendant trois jours, assis aux premières loges, j'assiste aux représentations de la nature. Vêtue de ses plus belles robes, elle m'envoûte une ultime fois avant que le rideau ne finisse par tomber. Sur le chemin du retour, je me remémore avec nostalgie ses tenues de glacier aux mille bleus, de forêt aux arbres millénaires, de steppe jaunie, de désert de roches, de jungle verdoyante et dense, de montagne, de volcan ou de fjord escarpés qui m'ont accompagné pendant plus d'un an.

L'homme a créé l'art. Mais n'a-t-il pas oublié que la beauté de la nature le précède et qu'elle mérite d'être admirée avec respect et protégée avec attention ?

ÉPILOGUE

♪ Jean-Sébastien Bach – **Première des six *suites pour violoncelle seul***
Yo-Yo Ma, violoncelle, 2019

Il est 7 heures du matin lorsque je sors de mon sac de couchage, dernier lien avec mon voyage. Le printemps est arrivé. Le soleil brille, le ciel est teinté d'un bleu intense caractéristique des chaudes journées d'été. Pourtant je reste deux heures recroquevillé sur le canapé, désespéré, avant de quitter mon appartement francilien pour gagner mon bureau.

Des maux d'estomac me torturent. Pour la première fois de ma vie, une crise d'angoisse m'envahit. Je ne veux pas reprendre le travail. Je n'ai pas envie de ces contraintes horaires, de rester assis enfermé dans une pièce ou d'assister à des réunions urgentes parce qu'un directeur en a décidé ainsi.

Il me faudra trois mois pour renouer avec un pseudo-rythme de travailleur. Je ne trouve aucun intérêt dans les activités des salariés qui s'agitent, aucun sens à cette mélodie ternaire si bien résumée par Pierre Béarn : « métro, boulot, dodo ».

Dans les parcs parisiens, les insectes ou les oiseaux ont complètement disparu. Quelques pigeons, corbeaux et abeilles sont les seuls à résister, mais pour combien de temps ? Le chant de la nature me manque. Qu'a-t-on fait à l'environnement ?

La France, mes amis, les pensées, les projets, rien ne semble avoir changé. Je suis envahi par cette horrible sensation de n'être parti qu'un long week-end à l'étranger.

Dans la campagne française, qui pourtant me paraissait être le lieu d'une puissante nature avant mon départ, il n'y a plus une seule forêt digne de ce nom et encore moins de végétation primaire. Partout, l'homme a transformé la terre pour y planter ses semis. La vue infinie, sans trace humaine, me manque. Je comprends que le voyage m'a changé.

Avant d'entamer ce périple, j'avais suivi le parcours rêvé d'un jeune Français. Après des études universitaires plutôt réussies, j'avais intégré une grande entreprise. Je m'étais installé en couple et j'imaginais la vie comme tant d'Occidentaux : un travail de salarié à obéir aux ordres d'un chef qui lui-même les reçoit d'un supérieur, un appartement à crédit, des enfants et un quotidien ne dérogeant pas aux sacro-saints principes de la consommation de masse. Mais était-ce vraiment ce que je voulais ?

J'avais opté pour une existence que la société définit comme la norme. J'étais, encore une fois, le bon élève. Mais, emporté par la folie de notre civilisation, oubliant de prendre le temps, j'avais omis un élément : le sens que je souhaitais donner à la vie, à ma vie.

Les centaines de rencontres au cours de ce tour du monde m'ont montré que je pouvais choisir une autre voie. À l'instar de Solène et Mateo, Héloïse et Hector ou encore Charlotte et David qui, en trente ans de navigation sur leur voilier, ont réussi à combiner voyage, vie de famille et activité professionnelle, je tente à mon tour de m'ouvrir à un nouveau quotidien.

Plus de deux ans après être rentré de ce périple, mon existence se construit jour après jour. Comme en voyage, je ressens parfois des moments de profond désespoir, mais ils sont bien souvent compensés par la joie de parvenir à transmettre mes valeurs et un peu de ce que j'ai vécu autour du monde. Ce livre en est le plus bel exemple.

La fin de l'année 2019 marque également un nouveau tournant dans ma vie artistique. Je croise la route d'une pianiste qui accepte de m'accompagner dans un projet ambitieux : créer un spectacle pour parler de culture, de musique, de rencontre, de solidarité et de nature. Au fil des représentations, une nouvelle idée émerge. À l'image du réseau *El Sistema*, nous décidons d'écrire une version destinée à la sensibilisation de jeunes publics. Avec l'appui d'une metteuse en scène, l'année 2021 voit la concrétisation de ce projet.

Fin 2020, je finis également par quitter mon employeur. Je crois que j'avais besoin de couper ce dernier cordon qui me liait à ma vie d'avant. Indépendant, loin de la stabilité d'un emploi salarié, je navigue aujourd'hui dans une brume que j'aime et que je crains à la fois. L'enseignement dans le supérieur occupe une partie de mon temps. Au travers de riches échanges avec mes étudiants, j'incite les jeunes à imaginer et à construire un lendemain plus respectueux de la planète et de l'homme, tout en rêvant déjà à de nouveaux projets. Je me vois repartir pour d'autres aventures et, qui sait, peut-être écrire à nouveau.

Quelques mois après mon retour, j'ai retrouvé Alice. Nous avons essayé de continuer notre chemin ensemble. Mais Alice n'était pas prête à entamer une relation. Elle poursuit aujourd'hui sa quête. Elle a repris des études et espère modeler un avenir professionnel en adéquation avec ses besoins et ses valeurs.

Cinq années après le début de ma crise, je suis heureux du chemin parcouru. J'ai réussi à me relever, à me remettre en mouvement et à accepter d'accorder du temps au temps. Me serais-je imprégné d'une pincée de philosophie népalaise ou polynésienne ? Mes interrogations sont également moins prégnantes, mais l'une d'elles prédomine : où poser définitivement mon alto ?

Ce voyage m'a fait réaliser l'attachement que je porte à l'Europe, à la France, à la culture. Pourtant je ne me reconnais ni dans les villes tentaculaires ni dans les campagnes françaises modelées par la main de l'homme. La Patagonie chilienne m'a définitivement changé. Je cherche à retrouver, dans une quête sans doute chimérique, son immensité, sa sérénité et son intensité sur le territoire métropolitain. Mais j'échoue à chacune de mes escapades. Seule la vue de l'Atlantique me procure des sentiments comparables, probablement parce que les océans font partie de ces derniers lieux où l'homme n'a pas encore construit à leur surface. Pour autant, j'ai du mal à m'établir en bord de mer. Serais-je devenu nomade ? Serait-ce pour cette raison qu'un emploi salarié fixe me hante ? Ma vie serait-elle destinée à n'être que mouvement permanent ? Ou suis-je simplement animé, pour l'heure, par une soif d'apprendre, de comprendre et de transmettre ?

La musique a guidé mes pas pendant un an. De rencontre en rencontre, j'ai découvert les mêmes prises de conscience et les mêmes désirs de remodeler notre société. En Russie, en Australie ou au Chili, des jeunes se lèvent pour réinventer le monde, réduire les inégalités et prévenir la destruction de l'homme par l'homme.

Les enfants recueillis par le réseau *El Sistema* et les bénévoles qui œuvrent à leur éducation m'ont montré que l'entraide et la générosité existent toujours et sont les bases de notre société.

De manière peut-être un peu naïve, j'ai envie de voir en ces actions un élan vers un nouveau paradigme économique, plus juste humainement et protecteur de l'environnement.

Je me suis réveillé. J'ai ouvert les yeux. Je suis tombé amoureux de la nature. J'ai compris que certains de nos fonctionnements humains étaient antagonistes avec notre existence. Mais j'ai aussi réalisé que nous avions tous la possibilité d'agir pour les contrer. Je dois maintenant continuer à appréhender notre monde, sensibiliser et transmettre.

En espagnol, *esperar* signifie à la fois attendre et espérer. J'ai toujours aimé ce terme, cette combinaison française qui clôt *Le Comte de Monte-Cristo*. Pourtant je ne pense pas que l'attente me corresponde.

Alors si je devais tenter une adaptation à ma nouvelle vie, je crois que j'aurais envie de la résumer par ces mots :

Éveiller et espérer.

♪ Christophe Touchard – ***Espoir***
Christophe Touchard, piano, 2018

ANNEXE

Liste et masse du matériel emporté pour le tour du monde

Contenu du sac à dos	Masse (grammes)
Vêtements et petits équipements	
Sac à dos à vide	1060
Petit sac à dos ultra léger	20
Sandales	566
Chaussettes épaisses	86
Chaussettes semi-épaisses	51
Caleçons de rechange x2	207
Pantalon de rechange	263
Tee-shirt de rechange	126
Tee-shirt nuit	173
Polaire	202
Doudoune	205
Imperméable	415
Foulard	31
Maillot de bain	81
Serviette	106
Affaires de toilette	557
Duvet	770
Sac de compression	53
Couteau	27
Cuillère	34
Gourde	118
Briquet	11
Trousse de médicaments	469
Genouillère	48
Chevillère	48
Cadenas	25
Porte-documents étanche	8
Pinces à linge x6	27
Fil + aiguille	2
Lampe	15
Boules quies	10
Carnet	70
Stylo	6
Georges	48
Matériel électronique	
Chargeur téléphone	56
Ordinateur portable + chargeur	1548
Housse ordinateur	40
Liseuse + housse	268
Batterie externe	133
Clé USB	10
Pied pour téléphone	141
Microphone	80
Total sac à dos	**8214**

Alto	Masse (grammes)
Alto seul	592
Archet	69
Boîte à vide	1585
Housse anti-pluie	71
Colophane	18
Coussin alto	75
Jeu de cordes	10
Partition de Bach	109
Total alto	2529

Tenue portée et objets « corporels »	Masse (grammes)
Chaussures fermées	894
Chaussettes	27
Caleçon	69
Pantalon-short	387
Ceinture	25
Tee-shirt	126
Pull	224
Mouchoir	10
Protège passeport + passe-port + cartes bancaires	92
Lunettes de soleil + housse	66
Montre	70
Téléphone portable	198
Total tenue	2188

REMERCIEMENTS

Au plus profond de mon imaginaire, derrière des remparts de lianes, se dresse une montagne majestueuse. Immaculée, elle domine un massif recouvert d'une épaisse couche de neige. À son sommet, suspendues à une longue corde et retenues par des pinces à linge, des photographies s'agitent, caressées par les doux rayons d'un soleil levant permanent. Pour qui est distrait, ces images ressemblent à de simples drapeaux de prières bercés par la brise. Pourtant, en se rapprochant de ces petits morceaux de papier, un œil attentif y distingue nettement des portraits. Disposés pêle-mêle, flottent ainsi, au vent de mon cœur, tous ceux qui ont contribué, par leur investissement, à la réalisation de ce livre : Sophie, mon éditrice, qui a su, avec délicatesse et sensibilité donner vie à mon manuscrit ; l'équipe des Éditions Favre – en particulier Aline et Laurane – qui a modelé le corps de cet ouvrage ; Anne, Christine, Emmanuelle, Florian, Jean-Pierre, Ludovic, Nicolas, Noëlla, Solène, Thibault et Vincent, mes relecteurs, que j'ai haïs par le travail de réécriture qu'ils m'ont imposé, mais que j'ai aimé pour leurs commentaires pertinents et leur honnêteté ; Faiza, pour sa suggestion d'enrichir le texte par des pièces musicales ; Agathe, Nicole et le groupe Avarap qui m'ont conforté dans mon désir d'écrire ; Valentine pour ses conseils sur le monde de l'édition ; mes amis et ma famille, pour leurs encouragements ; et enfin, tous ceux que j'ai croisés pendant cette année de voyage.

À vous tous, je n'ai qu'un mot à vous dire, mais je le dis avec joie, les larmes au bord des yeux : merci !

DANS LA MÊME COLLECTION AUX ÉDITIONS FAVRE

Tous nos titres et nouveautés
sur www.editionsfavre.com